역사에서 사라진 그녀들

일러두기
본문에 나오는 성서 구절은 표준새번역을 따라갔다.

젠더로 읽는 기독교 2000년
역사에서 사라진 그녀들

하희정 지음

여는
말

반드시 길은 있다

　칠흑 같은 밤엔 희미한 등잔불 하나가 우주의 중심이 된다. 젠더 이슈가 시민 사회의 핵으로 떠올랐다. '금기'라는 음습한 감옥에 홀로 갇힌 '오랜 진실'들이 꿈쩍도 않던 세상을 그야말로 뒤집어엎고 있다. 한낱 '가십거리'로 치부되고 소비되던 '예민한' 이슈들이 사회 담론의 핵심으로 급부상해 세상을 근본부터 흔들어 놓을 것이라고는 아무도 예상 못했다. 눈으로 보고 귀로 듣고도 믿기지 않는 변화가 말 그대로 '기적처럼' 찾아왔다.

　연대 의식 없는 사회는 그 자체로 지옥이다. 미투 운동Me Too Movement은 소셜 미디어의 위력을 타고 쓰나미가 되어 세계 이곳저곳을 강타하고 있다. 의미를 오염시키고 혐오감을 키우는 '경로 이탈'도 없지 않지만 그야말로 '제3의 물결'이라 불릴만하다. 첫 물결은 19세기 후반, 유럽과 미국을 중심으로 가부장제의 전통 질서에 대한 근본적인 문제 제기로 시작되었다. 이는 제1차 세계대전 이후 아시아에서도 유행처럼 번진 '신여성'의 등장으로까지 이어졌다. 두 번째 물결은 1960년대 베트남 전쟁으로 분출된 미국 내 반전 운동과 68혁명의 파고를 타고 등장했다. 정치적 억압과 경제적 착취뿐 아니라 성차별주의에 맞서 여성 해방을 외쳤고, 이는 신학계에도 영향을 미쳐 다양한 이름의 여성 해방 신학들이 탄생했다. '제3의 물결'이라 이름 붙여도 좋을 최근 흐름은 미투 운동에서 보듯이 일상에 숨겨진 성폭력의 다양한 실체들을 적나라하게 드러내며 집단성을 넘어서는 새로운 차원의 연대 의식으로 발전해 가고 있다.

참여하는 주체의 구성도 지평도 달라졌다. 소수 지식인 여성들이 대중 여성들의 입장을 대변했던 1, 2차 물결과 달리, 최근의 양상은 다양한 삶의 자리를 가진 개개인들이 스스로 담론의 주체가 되어 참여하고 있다. 이슈의 성격도 단순히 여성 문제가 아닌 인간 존엄의 문제로 이해되고 있다. 이제 민족, 인종, 국가의 경계를 넘어 이미 일상을 파고든 세계 시민 사회의 등장을 누구도 부인할 수 없게 되었다. 그러나 이를 단선적으로 이해해서는 안 될 것이다. 동시대에 일어나고 눈에 보이는 현상이 같다 하여 이를 발생시키는 원인이나 성격까지 동일한 것은 아니다. 매우 비슷하게 보이는 현상일지라도 이를 추동하는 동인이 다르면 그 의미와 기능도 달라지기 마련이다.

　기독교는 인간 존엄과 만인 평등, 천부 인권에 대하여 어느 종교보다 할 말이 많은 종교다. 생명을 존중하고 인간을 귀히 여기지 않는 종교가 어디 있으랴마는 기독교는 탄생부터 권좌를 위한 '힘의 종교'가 아닌 '우는 자를 위한 종교'로 출발했다. 한국에서의 출발도 500여 년 군건했던 봉건 사회의 신분 질서에 처음 균열을 내고, 가정과 사적인 영역에 갇힌 여성들을 광장으로 이끌어 시민 사회의 일원으로 참여하도록 돕는 것으로 시작했다. 침묵과 복종이 만고의 진리인 양 가르쳤던 시대를 거슬러 당당히 자기 걸음을 걸었던 이들, 특히 "마지막 식민지"로 불리는 여성들이 세상을 바라본 시선은 기록과 기억에서 지워진 시간들까지 소환하는 힘이 있다. 무엇보다 기독교 역사는 서구 역사 그 자체라고 해도 과언이 아닐 만큼 서구 문명의 근간을 이루었고 서구의 입김이 강하게 작용했던 세계 근현대사를 통찰하는 데도 빼놓을 수 없는 부분이다.
　물론 기독교가 항상 '우는 자를 위한 종교'가 되지는 못했다. 아니 2000년 역사를 통틀어 권좌를 위한 종교, 종교 위의 종교로 군림했던 시간들이 더 길다. 최근 한국 교회는 기독교의 출발점이 어디인지 망각한 채 자기 성찰의 요구를 넘어 "사회적 격리"가 필요하다는 진단까지 받고 있다. 종교가 권력이 될수록 눈물 흘리는 이들은 더 많아지는 법이다. 정치권력보다 더 무서운 것이 종교권력이다. 신의 자리와 권위까지 훔치기 때문이다. 그럼에도 불구하고 종교는 또 한편에서 인류 사회를 위한 보편 가치를 줄기차게 외쳐왔다. 침묵이 평화가 아니라 공존이 평화임을 여전히 말하고 있다.

  이 책은 기록에서 배제되거나 기억에서 지워진 여성들의 목소리를 되살려 기독교 역사를 전혀 다른 각도에서 들여다본다. 같은 사건도 바라보는 자리가 달라지면 다른 얼굴이 보이기 마련이다. 여성이 남성과 동등한 인격을 가진 존재임을 사회적으로 인정받은 것은 최근 역사다. 그렇다고 해서 항상 여성은 약자요 피해자였으며, 남성은 강자요 가해자였던 것은 결코 아니다. 이는 역사를 지나치게 단순화한 사회 정치적 프레임에 불과하다. 역사 속에서 여성은 남성의 반대말이 아니라 배제된 자의 대명사였다. 그래서 여성들의 시선을 따라가다 보면 기록과 기억에서 사라진 잃어버린 역사의 조각들을 만날 수 있다. 그 안에는 주목받지 못하거나 외면당했던 신학은 물론이요, 이름이 특정되지 않은 시대의 군상들도 함께 담겨있다.

  책 내용은 4부로 구성된다. PART 1 "고대 편"은 로마 식민 치하에서

'박해받는 종교'로 출발한 기독교 초기 역사가 담겨 있다. '불온 문서'라는 주홍 글씨를 달고 1500년이 넘도록 땅에 묻혔다 뒤늦게 발견된 '성서 밖의 성서들', 남성 리더십에 의해 편집되고 각색된 여성 순교자들의 기록들이 새로운 증언자로 나섰다. 이들은 평등 공동체를 꿈꾸며 남녀 간 차별을 두지 않았던 예수의 가르침이 이후 어떤 현실과 마주하게 되었는지 증언한다.

PART 2 "중세 편"은 절대 강자로 유럽을 호령했던 기독교의 제국시대Christendom를 다룬다. 흔히 사람들은 중세를 '암흑의 시대'로 기억한다. 십자군 전쟁이 보여주듯이 교회가 제 본질을 잃어버리고 타락의 길을 걸으며 부패와 살육이 난무했다는 이유다. 그러나 권력과 부에 탐닉한 교회의 모습이 중세 역사의 전부는 아니다. 궤도를 이탈한 교회의 원심력이 강해질수록 종교의 본질적 가치를 회복하고자 하는 구심력도 점점 강해졌다. 본질로 돌아가자는 성찰과 열망이 개혁 운동으로, 영성 운동으로, 학문으로 이어졌다. 여성들 중에도 새로운 여정에 동참하고 나선 이들이 있었다. 남성들의 독점 공간인 교육에서 철저히 배제되고 기록의 기회조차 주어지지 않았지만, 가정에서 평등 공동체를 실현하고 광야를 찾아 자기 비움을 실천하는 장으로 삼았다. 여성들을 위한 수도 공동체를 설립하고, 생명의 조화와 평화를 노래하는 또 다른 방식의 신학과 영성을 꽃피웠다. 권력자의 말이 진리가 아니라 인간은 누구나 깊은 성찰과 각성을 통해 진리를 말할 수 있음을 증명했고, 이것이 근대를 여는 초석이 되었다.

PART 3 "근대 편"은 절대 권좌에서 내려온 기독교가 시민 사회의 일원으로 정착하게 된 과정을 살핀다. 종교 개혁이 촉발시킨 종교 전쟁과 시민전쟁은 유럽 사회에 엄청난 고통을 안겨주었지만 시민 사회의 등장이라는 근대의 길로 접어들게 했다. 기독교 또한 스스로 변화하지 않으면 안 되었다. 새로운 변화의 길목에서 교회의 보호를 받지 못한 여성들은 "마녀"로 내몰리는 등 유례를 찾기 어려운 학살과 죽음의 골짜기를 경험했다. 그러나 여성들은 그들만의 방식으로 여성을 금지시킨 시민 광장을 스스로 열었고, 남성과 동등한 이성과 인격을 가진 인간임을 증명해내는 데 성공했다.

PART 4 "동아시아 편"은 근대 시민 사회의 중요한 보편 가치로 떠오른 인간 존엄과 남녀평등 사상이 서구 기독교의 해외 선교 채널을 통해 동아시아에 어떻게 정착했는지 들여다본다. 특히 개신교 여성들이 주도적으로 전국 네트워크를 형성하고 사회적 지위와 활동 공간을 확보한 미국은 동아시아에서 가장 큰 영향력을 확보한 서구 열강들 중 하나였다. 이에 힘입은 미국 개신교 선교사들은 기독교야말로 '문명 종교'

이며, 기독교 덕분에 서구 사회가 근대 문명의 진보를 이룰 수 있었고 그 대표적인 증거로 남녀평등 사회를 성취했다는 점을 부각시켰다. 서구 열강들의 통상 압력에 맞닥뜨린 동아시아 근대주의자들은 '근대 국가 세우기'에 돌입했고, 여성들을 국가 프로젝트에 활용하기 위한 가장 효과적인 방법으로 남녀평등과 여성 교육의 필요성을 주창했다. 아시아 여성들은 이를 여성들의 사회적 역량과 공간을 확장시키고 네트워크를 형성하는 기회로 삼았다.

뿌리 없는 변화는 없다. 오늘의 변화도 작은 힘들이 응축된 역사적 과정을 거쳐 우리에게 다가온 것이다. 멀게는 "제왕들을 왕좌에서 끌어내리시고 비천한 사람들을 높이셨습니다(「누가복음」 1장 52절)"라고 노래한 마리아 찬가가 기록된 2000년보다 더 전이고, 가깝게는 '페미니즘의 물결'이 시작된 19세기로 거슬러 올라간다. 가장 가깝게는 최근 한국의 시민 사회가 탄핵 정국과 촛불 민주주의를 거치며 자신감을 회복하고 그 역할과 기대가 한껏 높아진 상황이 결정적인 동력으로 작용했음을 누구나 인정하지 않을 수 없다.

역사는 지나온 삶을 통찰하는 법을 배우는 학문이다. 단순히 과거 사실 자체만을 기억하고자 함이 아니다. 지나온 "삶"을 돌아보고 성찰하여, 지금 새로 시작하기 위함이다. 만약 역사가 과거의 사실만을 다루는 학문이라면, 고증과 암기만이 답이 될 것이다. 하지만 "과거 사실"만이 아닌 "지나온 삶"을 성찰하고 오늘의 변화를 위한 것이라면 답은 달라진다. 역사적 사실에 대한 '암기'가 아니라 삶에 대한 '공감과 이해'가 먼저다. 팩트는 암기로도 접근이 가능하겠지만, 삶은 공감과 이해 없이는 접근이 불가하다. '팩트'가 모여 역사가 되는 것이 아니라 "삶"이 켜켜이 쌓여 역사가 되는 것이 아닐까. 신학자 칼 바르트Karl Barth, 1886-1968가 말했듯이, 과거로 시간을 되돌릴 수는 없지만 오늘 다시 시작할 수는 있다. 바로 "지금"이 신이 모든 이에게 공평하게 내려 주신 최고의 선물이다. The Present is Present.

차례

여는 말   반드시 길은 있다   4

PART 1
고대 편 | 역사로 귀환하다

잃어버린 성서 & 사라진 그녀   16
마리아 복음서가 돌아오다   41
'신의 어머니'가 된 동정녀 마리아   60
남겨진 시간, 여성 순교자들의 마지막 증언   78

PART 2
중세 편 | 역사의 물줄기를 바꾸다

하나님의 딸들, 광야에 서다   98
황제를 움직인 여성들   116
탐욕의 시대, '비움의 영성'으로 생명을 노래하다   131
성녀와 마녀의 경계를 품은 민중 여성들   146

PART 3

근대 편 | 시대에 저항하다

종교 개혁의 바람 앞에 선 여성들의 선택　162

이브의 귀환, 여성 혐오에 반격을 가하다　184

시민 사회를 향한 여성들의 인간 선언　199

복음주의 여성 운동, 그 빛과 그림자　222

PART 4

동아시아 | 편 모순의 시대를 넘다

20세기 문턱에서 아시아를 찾아온 여성들　254

반식민지 중국, 전족 풀고 혁명에 나서다　277

'양처현모', 메이드 인 메이지 일본　299

식민지 조선, 구국의 어머니를 고대하다　324

닫는 말　'나 홀로' 역사는 없다　352

주　358

참고문헌　368

PART 1

고대 편 | 역사로 귀환하다

잃어버린 성서와 사라진 그녀

어느 종교든 자신의 경전을 중시하지 않는 종교는 없다. 기독교인들의 성경 사랑은 유별나다. 경전이 담고 있는 진리와 가치에 대한 무한 신뢰를 넘어 경전 자체를 문자로 숭상하는, 말 그대로 문자 숭배주의자도 적지 않다. 아이러니한 것은 경전에 대한 과도한 애정이 오히려 경전 안에 감춰진 진리를 훼손하고 그 가치를 옹색하게 만들어버린다는 점이다. 때로는 애정 과잉이 독이 되어 성서에 대한 무지와 왜곡으로까지 이어진다. 한 가지 예로 충성도 높은 신자일수록 자기 손에 들려있는 성서와 자신 사이에 적게는 2천 년, 많게는 대략 4천여 년에 가까운 시간의 비거리가 존재한다는 사실을 망각한다. 아니 외면한다는 말이 옳을 것이다. 언어에 담긴 세월의 두께를 좀처럼 인정하려 들지 않는다.

물론 성서는 기독교 경전으로 시대와 공간의 한계를 뛰어넘는 진리의 보고임에 틀림없다. 하지만 시공의 한계가 그대로 투영된 역사가 준 선물이기도 하다. 그래서 성서는 진리로서는 자명할지라도 21세기를 살아가는 독자들에겐 때로 짓궂은 역사의 얼굴로 다가오기도 한다. 풀리지 않는 수수께끼를 마구 던진다. 짧은 생을 살았고 글 한 톨 남기지 않았지만 누구보다 많은 스토리를 남긴 예수라는 인물은 여전히 신비의 영역이다. 그를 둘러싼 주변 이야기도 여기저기 주인을 기다리는 미완성의 퍼즐 그림 같다.

그 때문일까. 언젠가부터 성서를 읽을 때마다 궁금했다. 가장 가까이서 스승 곁을 지키다 그가 죽음의 잔을 받아들자 가만히 손을 놓았던 제자 베드로는 어떻게 사도 중의 사도가 되었을까? 스승 예수와 마지막 순간까지 함께 했던 막달라 마리아는 왜 흔적도 없이 성서에서 사라졌을까? 죽음을 이겨낸 예수께서 가장 먼저 찾았던 제자 마리아, 절망과 두려움에 떠나간 제자들에게 스승의 부활 소식을 가장 먼저 알린 메신저 마리아. 성서의 이야기는 여기서 멈춘다. 그녀는 어디로 갔을까?

성서에서 갑자기 사라진 막달라 마리아에 대한 못다 한 이야기는 놀랍게도 1600여 년 만에 우연히 우리 곁으로 돌아와 준 "성서 밖의 성서들"에 고이 담겨 있었다. 때로 역사는 뜻밖의 사건을 통해 제 모습을 드러내기도 한다.

영원히 묻힐 뻔한
'성서 밖의 성서'

1945년 12월 어느 날, 무함마드 알리는 낙타에 안장을 얹고 퇴비로 쓸 부드러운 흙을 구할 요량으로 이집트 나그함마디 사막 근처의 자발

산Jabal al Tarif에 올랐다. 150여 개의 천연 동굴이 벌집처럼 나 있는 산이었다. 4300년 전부터 내부를 깎고 벽화를 그려 묘지로 사용했다는 이야기가 전해진다. 알리는 커다란 바위 근처를 파내려 가던 중 붉은 토기 단지 하나를 발견했다. 높이가 1미터에 달했다. 처음에는 항아리 안에 정령이 살아 있을지도 모른다는 생각에 잠시 망설였다. 하지만 이내 황금이 들어있을지도 모른다는 또 다른 생각이 스치자, 용기를 내어 곡괭이로 항아리를 힘껏 내리쳤다.

결과는 대단히 실망스러웠다. 항아리에는 번쩍이는 황금이 아닌 낡은 양피지 가죽으로 장정된 13권의 코덱스Codex가 가지런히 담겨 있었다. 혹시나 하여 다시 들여다보았지만 52개에 달하는 문서엔 빼곡히 적힌 낯선 글자들뿐이었다. 크게 실망한 알리는 집으로 돌아와 대충 챙겨온 코덱스들과 낱장으로 떨어져 나온 양피지 책장들을 화덕 옆 밀짚 더미 위에 아무렇게나 던져 놓았다. 얼마 후 부엌 바닥에 흩어진 양피지 낱장들은 그 문헌의 가치를 알 리 없는 알리 어머니의 무심한 손길에 밀짚과 함께 불쏘시개로 던져지는 운명을 맞았다. 천 년이 넘는 긴 시간을 기다려 겨우 햇빛을 보았건만, 그 기다림의 세월을 비웃기라도 하듯 하얀 잿더미가 되

코덱스

는 데는 그리 오랜 시간이 걸리지 않았다. 다행히 13권의 코덱스는 불쏘시개의 운명에서 가까스로 벗어나는 행운을 누렸다. 하지만 이도 잠시 또 다른 운명이 이들을 기다리고 있었다.

그사이 알리는 살해당한 아버지의 원수를 갚기 위해 형제들과 의기투합해 피의 복수를 벌였다. 경찰들이 들이닥칠 것을 미리 짐작한 알리는 서둘러 낯선 문서들을 마을의 한 사제에게 맡겼다. 하지만 날카로운 눈썰미를 가진 한 역사 교사의 눈에 먼저 띄는 바람에 일부 문서가 암시장으로 흘러드는 예상치 못한 상황이 벌어졌다. 다행히 이집트 정부가 발 빠르게 움직인 덕에 무사히 박물관으로 보내졌지만, 다섯 편의 글이 담긴 마지막 13번째 코덱스는 결국 해외로 밀반출되었고 미국에서 모습을 드러냈다. 네덜란드 종교사학자 힐레스 퀴스펠Gilles Quispel은 이 코덱스를 사들이도록 스위스의 정신분석학자 C. G. 융과 그의 재단을 설득했다. 덕분에 13번째 코덱스는 다시 카이로로 돌아올 수 있었다. 이 이야기는 무려 30년간이나 무성한 소문으로 떠돌다 세상에 알려졌다.

한 편의 첩보 영화를 보듯 쉽지 않은 여정을 거치며 세상에 나온 문서들은 다름 아닌 선택받지 못한 '성서 밖의 성서들'이었다. 한마디로 잃어버린 기독교 성서다. 학자들은 발견된 장소 이름을 따 "나그함마디 문서 *The Nag Hammadi Library*"라고 이름 붙였다. 4세기경 신학 논쟁이 한창일 때 땅에 묻힌 것으로 학자들은 추정한다. 여기에는 「도마복음」, 「빌립복음」, 「진리복음」, 「야고보 외경」, 「빌립에게 보내는 베드로의 서한」, 「베드로 묵시록」, 「피스티스 소피아」 등 예수의 제자들이 썼다고 전해지는 다수의 문헌들이 포함되었다. 콥트어 역본으로 된 문서들은 당시 정통파 교회가 불온 문서로 낙인찍는 바람에 오래전부터 금서 목록으로만 전해져 오던, 이른바 "영지주의 문헌"들이었다.

나그함마디 문서,
판도라 상자가 되다

나그함마디 문서는 판도라 상자였다. 교회가 일찍이 봉인해버린 내용들이 한꺼번에 쏟아져 나왔다. 무엇보다 스승 예수와 동고동락했던 제자 공동체에 대한 생생한 증언들이 눈길을 끈다. '신앙의 지혜'라는 뜻을 가진 「피스티스 소피아Pistis Sophia」는 제자 공동체 안에서 막달라 마리아와 남성 제자들 사이에 날카로운 긴장 관계가 흐르고 있었음을 들려준다. 한마디로 그녀는 '왕따'나 다름없었다. 베드로는 막달라 마리아를 드러내놓고 적대했다.

흥미로운 장면이 있다. 어느 날, 베드로는 막달라 마리아가 스승과 대화를 독차지하고 다른 제자들이 응당 누려야 할 지위를 빼앗는다고 불평했다. 급기야 예수께 마리아의 입을 다물게 해달라고 요청했다. 지금으로서는 터무니없지만, 집 밖에선 남성에게만 발언이 허용되었던 당시엔 지극히 당연한 요구였다. 하지만 예수님은 그의 손을 들어주지 않았다. 오히려 "남녀 구분 없이 성령을 받은 자라면 누구나 하나님에 의해 말을 하도록 정해졌다"라고 베드로를 책망했다. 여성이든 남성이든 누구나 말할 수 있으며 이는 신이 허락한 선물이라는 것이 예수의 가르침이었다. 힘을 얻은 막달라 마리아는 스승에게 호소했다. "베드로가 저를 저주하게 만듭니다. 그가 여성을 증오하기에 저는 그가 두렵습니다."

신 앞에서는 남녀가 따로 있지 않다는 예수의 선언은 파격을 넘어 사회 질서의 근간을 흔드는 대단히 '위험한' 사상이고 발언이었다. 아니 신에 대한 도전이었다. 그는 여성에 대한 사회적 차별과 증오를 신의 질서로 숭상해 온 유대 관습을 더 이상 용납하지 않았다. 물론 그의 선언은 오늘날 누구도 부인할 수 없는 당연한 명제가 되었다. 하지만 당시 유대 사회에서 여성의 삶은 조선 후기 시대의 그것과 매우 비슷했다. 남성들이 일방적으로 정해놓은 제도와 관습에 철저히 묶여 있었다. 인생 대부분을 가정에 갇혀 보내야 했고, 거리로 나설 때는 베일로 얼굴을 가려야 했으며, 남성들과 대화는커녕 감히 말도 섞어서는 안 되었다. 공적으로나 법적으로도 여성의 의견은 독립적으로 인정되지 않아 반드시 보호자인 남성을 대리인으로 세우지 않으면 안 되었다. 이는 누구도 이의를 제기할 수 없는 신의 질서로 받아들여졌다.

이런 환경에서 예수께서는 새로운 모델의 사회적 관계를 선보였다. 여성인 막달라 마리아를 제자로 받아들이고, 남성 제자들과 함께 있도록 허용했으며, 남성 동료들을 제치고 스승과 눈을 마주한 채 대화를 주도하도록 허락했다. 여성의 자리를 남성의 발치가 아닌 그와 나란한 위치로 옮겨 놓은 것이다. 이는 누구도 상상하기 어려운 일이었다. 다르게 살아보겠다고 예수를 따라나선 그의 제자들조차 눈앞에서 벌어지는 변화를 수용하지 못했다. 제자들은 스승의 높은 뜻을 우러러보면서도 실천하기는커녕 전혀 이해하지 못한 채 성찰 없는 행보를 이어갔다.

차별과 증오는 존재감의 위기에서 오며 두려움의 한 표현이다. 그리고 두려움의 또 다른 이름은 혐오다. 늘 폭력적 감정을 동반한다. 여성에 대한 '묻지 마 증오'는 제자 공동체 안에서도 여러 가지 갈등을 유발하는 요인이 되었다. 눈여겨볼 점은 막달라 마리아의 대응이다. 언제 어디서나 남성에게 자리를 내어주는 것을 당연한 미덕으로 여기고 침묵과 순종을 여성성의 절대 가치로 요구했던 사회적 기대를 단호히 거부한다. 대신에 한 치의 물러섬도 없이 여성에 대한 차별과 편견을 그대로 드러내곤 하는 베드로에게 이의를 제기하고 공개적으로 스승에게 고발한다. 그 시대가 용납하기 어려운, 말 그대로 신인류의 등장이 아닐 수 없다. 막달라 마리아의 존재가 베드로를 비롯한 남성 제자들에게 얼마나 위협적으로 다가왔을지 상상하기 어렵지 않다. 그 거부감과 상실감은 극에 달한다. 이러한 흐름은 이후 정통파 교회의 중심 정서로 자리 잡는다.

「도마복음」은 베드로가 예수 앞에서 노골적으로 마리아에 대한 거부감을 드러내곤 했음을 증언한다. 심지어 그녀를 제자 공동체에서 완전히 배제시킬 궁리까지 한다. 이른바 '찍어 내기'다.

> "시몬 베드로가 여자는 구원에 맞지 않으니 마리아를 내보내자고 하자, 예수가 답하길 나는 그녀를 인도해 온전한 사람(안드로포스 *Anthropos*)으로 만들고자 한다. 그녀는 너와 마찬가지로 살아 있는 숨결이 될 것이로되 온전한 사람이 된 여자는 하나님 나라에 들어가게 되리라."(「도마복음」 114장)

유대 사회는 여성을 독립된 인격으로 인정하지 않았다. 똑같은 사람의 얼굴을 가졌지만, 같은 범주의 사람으로 대하지 않았다. 사실 세계사에 있어 여성이 남성과 같은 인격을 가진 존재라는 것을 사회적으로 인정받은 것은 최근 일이다. 베드로도 예외는 아니었다. "여자는 구원에 맞지 않다"라며 유대 남성들의 오래된 믿음을 설득의 카드로 내밀었다. 하지만 스승 예수는 달랐다.

예수께서는 여성도 신에게로 가는 길에 초대된 존재라며 "안드로포스"를 이루는데 힘쓸 것을 권면했다. "온전한 사람"이 되는 것이야말로 구원에 이르는 길이요, 그 길은 남녀 모두에게 열려 있다는 것이 예수의 가르침이었다. 그는 전혀 다른 차원의 사람이었다.

"안드로포스"는 '위를 보는 인간', 즉 종교적 또는 영적인 사람으로 해석되기도 하는 헬라어다. 땅만 바라보는 동물과 달리 사람은 '하늘을 바라보고 사는 존재'라는 의미가 들어있다. 사람은 그냥 주어진 대로 사는 것이 아니라 사람이 걸어야 할 길이 무엇인지 신에게 끊임없이 질문하며 더 나은 삶으로 나아가야 한다는 뜻이다. 종교와 철학이 구분되지 않았던 고대 시대의 세계관이 담긴 단어지만 현대를 살아가는 우리에게도 그리 낯설지 않은 개념이다. 안드로포스의 의미를 가장 잘 꿰뚫은 시로 윤동주의 「서시」를 들고 싶다.

> 죽는 날까지 하늘을 우러러
> 한 점 부끄럼이 없기를
> 잎새에 이는 바람에도
> 나는 괴로워했다
> 별을 노래하는 마음으로
> 모든 죽어가는 것을 사랑해야지
> 그리고 나한테 주어진 길을
> 걸어가야겠다
>
> 오늘 밤에도 별이 바람에 스치운다

「도마복음」으로 다시 돌아가면, 베드로와 마리아의 갈등은 단순히 개인적 차원의 성차별이나 스승을 사이에 두고 벌어진 제자들 간의 소소한 애정 다툼이 아니었다. 이는 유대 사회를 지탱해 온 가부장제의 기존 질서와 예수가 새롭게 시동을 건 평등 공동체가 필연적으로 충돌할 수밖에 없고, 이미 제자 공동체 안에서 그 싸움이 시작되었음을 보여주는 생생한 증거다. 현실을 차마 놓지 못했던 베드로와 다르게, 막달라 마리아는 예수가 출발시킨 새 시대의 첫 기차에 가장 먼저 몸을 실은 주인공이 되었다.

「빌립복음」도 막달라 마리아가 남달랐음을 증언한다. 남성 제자들과 막달라 마리아 사이에 긴장 관계가 존재했음을 암시하는 대목이 나온다. 차이가 있다면 막달라 마리아를 두고 예수의 "가장 친밀한 동료"요, "거룩한 지혜의 상징"이라는 표현을 쓴다.

> "구세주의 동료는 막달라 마리아이다. 그리스도께서는 그녀를 나머지 제자들보다 더 사랑하셨으며, 그녀의 입에 자주 입 맞추곤 했다. 나머지 제자들은 이에 마음이 상하였다. … 그들은 예수께 여쭈었다. 왜 우리들보다 저 여인을 더 사랑하십니까? 구세주께서는 그들에게 왜 내가 저 여인을 사랑하는 만큼 너희를 사랑하지 않겠느냐?"
> (「빌립복음」)

예수께서는 제자 마리아를 뜻을 함께 이루어가는 동지로 대했다는 것을 알 수 있다. 이를 두고 남성 제자들은 스승 예수가 늘 막달라 마리아를 편애한다고 느꼈다. 그래서 스승이 가장 아꼈던 그녀를 질투하기에 이른다. 문학적 상상력이 풍부한 작가들은 예수와 막달라 마리아가 연인 관계였다고 풀어내기도 한다. 기독교인들 사이에 논란이 되기도 했던 댄 브라운의 『다빈치 코드 The Da Vinci Code』[1]도 그중 하나다.

학자들의 견해는 다르다. 예수는 막달라 마리아를 여인으로 사랑했던 것이 아니라 자신이 추구한 가치와 철학을 깊은 차원까지 공유한 제자요, 그 실천을 함께 했던 동지로 아끼고 사랑했다고 이해한다. "그녀의 입에 자주 입 맞추곤 했다"라는 묘사가 로맨스 드라마에 익숙한 오늘의 독자들에게는 자칫 에로틱한 장면으로 비칠 수 있으나, 이는 친밀함을 표현하는 그 지역 특유의 인사법이었다는 것을 기억할 필요가 있다.

불공평하다고 불만을 토로하는 제자들에게 "왜 내가 저 여인을 사랑하는 만큼 너희를 사랑하지 않겠느냐"라고 반문한 예수의 대응도 이를 증명한다. 이는 성서를 읽는 독자들에게도 그리 낯선 것이 아니다. 마리아를 질투하는 제자들에게 예수가 던진 한마디는 「마태복음」에 등장하는 품꾼의 비유(20장)를 떠올리게 한다. 아침 일찍부터 일을 시작한 일꾼들은 마지막 한 시간을 남겨두고 일하러 온 일꾼들도 같은 품삯을 받게 되자, 주인에게 불공평하다고 불평했다. 예수께서는 주인의 입을 빌려 이렇게 가르쳤다.

"… 나는 그대를 부당하게 대한 것이 아니오. … 그대에게 주는 것과 꼭 같이 이 마지막 사람에게 주는 것이 내 뜻이오. … 내가 후하기 때문에, 그대 눈에 거슬리오? 이와 같이, 꼴찌들이 첫째가 되고, 첫째들이 꼴찌가 될 것이다."(「마태복음」 20장 13-16절)

성서에는 곳곳에 기존 질서를 뒤집는 전복과 반전의 메시지가 숨겨져 있다. 나그함마디 사막에서 발견되어 봉인 해제된 '성서 밖의 성서'도 마찬가지다. 베드로를 수제자로 기록하지 않는다. 오히려 여성이라는 이유로 막달라 마리아를 처음부터 제자 공동체에서 배제시키려 했던 그의 궁색함과 미성숙함을 적나라하게 드러낸다. 어디 그뿐인가. 예수께서 가장 사랑하고 아꼈던 '제자 중의 제자'는 베드로가 아니라 막달라 마리아였다고 증언한다. 막달라 마리아가 예수의 길을 가장 잘 이해하고 따르던 제자였음에도 불구하고 사도 전통에서 왜 배제되었는지, 왜 이 문헌들이 교회로부터 불온 문서로 낙인찍혀 '블랙리스트'에 오르게 되었는지 짐작하게 하는 대목이다. 한마디로 베드로의 권위를 따랐던 정통파 교회가 기독교 주류로 자리 잡기 전까지 막달라 마리아의 사도적 권위는 살아 있었으며, 그녀의 가르침을 따랐던 이들도 적지 않았음을 보여준다. 베드로와 바울을 사도 권위의 상징으로 내세워 스스로 정통 교회의 수호자로 '셀프 등극'한 남성 지도자들로서는 예수께서 가장 아끼고 사랑했던 제자가 막달라 마리아였다는 것을 인정하기 어려웠을 것이다. 이는 자신들의 정통성을 스스로 부인하는 꼴이 될 것이기에.

"진리가
너희를 자유롭게 하리라"

나그함마디 문서들이 처음부터 위험한 불온 문서로 태어난 것은 아니다. 기독교 초기에는 카타콤으로 불리던 지하 무덤이나 가정에서 함께 모여 예배하고 삶을 나누었다. 거창함으로 치장되지 않은 소박함 그 자체였다. 기독교의 정체성을 보여주는 단일한 형태의 신앙 고백이나 공통의 경전도 아직 존재하지 않았다. 초기 기독교인들은 유대교의 경전이었던 히브리 성서(구약 성서) 외에 더 많은 복음서들과 사도들의 이름으로 기록된 풍성한 증언들을 '거룩한 책'으로 아끼고 공유했다. 하지만 그중 일부는 훗날 기독교가 제도화되는 과정에서 교회 전통 안으로 흡수되지 못하고 '이단 서적'으로 낙인찍혀 배제되고 말았다.

나그함마디 문서 본문

영지주의 문헌으로 분류되어 온 나그함마디 문서들이 대표적이다.

영지주의 문헌을 오랫동안 연구한 일레인 페이절스Elaine Pagels는 기독교가 제도화되는 과정에서 교권을 손에 넣은 소위 정통파 기독교도들에 의한 탄압이 자행되었다고 알려준다. 특히 교회 지도자들이, 로마 제국의 유일한 지존으로 등극한 콘스탄티누스 황제의 충실한 신하가 되어 제국의 권력을 황제와 나누기 시작한 시점과 맞물린다. 제국의 후원을 등에 업고 스스로 정통의 수호자로 등극한 이들은 자신들의 결정을 따르지 않거나 다른 길을 가는 이들을 박해하고 탄압하기 시작했다. 나그함마디 문서들이 항아리에 고이 담겨 땅에 묻힌 것도 탄압 위기에 내몰린 "거룩한 책들"을 지켜내기 위한 기독교 공동체의 또 다른 몸부림이었다는 것이 페이절스의 설명이다.[2]

물론 지금은 이 문헌들이 초기 성서로서뿐만 아니라 기독교의 기원을 연구하는 데 더없이 소중한 자료들로 평가받는다. 무엇보다 예수와 그의 제자들이 함께 지낸 길지 않았던 시간들, 그중에서도 성서에서 증발해버린 시간들을 가장 밀착된 형태의 앵글에 담아낸 더없이 소중한 기록들이다. 그렇다면 정통파 교회는 왜 "거룩한 책"으로 인기를 누렸던 문서들을 이단 서적으로 낙인찍어 봉인으로 이어지게 했을까? 땅에 묻혀야 할 만큼 기독교 신앙에 위배되거나 위협이 되는 위험한 사상들이 정말로 담겨 있었던 것일까? 영지주의는 정말 위험한 사상이었을까?

영지주의만큼 오랫동안 베일에 싸인 채 교회에서 오해받았던 사상도 드물다. 그것도 사형 선고나 다름없었던 "이단"이라는 굴레를 쓰고 근 2천 년 가까이 '가짜' 혹은 '짝퉁' 기독교로 비난받아 왔다. 그러나 흔히 알려진 것과 달리, 영지주의는 기독교 안에서 자연 발생적으로 생겨난 분파적 교리가 아니었다. 반인륜적이고 반사회적인 사교 집단이 고의로 퍼뜨린 사악한 지식은 더욱 아니었다.

영지주의*Gnosticism*의 어원인 헬라어 '그노시스*Gnosis*'는 영어로 Spiritual truth, 즉 "영적 진리(靈智)"라는 뜻이다. 지식으로 해석되는 경우도 있지만 오해의 여지가 많다는 것이 학자들의 견해다. 그노시스는 이성적 인지를 통해 습득되는 지식이라기보다는 직관적 "깨우침" 혹은 "알아차림", 즉 통찰을 통해 얻어지는 "앎"에 더 가깝다.[3] 쉽게 말하면, 무지로부터의 깨어남이다. 인간의 무지함이 죄를 발생시키고 죄는 다시 인간에게 고통을 더해준다는 근본적인 문제의식에서 비롯되었다.

단어의 의미가 암시하듯이 영지주의는 지중해를 중심으로 광범위한 지역에서 종교를 초월하여 추구된 하나의 사상적 흐름이었다. 특정 지역이나 공동체에 제한된 분파적이고 배타적 성격의 기독교 교리가 아니었다는 말이다. 특정한 형태의 종교 의식이나 교리를 내세우기보다는 오히려 우주 질서에 대한 참된 지혜와 보편 진리를 추구했던 일종의 실천을 담보한 철학적 가치의 성격이 강했다. 인간은 심오한 진리의 깨우침을 통해 생명의 본질을 회복할 수 있고 무지로부터 벗어나 자유로운 영혼이 되어 온전함으로 나아갈 수 있다고 믿었다. 또한 가장 심오한 차원에서 자신을 알아가게 되면 이를 통해 신을 만날 수 있다고 가르쳤다. 인간의 삶을 관통하는 보편 진리에 대한 추구는 특정 종교의 제도적 틀이나 교리적 가르침에 가둘 수 없다.

참된 진리에 대한 성찰과 열망은 종교에 상관없이 사람이라면 누구나 추구하는 보편 가치다. 그 앞에서 종교 간의 선 긋기나 종교와 비종교 간의 영역 구분은 구차해질 수밖에 없다. 이러한 진리의 차원은 다른 문화적 토양에서 자란 불교 같은 동양 종교와도 일맥상통한다. 그래서 영지주의의 기원을 연구하는 학자들 가운데는 페르시아, 즉 지금의 이란 지역에서 탄생한 조로아스터교나 인도에 기반을 둔 불교에 주목하는 이들도 있다. 영국의 불교학자 에드워드 콘즈Edward Conze는 기독교 공동체가 탄생하기 전인 기원전 1-2세기경 이미 그리스 로마 세계와 아시아 지역 사이에 통상로가 열렸다는 점에 주목한다. 불교 수행자들이 이 길을 따라 수 세대에 걸쳐 이집트를 방문해 국제도시였던 알렉산드리아에서 포교 활동을 펼치기도 했다는 것이다. 실제로 2-3세기 영지주의를 비판하며 이단과의 전쟁에 앞장섰던 로마 주교 히폴리투스Hippolytus, AD 170-235도 인도의 브라만에 대해 알고 있었다.[4]

"인도인들 중 브라만 틈에 끼어 철학자인 양하는 이단의 무리가 있다. 이들은 살아 있는 생물과 익힌 음식을 스스로 금하며 자급자족하는 삶을 이어간다. … 이들은 하나님을 빛이라 부르는데… 그노시스를 통해 현자들은 자연의 신비를 파헤친다."

근대 이후 세계를 살아가는 우리와 다르게, 고대 문화권에서는 종교와 철학, 학문과 종교가 분리되지 않았다. 철학자에게 "학문은 영적 수련"의 과정이었다. 종교사학자 카렌 암스트롱은 "철학은 본래 차가운 이성의 학문이 아니라 탐구자 자신을 완전히 뒤바꿔놓을 만큼 열렬한 영적 탐구였다"라고 말한다.[5]

영지주의는 영적 탐구의 보편 가치로 특정 교리를 숭상한 것이 아니라 사상이나 철학에 가까웠다. 이에 영향을 받은 기독교인들은 그 심오한 진리의 깨우침을 예수의 삶과 가르침에서 찾고자 했다. 이들에게 있어 복음 전파의 의미는 제도와 교리의 무한한 확장이 아니라 삶의 가치 지평을 넓히고 공유하는 것이었다. 이를 단적으로 보여주는 것이 사도 도마의 행보에 대한 기록들이다. 영지주의 문헌으로 분류된 「도마복음」이나 외경으로 알려진 「도마행전」이 우리의 이목을 끈다. 특히 2-3세기에 에뎃사Edessa에서 바르 다이산*이 저술했다고도 알려진 「도마행전」

---

* 바르 다이산Bar Daisan, 154-222은 시리아의 철학자로 에데사 왕실의 신임을 얻고 왕의 자문 역할까지 맡았던 귀족이었다. 학식과 교양이 풍부하고 문학과 종교에도 조예가 깊어 영지주의 기독교에 관한 책을 여러 권 저술했을 뿐 아니라 기독교 찬가인 마드라샤의 창시자로 명성을 얻기도 했다. 이에 힘입어 사도 도마는 시리아 정교회의 창설자로 추앙받았고 시리아에서 기독교는 국교의 차원까지 높아졌다. 하지만 3세기에 접어들며 정통파의 목소리가 커지면서 그의 가르침도 교회에서 서서히 잊혀졌다.(송혜경 저, 『영지주의: 그 민낯과의 만남』(한님성서연구소, 2014), 50-52쪽)

은 제자 도마가 인도에 간 첫 사도였다고 소개하며, 흥미로운 이야기 하나를 전해준다.[6]

사도 도마가 기독교를 전하러 인도에 갔을 때, 인도의 왕 군다포러스Gundaphorus가 멋있는 궁전을 지어달라며 많은 돈을 주었다. 도마는 왕에게 받은 건축비를 가난한 사람들에게 모두 나누어 주었다. 이에 분노한 왕은 도마를 매질하여 감옥에 가두었고, 그때 마침 왕의 동생이 사망했다. 하늘로 간 동생은 눈부신 궁전을 보면서 누구의 것이냐고 물으니, 사도 도마가 지어준 형의 궁전이라는 대답이 돌아왔다. 동생은 하나님의 특별한 허락을 받고 지상에 내려와, 도마가 형을 위해 천상에 좋은 궁전을 준비해 두었으니 도마의 가르침을 받아들여 가난한 사람들에게 선정을 베풀라고 권유했다. 이에 감동한 왕은 곧장 도마에게 세례를 받고 개종했다. 이 이야기를 실증 역사의 한 부분으로 받아들이기는 어려울 것이다. 하지만 예수의 가르침이 인도까지 전해졌으며 인도에 처음 전해진 기독교 복음은 깨우침을 강조한 영지주의적 특징에 가까웠음을 가늠해볼 수는 있겠다.

영지주의, 불온 사상으로 내몰린 사연

도식화되어 통용된 영지주의도 있다. 정통파 교회가 만들어낸 영지주의다. 정통파 버전의 영지주의는 크게 세 가지 특징으로 전해진다.[7] 첫째, 영지주의는 철저하게 이분법적 세계관을 견지한다. 인간의 영혼은 죄로 가득찬 육체의 감옥에 갇혀 있으며, 영적 세계로 다시 돌아갈 구원의 날만을 갈망한다. 둘째, 영지주의는 창조주 하나님을 부정한다. 이 세상은 하나님이 창조한 것이 아니라 하나님을 배신하고 자신의 독자적인 세계를 창조하려다 실패한 천사의 미완성 작품이라고 믿는다. 셋째, 영지주의는 예수 그리스도의 인성을 부정한다. 죄로 오염되지 않은 순도 100% 영적인 존재인 예수가 잠시 인간의 모습만 빌렸을 뿐 진짜 인간이 아니라는 가현설 *Docetism*을 믿는다. 영혼의 구원은 선택된 소수에게만 허락된 "비밀스러운 지식"을 통해 가능하기에, 이를 위해 예수 그리스도가 이 땅에 보내졌다는 단순한 논리를 펼친다. 이것이 정통파 교회가 도식화한 영지주의의 핵심이다. 한마디로 정통파 교회는 그 노시스를 기독교의 근간을 흔드는 은폐된 "비밀스러운 지식"으로 오독했고 위험천만한 반기독교적 사상으로 규정해버렸다.

'정통과 이단'에 대한 논쟁만큼 폭력적이고 처참한 논쟁도 흔치 않다. 진실은 온데간데없이 사라지고 공격만 난무하며, 공격한 사람의 자격과 진정성은 아예 묻지도 않는다. 늘 첨예하지만 그 기준은 언제나 모호하다. 그 모호한 기준조차도 기독교 공동체의 진지한 성찰이나 충분한 논의를 거쳐 공동체의 합의로 세워지는 것이 아니다. 주도적 위치를 갖게 된 그룹이 정통을 자처하며 소수 의견을 가진 그룹들을 "이단"이란 이름으로 배제시키는 측면이 크다. 그 과정에서 종교적 권위는 교권에 짓밟히기 일쑤다.

영지주의에 대한 정통파 교회의 오독은 도대체 어디에서 온 것일까. 결론부터 말하면 아주 실체가 없는 것은 아니었다. 단순한 조작이나 허구는 아니었다는 말이다. 이는 지중해 지역의 종교적 환경과 밀접한 관련이 있다. 기독교의 배경이 된 지중해는 바다와 육로를 통해 교역과 무역이 활발하게 이루어지던 지역이었던 만큼, 주변으로부터 유입된 온갖 문화와 사상들이 범람했다. 각 지역에 세워진 교회들은 부유물처럼 떠다니던 다양한 신화들과 사상들이 뒤섞여져 만들어진, 일종의 혼합 종교의 형태를 띤 여러 가지 출처 불명의 사상들로 인해 큰 혼란을 겪었다.

모든 육체와 물질세계를 죄악시 여기며 영적 구원만을 강조한 다양한 양태의 혼합 종교는 고통스러운 현실이 버거웠던 대중들을 쉽게 사로잡았다. 대중들은 전쟁과 질병, 풍랑, 난파, 고질적인 식량 부족 등 예상치 못한 불행들이 일상을 위협하는 불안한 현실에서 하루라도 빨리 벗어나기를 고대했다. 여러 버전으로 떠돌던 혼합 종교가 종족과 종교를 막론하고 소리 없이 일반 대중들 사이로 빠르게 퍼져 나간 이유다. 삶의 불안한 늪에서 사람들은 어느 종교나 할 것 없이 소테리아 *Soteria*, 즉 "신의 도우심"을 갈망했다. 헬라어 *Soteria*는 이후 기독교의 구원 개념으로 흡수되어 Salvation의 어원이 되었다.

사실 영지주의 사상은 지속적인 자기 비움의 실천과 높은 차원의 자기 성찰 없이는 공유될 수 없는 것이기에 몇 마디의 말로 표현하거나 설명하기는 어렵다. 나그함마디 문헌에 대한 연구 업적만도 4천 종이 넘는다는 통계가 있을 정도다. 굳이 언어로 풀어내려고 하면 어느새 접근하기 어려운 수수께끼 철학이나 사상이 되고 만다. 더욱이 풍성한 경험과 다양한 체험들이 그대로 녹아 있어 이를 표현하는 방식이나 언어도 다양하고 창조적일 수밖에 없다. 단답식 시험에 맞춰진 답안지처럼, 도식적이고 기계적인 해답을 줄 수 없다는 의미다. 간단하게 딱 떨어지는 인스턴트식 해답이 필요한 독자들에겐 버거울 수밖에 없다.

일반적으로 알려진 영지주의에 대한 단순하고도 조악한 이분법적 이해는 라이벌 그룹들을 이단으로 단죄했던 자칭 정통파 리더들이 조합한 이론이라는 것이 최근 학자들의 견해다. 여기저기서 부적절해 보이는 부분들을 따로 떼어내 악의적으로 꿰어 맞춘 측면이 크다. 물론 상대에 대한 공격용이다. 「도마복음」, 「빌립복음」 등 나그함마디 문서들과 함께 세상에 소개된 「막달라 마리아 복음」도 영지주의 복음서로 분류되어 왔다. 하지만 막상 뚜껑을 열어 보니 그 어디에서도 위험하게 여겨질 만한 영지주의적 이원론은 발견되지 않았다. 초기에는 문제없이 그리스도인들 사이에서 사랑받았지만, 2세기 중엽 마르시온Marcion*의 정경화 사건 이후 이단 문서로 정죄되고 동시에 금서가 되었다.

스스로 교회 수호자로 등극한 이들은 왜 차원이 다른 영지주의를 저급한 수준의 혼합 종교로 취급하며 위험한 사상으로 내몰았을까? 가치와 사상이라는 것이 본래 눈에 보이는 분명한 경계를 갖기 어렵기에 현상적으로 오해를 사거나 혼동을 불러일으키는 측면이 없지 않다. 하지

＊ 마르시온Marcion, 85?-160?은 소아시아 출신으로 기독교인을 위한 경전 목록을 처음 만들었지만, 그 대가로 150년에 이단으로 파문당한 인물이다. 어릴 때부터 기독교 신앙에 심취했던 마르시온은 바울이 쓴 편지들에 특히 매료되었다. 하지만 곧이어 바울의 편지들과 유대교 경전인 히브리 성서가 같은 신앙을 고백하는 것이 아니라는 판단에 이르게 되었다. 바울 서신은 인류를 향한 신의 보편 사랑을 가르친 반면, 히브리 성서는 철저히 유대 민족을 위한 신의 선택 사상에 천착했다. 이방 민족을 완전히 배제시키는 히브리 성서의 배타적 선택 사상은 그에게 도저히 용납하기 어려운 것이었다. 결국 히브리 성서의 완전 폐기와 통일된 기독교 경전의 필요성을 강하게 주장하고 나섰다. 그리고 직접 사도 바울의 이름으로 기록된 서신들 중 10개를 선별하고, 「누가복음」을 추가해 신약 성서 목록을 작성했다. 이는 기독교의 첫 정경화 작업이었다. 이에 분노한 서머나 지역의 주교 폴리캅은 "사탄이 낳은 첫 번째 자식"이라며 그를 맹비난했다. 하지만 이 사건을 계기로 정통파 교회도 결국 신약 성서의 정경화 작업에 착수하게 되었고, 4세기경 비로소 27권으로 구성된 오늘날의 신약 성서 목록이 공식적으로 완성되었다.

만 이보다는, 추구하는 우선적 가치가 다를 수 있음을 인정하지 않고 이를 도전으로 받아들여 원천 봉쇄로 맞섰던 것을 더 큰 이유로 보아야 할 것이다. 정통주의자들에겐 자기 비움의 지속적 실천이나 더 깊은 진리의 바다로 나아가는 종교의 본질적 가치보다 교회 질서를 세우고 유지하는 일이 더 시급했다. 그렇기에 이들 눈에는 그 깊이를 알 수 없는 그노시스가 교회 질서를 어지럽히고 교권에 도전하는 통제 밖의 힘이요, 제도적 권위를 좀처럼 인정하려 들지 않는 이들이 남몰래 공유한 비밀스러운 지식으로 보였을 것이다. 이는 교회의 위계질서를 유지하는데 가장 큰 위협이 아닐 수 없었다.

한마디로 영지주의에 붙여진 "이단"이라는 개념은 신앙적 정체성의 진실을 가리기 위한 순수한 의미의 종교적 장치가 아니었다. 오히려 기독교 본래의 정체성인 다양성의 가치를 원천 봉쇄하고 획일화된 교리를 통해 효과적으로 교권을 관리하고 강화하고자 했던 이들이 정치 사회적 의미로 사용한 프레임이었다. 이런 방식은 중세 시대는 물론, 심지어 근대 후기를 살아가는 오늘날에도 여전히 교권주의자들의 유용한 무기가 되고 있다.

180년경 리옹의 주교 이레네우스 Irenaeus, 140?-202?는 5권으로 이루어진 『이단 반박론 Adversus haereses』을 썼는데 나그함마디 문서 중 하나인 「진리복음」도 여기에서 처음 언급되었다. 영지주의를 극렬히 반대했던 그는 영지주의자들이 영적, 문학적 창조력이 뛰어나 매일같이 새로운 복음서를 만들어낸다고 맹비난했다. 50년 후 로마의 히폴리투스도 『모든 이단에 대한 논박 Refutation of All Heresies』이라는 제목의 대작을 저술했다.

4세기에는 상황이 더욱 악화되었다. 금서로 지목된 이단 서적을 소유하는 것이 범죄 행위로 간주되기에 이르렀다. 사도들의 이름으로 기록된 "거룩한 책들"은 초기 로마 제국의 박해를 뚫고 용케도 살아남았지만, 어이없게도 정통주의를 내세운 교회 지도자들 손에서 마지막 운명을 맞고 말았다. 324년에 콘스탄티누스가 정적을 완전히 제거하고 로마 제국 전체를 호령하는 첫 기독교 황제가 되자, 그의 후원을 입은 정통파 교회 지도자들이 이단 서적에 대한 본격적인 탄압에 나섰다. 역사의 아이러니가 아닐 수 없다. 정경으로 선택받지 못한 외경은 이후 오랫동안 모진 박해를 받아야 했고, 황제의 선택에 반기를 든 주교들은 죽음을 맞거나 가차 없이 추방되었다.

경전의 진위 여부를 가려야 한다면 누구에게 그 권한을 허락해야 하는가? 권력의 최고 권좌에 앉은 황제의 선택이 곧 신의 선택이라고 누가 확증할 수 있는가? 교회가 생명처럼 지켜온 수많은 교리와 경전 선택이 기독교인들이 흔히 믿고 있듯 신의 선택이 아닌 최고 권좌에 앉아 신의 아들로 군림한 로마 황제들의 선택에 의한 것이었음을 안다면, 더 이상 교리를 진리로 혼동해서는 안 될 것이다.

영지주의를 이단으로 내몰았던 흐름은 19세기까지 지속되었다. 당대 대표적인 신학자로 이름을 알렸던 하르낙Harnack도 나그함마디 문서가 발견되기 직전까지 영지주의를 기독교 이단으로 간주했다. 그리스 철학의 관점에서 그리스도의 가르침을 왜곡하고 거짓을 뒤섞어 전파했다는 것이 그 이유였다. 하지만 영지주의 연구가인 스티븐 휠러Stephan A. Hoeller는 초기부터 지금까지 영지주의 비판자들은 영지주의 가르침이 그노시스의 경험에서 직접 얻은 결과물이라는 사실을 놓치고 있다고 날카롭게 지적한다.[8] 영지주의는 반기독교적 성격을 띤 이단 종파로 태어난 것이 아니었다. 초기부터 제도화된 교회에 흡수되지 않고 독자적인 색깔을 가지고 독립적으로 발전한 기독교의 또 다른 얼굴임을 인정해야 한다는 것이 최근 학자들의 재평가다. 획일화된 교리와 조직화된 위계로 거대한 성을 쌓아올린 정통파 교회와 달리 영지주의는 가치를 공유하는 공동체는 있으되 통일된 교리를 만들지 않았다. 정통파 교회가 '인간의 죄'를 강조했다면, 영지주의는 '인간의 고통'에 더 깊은 관심을 갖고 이를 통찰했다. 이제 영지주의를 바라보는 기독교인들의 시각에도 전면 재검토가 필요하지 않을까.

땅에 묻힌
또 다른 이유

남성들이 중심이 된 정통파 교회들이 영지주의를 이단 사상으로 못 박으며 두려워한 이유는 또 있었다. 이단으로 공격받았던 대부분의 라이벌 공동체들은 여성들의 영적 권위와 리더십을 인정하고 허용했다. 이는 정통파 교회가 절대적으로 금지시켰던 사항이었다. 이단 저격수요, 영지주의자를 혐오했던 또 다른 주교 터툴리아누스Tertullianus의 여성 혐오는 가히 놀랍다.

"이 이단의 여인들은 얼마나 뻔뻔스러운가? 이들은 부끄러움을 모른다. 가르치고, 논쟁에 끼어들고, 악령을 쫓는 의식을 행하고, 치료를 행함은 물론이요, 심지어 세례까지 주고 있다."

"여자는 교회에서 입을 열 수 없으며 가르치거나 세례를 주거나 성
만찬을 베풀거나 어떠한 남성의 직분도 맡을 수 없다."

남성에게만 허용된 종교 의식에 참여했다는 이유만으로도 여성들은 이단으로 낙인찍혔다. 교회의 리더십을 장악한 남성들에게 가장 큰 위협은 다름 아닌 여성들과 리더십을 나누는 것이었다. 터툴리아누스의 공격 대상이 되었던 마르시온은 여성을 남성과 동등한 자격으로 인정해 사제나 주교로 임명함으로써 정통파 교회를 발칵 뒤집어 놓기도 했다. 이레네우스가 발렌티누스파 *Valentinians* 교사인 마르쿠스를 향해 날카로운 비판을 퍼부었던 원인도 그가 성찬식을 거행하면서 여성들을 사제로 함께 참여시키고, 성찬식 기도를 드리고 축복의 말을 낭송하도록 "여성들에게 컵을 건네주었다"라는 것 때문이었다. 발렌티누스파 공동체는 남성과 여성이 동등하게 예언자로, 교사로, 치료자로, 사제로, 주교로 활동하도록 허용했다.

하지만 정통파 교회에서는 200년경부터 여성들을 예언자, 사제, 성직의 역할에서 빠르게 배제시켰다. 이는 기독교가 로마 사회에 동화되며 제도화되는 과정에서 자연스럽게 남성 중심의 성직 제도를 탄생시킨 것과 맥락을 같이 한다. 기독교에 대한 다양한 해석과 신앙적 이해들이 풍성해지자, 남성 리더들은 베드로와 바울을 대표적인 사도로 앞세워 자신들의 신학만을 "정통*Orthodoxy*"으로 선언했다. 그러고는 자신들의 권위에 복종하지 않는 지도자들이나 자신들과 의견을 달리하는 그룹들에게 "이단*heresy*"이라는 주홍글씨를 달아 단죄하기에 이르렀다. "다르다*different*"는 뜻의 헬라어 heresy가 "틀리다", 즉 "그르다*wrong*"의 의미

로 사용되기 시작한 것도 이때부터다. 정통파 교회의 종교 지도자들은 당대 최고의 지성들로서 그 의미의 차이를 모를 리 없었건만, 진리 해석의 주도권을 손에 넣기 위해 '다른 것'을 '틀린 것'으로 읽어내는 '고의 오독'을 마다하지 않았다.

이러한 선택은 기독교 공동체의 초기 정신을 정면으로 거스르는 것이었다. 당시 비유대인들 가운데 예수의 가르침을 따르고자 하는 이들이 증가하자, 할례나 음식 규정 등 유대인들이 오랜 세월 신의 뜻으로 지켜온 전통들이 걸림돌로 떠올랐다. 사도들은 예루살렘에서 첫 사도회의를 소집했고, "예수의 제자가 되기 위해 반드시 유대인이 될 필요는 없다"라고 선언했다. 유대인과 비유대인들 사이의 벽을 과감하게 허물고, 유대 공동체에 갇혔던 진리의 개방성을 다양한 공동체로 확장시킨 '과감한 선택'이었다. 이때 기독교의 정체성으로 처음 소개된 것이 "Katholikos(보편주의)"라는 개념이다. 첫 공의회에서 진리에 대한 보편성을 기독교의 정체성으로 선언한 것은 예수의 가르침을 유대 남성들만을 위한 진리로 묶어놓지 않겠다는 의지 표명이었다. 이 지점에서 유대교와의 결별은 피할 수 없는 것이었다. 결국 이 선언은 기독교 공동체에게 과거로 되돌아갈 수 없는 루비콘 강이 되었다.

하지만 이후 스스로를 정통의 수호자로 자부하고 나선 교회 지도자들은 초기 공동체 안에 풍성하게 존재했던 다양한 신앙 고백들을 끊어내는데 신앙적 열정을 다했다.[9] 동시에 자신들을 중심으로 한 교회의 '하나 된' 질서를 세우기 위해 모든 힘을 동원했다. 심지어는 어거스틴 Augustine의 경우처럼 공권력의 동원도 마다하지 않았다. 자신들의 결정을 따르지 않을 경우, 질서를 위협하는 "위험한 존재"로 낙인찍어 잔인하게 탄압했다. 나그함마디 문서들이 "거룩한 책"으로 사랑받았음에도 불구하고 땅에 묻힐 수밖에 없었던 사연이 당시의 절박했던 상황을 잘 말해준다.

이집트 남부에서 성 파코미우스St. Pacomius 수도원의 수도사로 추정되는 이가 위기에 처한 금서들을 항아리에 숨겨 땅에 고이 묻어두지 않았다면, 우리는 이 책들을 영영 만나보지 못했을 것이다. 역사가 우리에게 준 선물이다.

마리아 복음서가 돌아오다

　사람은 떠나도 이야기는 남는다. 역사는 떠난 사람들이 남긴 수많은 이야기들을 기억하는 작업이기도 하다. 기독교 역사도 예수 자신이 아닌 그가 남긴 수많은 이야기들을 기억하는 그의 제자들에 의해 시작되었다.
　최근 연구로 제자 막달라 마리아가 새롭게 주목받고 있다. 십자가에 처형당한 스승 곁을 마지막까지 지켰고, 그가 죽음에 굴복하지 않고 다시 살아났을 때 가장 먼저 만난 제자가 막달라 마리아다. 놀라움과 기쁨에 젖어 한 걸음에 갈릴리로 달려갔지만 절망에 빠진 남성 제자들은 그의 말을 도무지 믿으려 하지 않았다. 이것이 막달라 마리아에 대한 성서의 마지막 기록이다.
　그렇다면 막달라 마리아가 남긴 이야기는 없을까? 있다. 그가 직접 기록했다는 문헌은 발견되지 않지만 그의 이름으로 기록된 복음서는 남아 있다. 1500여 년의 시간을 건너 느닷없이 찾아든 「막달라 마리아 복음」(이하 「마리아복음」)이 그것이다. 남성 제자들과는 다른 경험을 하고 다른 눈으로 세상을 보았을 막달라 마리아는 어떤 이야기들을 우리에게 남겼을까. 그가 기억하는 스승은 어떤 모습일까.

「마리아복음」의 귀환

앞장에서 보았듯이, 성서에서 빠져버린 막달라 마리아에 대한 이야기는 나그함마디 문서들에 담겨 있었다. 하지만 나그함마디 문서의 중요성은 여기서 그치지 않는다. 이 고문헌들의 우연한 등장으로 「마리아복음」의 존재도 함께 세상에 처음 알려지게 되었다.

「마리아복음」은 정경으로 선택되진 못했지만, 여성의 이름으로 기록된 유일한 복음서다. 나그함마디 문서들보다 50년가량 앞선 1896년 처음 발견되었다. 독일 학자 라인하르트가 이집트 카이로의 한 골동품상에서 영지주의 문헌 필사본을 구입했는데, 놀랍게도 여기에 「마리아복음」이 수록되어 있었다.

계몽주의 바람이 거세게 불었던 18세기 유럽 학계는 우연히 발견된 고대 사본들로 한껏 들떠 있었다.[10] 1784년, 영국 의사였던 아스큐의 집에서 오래된 책 하

「마리아복음」 본문

나가 발견된 것이 그 시작이었다. 346쪽에 이르는 이 문헌은 콥트어 방언으로 기록되어 있었다. 브리티시 뮤지엄은 이를 구입해 아스큐 사본 *Askew Codex*이라고 이름 붙였다. 여기엔 지혜의 여신 소피아와 예수가 나눈 대화가 담긴 「피스티스 소피아」 사본이 들어 있었다. 아스큐 사본이 영어로 처음 번역되어 세상에 소개되기까지는 100여 년이 걸렸다. 다음으로 발견된 것이 브루스 사본 *Bruce Codex*이다. 스코틀랜드 여행가 제임스 브루스가 중동에서 발견한 것이기에 그의 이름을 땄다. 이 사본에는 예수께서 자신의 제자들을 영적 입문으로 인도하는 여행담이 담겨 있었다. 세 번째 발견된 문헌은 베를린 사본 *Berlin Codex*이다. 5세기 것으로 추정되는 세 가지 논고가 실렸는데, 그중 하나가 「마리아복음」이었다. 독일 학자 칼 슈미트가 번역을 했지만 출판은 오랫동안 이루어지지 못했다. 이후에 「마리아복음」 단편 두 개가 더 발견되었는데, 모두 2세기 것으로 학자들은 추정한다. 늦어도 2세기 안에 「마리아복음」이 기록되었다는 추측이 가능하다.[11]

「마리아복음」은 베를린 국립 박물관 이집트관에 보관되어 오다가 제2차 세계대전 직후 나그함마디에서 발견된 문헌들과 함께 세상에 처음 소개되었다. 「마리아복음」이 항아리 안에 있지 않았지만 나그함마디 문서들과 함께 소개된 이유는 이들의 증언이 서로를 보완하며 신약 성서의 복음서들이 놓친 시간들을 전해주기 때문이다.

막달라 마리아가 여성이라는 이유로 동료들로부터 견제 받았던 분위기는 부활 후 예수께서 이들을 다시 찾았을 때도 달라지지 않았다. 「마리아복음」은 이를 생생하게 전한다. "내가 증거한 이상의 율법을 만들지 말고 하늘나라의 복음을 널리 전하라"라는 당부를 남기고 스승 예수가 홀연히 사라지자, 베드로는 막달라 마리아에게 다가와 부탁한다.

> "자매여, 주님께서 당신을 어느 여자보다도 사랑했던 것을 알고 있으니 그분께서 하신 말씀 중에 당신만 알고 우리가 모르는 게 있다면 기억나는 대로 말씀해 주시오."(10쪽)

마리아는 베드로의 부탁을 흔쾌히 수용해 스승과 나눈 대화를 동료들에게 자세히 전해주었다. 하지만 동료들은 이야기를 들은 후 돌연 태도를 바꾼다. 마리아의 말에 강한 의구심을 드러내며 믿으려 하지 않았다.

> "안드레가 형제들에게 이르노니, 자매의 말을 어찌 생각하십니까? 주께서 이 말씀을 하셨다니 도저히 믿을 수가 없습니다. 우리가 알던 것과 너무도 다릅니다. 그때 베드로가 말하길, 우리가 모르는 비밀을 이런 식으로 여자에게 말씀하셨다니 가당키나 합니까? 관습을 뒤엎고 여자의 말에 귀 기울여야 옳습니까? 정녕 우리보다 더 사랑하사 이 여자를 택하신 것입니까?"(17쪽)

스승 예수를 가장 사랑한다고 자부했던 베드로, 그에게 마리아는 스승의 뜻을 함께 실천해가는 동료가 아니라 그저 '하찮은 여자'에 불과했던 모양이다. 예수의 부활 사건 이후에도 베드로는 스승이 그토록 넘어서고자 했던 유대의 관습들을 어떤 권위보다 숭상하고 있었다. 베드로의 이러한 태도는 「사도행전」 10장에 나오는 고넬료의 환상에서도 그대로 드러난다.

그는, 하늘이 열리고, 큰 보자기 같은 그릇이 네 귀퉁이에⋯ 그 속에는 네 발 달린 온갖 짐승들과 땅에 기어 다니는 것들과 공중의 새들이 골고루 들어 있었다. 그때에 베드로야 일어나서 잡아먹어라 하는 음성이 들려왔다. 베드로가 대답하였다. 주님 절대로 그럴 수 없습니다. 저는 속되고 부정한 것은 한 번도 먹은 일이 없습니다. 두 번째로 음성이 다시 들려왔다. 하나님께서 깨끗하게 하신 것을 속되다고 하지 말아라.(「사도행전」10장 11–15절)

베드로는 스승이 떠난 후에도 여전히 낡은 옷을 벗지 못했다. 정한 것과 부정한 것, 깨끗한 것과 더러운 것으로 세상을 경계 짓고 "다름"을 결코 용납하지 않는 삶의 방식을 내려놓지 못했다.

남성 제자들이 모두 베드로와 입장을 같이 했던 것은 아니다. 베드로의 말에 깊은 상처를 받은 마리아가 "베드로 형제여, 무슨 생각을 하나요? 저 혼자 상상해서 환상을 지어내는 거란 말인가요? 어찌 주를 두고 거짓을 말한단 말입니까(「마리아복음」18쪽)"이라고 반문하며 눈물을 흘렸다. 이 모습을 더는 두고 볼 수 없었는지 또 다른 제자 레위가 베드로를 책망하며 사태 수습에 나섰다.

"그때 레위가 가로되 베드로 형제, 성격이 불같더니 우리 원수를 닮아 여자를 거부하고자 함인가요? 주께서 그녀를 귀히 여기셨다면 거부해선 안 됩니다. 그녀를 우리보다 더 사랑하사 그녀를 잘 알고 있었던 것입니다. 속죄하고 온전한 인간(안드로포스)으로 태어나 주를 우리 안에 온전히 거하게 합시다. 명하신 대로 성숙한 자세로 나아가 널리 복음을 전파합시다. 그분이 증거하신 이상의 율법을 만들지 맙시다. 레위가 말을 마치자 사도들이 일제히 일어나 복음을 전파하러 나섰다."(「마리아복음」 18-19쪽)

앞서 예수께서는 유대인들이 오랜 세월 신에게 버림받은 사람들로 취급하고 접촉조차 꺼렸던 '이방인들'에게 복음을 전해주라는 받들기 힘든 명을 남겼다. 주변 강대국들의 제국주의적 폭압에 늘 시달리며 고난의 역사를 걸어온 유대인들의 생존을 위한 싸움은 언제나 치열했다. 민족 배타주의는 그 과정에서 자연스럽게 싹튼 것인지도 모른다. 하지만 시간이 흐르면서 이는 스스로를 가두고 타문화와 소통조차 허락하지 않는 거대한 벽이 되었다. 무엇보다 유대 지도층들이 방패로 삼은 민족 배타주의는 예수께서 선포한 진리(복음)의 보편적 가치를 크게 훼손하는 것이었다. 이를 넘어서고자 한 예수의 몸부림은 결국 죽음을 자초한 길이 되었다.

「마리아복음」을 포함하여 영지주의 성서를 집중 연구해 온 송혜경은 스승이 겪은 것과 같은 운명을 겪게 될지도 모른다는 두려움이 제자들을 사로잡았다고 해석한다.[12] 동료들이 두려움과 회의감에 빠져들자, 이들을 부둥켜안고 격려하며 다시 일으켜 세운 것이 사도 마리아였다.

"부디 슬픔과 회의에 젖지 마세요. 그분의 은총이 우리를 인도할 것입니다. 그분의 위대함을 찬미합시다. 그분께서 오늘을 예비시키지 않았습니까? 주님께선 우리가 완벽한 인간(안드로포스)이 되길 바라십니다."(「마리아복음」 9쪽)

봉인이 해제된 나그함마디 문헌들도 증언하듯이, 막달라 마리아는 예수께서 보여준 세계와 그의 심오한 가르침을 가장 잘 이해하고 따랐던 제자였다. 「빌립복음」이나 「구세주와의 대화」는 막달라 마리아를 예수의 "동지 *Koinonos*"로 표현하기도 한다. 마리아를 극도로 경계했던 베드로조차 자신의 스승이 다른 어떤 제자들보다도 마리아를 아끼고 사랑했음을 인정할 수밖에 없었다. 정경에 포함된 복음서들이 크게 주목하지 않았던 제자 레위도 베드로의 미성숙함을 꾸짖고 마리아의 사도성을 높이 존중하며 그녀를 따라야 한다고 탐탁지 않아 하는 동료들을 독려했다. 이는 적어도 2세기까지는 막달라 마리아의 권위와 역할이 살아 있었음을 보여주는 증거다.

'회개한 창녀'로
알려지게 된 사연

신약의 복음서들은 막달라 마리아를 어떻게 기록하고 있을까? 막달라 마리아는 어머니 마리아를 제외하고 4개 복음서에서 모두 실명으로 언급된 유일한 여성이다. 신약의 복음서들은 모두 십자가 처형 현장에 있었던 이들 중 한 사람으로 막달라 마리아의 이름을 증언한다. 가장 늦게 기록된 것으로 알려진 「요한복음」은 "예수의 십자가 곁에는 예수의 어머니와 이모와 글로바의 아내 마리아와 막달라 사람 마리아가 서 있었다(19장 25절)"라고 전한다. 막달라 마리아는 또한 무덤에서 부활한 예수의 모습을 가장 먼저 목격한 인물이기도 하다. 성서의 복음서들은 죽음을 이겨낸 후 예수가 가장 먼저 찾았던 제자가 수제자로 알려진 베드로가 아니라 마지막 순간까지 자신과 함께 했던 막달라 마리아였음을 증언한다. 가장 먼저 쓰인 것으로 알려진「마가복음」을 읽어 보자.

> "예수께서 이레의 첫날 새벽에 살아나신 뒤에, 맨 처음으로 막달라 마리아에게 나타나셨다. 마리아는 예수께서 일곱 귀신을 내쫓아 주신 여자였다. 마리아는 예수와 함께 지내던 사람들이 슬퍼하며 울고 있는 곳으로 가서, 그들에게 이 소식을 전하였다. 그러나 그들은 예수께서 살아 계시다는 것과, 마리아가 예수를 목격했다는 말을 듣고서도, 믿지 않았다."(「마가복음」16장 9-11절)

예수가 걸어야 했던 고난과 죽음의 길이 끝이 아닌 새로운 시작이 됨을 가장 먼저 알아본 까닭일까. 그 이유에 대한 설명은 구체적으로 나와 있지 않지만 성서는 막달라 마리아를 예수에게 끝까지 충실했던 이름으로 그리고 예수가 가장 신뢰했던 제자로 증언하고 있다.

사실 성서에서 막달라 마리아는 철저하게 베일에 싸인 인물이다. 그녀에 관한 정보는 거의 알려진 것이 없다. 단지 "예수께서 일곱 귀신을 내쫓아 주신 여자"로만 밝힌다. 학자들에 따르면 일곱 귀신은 오늘날 많은 사람들이 상상하듯 단순히 어떤 정신 분열적 상태를 말하지 않는다. 무언가에 영혼이 사로잡혀 있는 상태가 더 정확할 것이다. '일곱'이라는 숫자도 성서에서 상징성이 크다. 우리가 구약으로 부르는 히브리 성서와 신약 성서에 일곱이라는 숫자는 300번이 넘게 나온다. 하지만 고대 근동 관련 연구에 따르면, 숫자 '7'의 상징성이 유대 문화의 독창물이나 독점물만은 아니었다.

고대 근동 지역과 일찍부터 교류를 시작한 인도에서도 경계해야 할 7가지 죄로 '일곱 차크라'를 가르쳤다. 인간의 육체 안에는 에너지가 모이는 일곱 군데 혈이 있는데, 이를 산스크리트어로 '차크라Chakra'라고 불렀다. '에너지의 수레바퀴'라는 뜻이다. 구체적으로는 교만, 호색, 시기, 분노, 탐욕, 폭식, 나태 등이다. 이러한 세계관은 바빌로니아와 아시리아, 그리고 이집트 문화와 종교로 자연스레 흡수되었다. 물론 이들의 지배를 받았던 히브리 성서의 탄생지 유대 문화권도 예외는 아니다.

「마리아복음」 연구가인 장 이브 를루는 이 지점에 주목하여 막달라 마리아에 대한 새로운 해석을 내놓는다.[13] 그에 따르면 예수께서 내쫓았다는 일곱 귀신은 우리가 흔히 상상하는 단순한 정신 분열의 상태가 아니라 인간을 타락으로 이끄는 7가지 악덕을 이르는 말이었다. 한마디로 성서가 증언하는 막달라 마리아는 스승 예수와 만난 후 다시 태어난 듯 새로운 삶을 살았던 인물이다. 교만, 호색, 시기, 분노, 탐욕, 폭식, 나태 등 인간을 병들게 하는 것들로부터 온전히 자유로워진 영혼이 된 인물이다. 이는 죽음이 가까이 왔음을 느끼고 스승 예수가 고뇌의 시간을 보냈던 순간에도 아랑곳하지 않고 높은 자리만을 탐했던 남성 제자들과는 확연하게 다른 차원의 모습이다.

하지만 사람들은 막달라 마리아를 성서에 등장하는 다른 여인들과 혼동하는 경우가 많다. 특히 옥합을 깨뜨려 값비싼 향유를 예수의 발에 부은 '회개한 창녀'로 그녀를 기억하기도 한다. 이는 우연히 일어나는 실수가 아니다. 그 시작은 6세기로 거슬러 올라간다. 591년, 로마 교황 그레고리우스 1세가 성서에 등장하는 세 여인을 막달라 마리아라는 한 이름에 구겨 넣어 설교한 것이 발단이 되었다. 그는 「누가복음」 7장에 나오는 무명의 죄 많은 여인과 「요한복음」 12장에 나오는 나사로의 누이 베다니의 마리아를 막달라 마리아로 해석하며, 그녀를 회개한 창녀로 설교했다.

> "우리는 이 여인이 누가의 죄 많은 여인, 곧 요한이 마리아라 부르는 그 여인이자 마가가 마리아에게서 일곱 마귀를 쫓아내 주셨다고 말하는 그 마리아임을 믿습니다." (『복음서 강론』 33편)

본문에 나오는 헬라어 '하마르톨로스 harmartolos'는 본래 "죄인"을 이르는 말인데, 그레고리우스 1세가 "창녀"로 해석해버렸다. 유대교에서 "죄인"은 율법을 지키지 못한 사람이나 세금을 내지 못한 사람을 지칭한 단어로 그 말 자체가 창녀를 의미했던 것은 아니다. 물론 「누가복음」에도 창녀를 뜻하는 헬라어 '포린 porin'이라는 단어가 등장한다. 그러나 그것이 예수의 발치에 엎드려 눈물을 흘렸던 죄 많은 여인에게 쓰인 말은 아니다. 성서 어디에도 마리아가 창녀였다는 언급은 없다.

하지만 교황 그레고리우스 1세는 단 한편의 설교로 '사도 중의 사도'인 막달라 마리아를 '간음한 창녀'로 전락시켰다. 이는 우연한 실수로 보기 어렵다. 오히려 정통파 교회가 막달라 마리아의 권위와 역할을 축소시키기 위해 얼마나 노력했는지 보여주는 대목이다. 이는 어쩌면 교회 안에서 여성의 권한을 제한시키고 남성에게만 사도적 권위를 부여한 정통파 교부들이 기독교 주류로 자리 잡으면서 어느 정도 예견된 일인지도 모른다.

결국 1969년, 가톨릭교회는 그레고리우스 1세의 설교에 실수가 있었음을 공식적으로 인정하고 이를 철회했다. 성서의 명확한 근거도 없이 제 몸을 스스로 더럽힌 '회개한 창녀'라는 오명을 뒤집어쓴 채 막달라 마리아는 1500여 년이라는 긴 세월을 넘어 우리에게 다가온 셈이다.

잃어버린
예수의 얼굴

나그함마디 문서와 「마리아복음」은 역사 속에 영원히 묻힐 뻔한 예수의 잃어버린 반쪽 얼굴을 보여준다는 점에서 또 다른 의미가 있다. 막달라 마리아는 요한과 어머니 마리아와 함께 예수의 가장 뛰어난 제자였다. 「피스티스 소피아」는 예수께서 이들을 얼마나 신뢰하고 아꼈는지 직접 그 목소리를 전해준다.

> "내 곁에 열두 제자가 있으니 막달라 마리아와 요한과 동정녀 마리아가 내 계시를 받은 누구보다 뛰어난 이들이다. 그들은 내 오른편과 왼편에 자리하리라. 나는 그들이고 그들은 곧 나다.(「피스티스 소피아」)"

"아버지가 내 안에, 내가 아버지 안에"라는 표현으로 하나님과 온전히 하나 됨을 드러냈던 그때처럼, 예수께서는 이들이 자신과 온전히 하나가 되었음을 "나는 그들이고 그들은 곧 나다"라는 말로 확인해준다.[14] 앞에서 밝혔듯이 그중에서도 예수께서 가장 신뢰했던 제자는 단연 막달라 마리아였다. 동료들로부터 부러움과 질투를 한 몸에 받을 만큼 전혀 다른 차원에서 스승 예수와 소통했던 그녀. 막달라 마리아만큼 예수의 초상을 잘 그려낼 수 있는 사람이 또 있을까.

「마리아복음」 사본에는 안타깝게도 1쪽부터 6쪽, 11쪽부터 14쪽이 빠져 있다. 전체 내용의 반 정도가 날아가 버린 셈이다. 하지만 신약의 복음서들이 전하지 못한 예수의 또 다른 모습을 보여주는 데는 부족함이 없다. 물질의 집착에 대하여 나누는 대화를 보자.

"물질이란 무엇입니까? 영원한 것입니까? 예수께서 답하여 가로되, 태어난 모든 것, 창조된 모든 것, 자연의 모든 것은 서로 하나로 얽혀 있다. 모든 구성물은 해체될 것이며 모든 것은 그 근원으로 돌아가리라. 물질은 근원으로 돌아가리라. 귀 있는 자들은 들을지어다."
(「마리아복음」 7쪽)

주로 이야기나 비유를 들어 제자들을 가르치셨던 신약의 복음서들과는 영 딴판이다. 「마리아복음」에서는 예수께서 인간의 본성과 생명의 본질에 관한 심오한 진리를 마치 철학적 대화를 하듯 문답을 통해 통찰력 있게 풀어낸다. 베드로의 질문에 대한 예수의 대답도 등장한다.

"세상의 죄란 도대체 무엇입니까?"
"죄란 없다. 죄를 만드는 곳은 바로 네 안이다. 타락한 천성에 따라 행동할 때 죄가 생기는 것이다… 물질에 집착하면 천성에 반하는 욕망이 생겨난다. 그리하여 전신에 고통이 생겨난다. 분명히 말하노니 화합하라… 조화가 깨어지면 본성의 참된 표상들에 깊이 감화되어

라. 귀 있는 자는 들을지어다."(「마리아복음」 7쪽)

 죄에 대한 문제는 전통적으로 교회가 가장 깊이 관심하며 발전시켜 온 신학적 담론이기도 하다. 아담과 이브(하와)의 타락을 죄의 원형으로 해석하며 '원죄' 개념을 인류의 기원으로까지 소급시켜 강조해왔다. 당시 예수의 제자들도 죄에 대한 관심이 컸던 듯하다. 하지만 예수께서는 '죄'에 마음을 쓰는 베드로에게 "죄는 없다"라고 잘라 말한다. 죄가 따로 있어 세상을 망가뜨리는 것이 아니라, 내 안의 타락한 천성이 세상에 고통을 가져다주는 것이 죄가 되는 것이라고 설명한다. 그러하기에 스스로 먼저 자신의 내면을 돌아볼 것을 주문한다. 세상에 죄를 묻기 전에 먼저 자신을 성찰하여 참된 본성에 "화합"하고, "조화"하고, "참된 표상들에 깊이 감화"하라고 제자들에게 권면한다.

막달라 마리아를 찾는 예수

 집착과 욕망을 버리고 자기 성찰에 충실할 것을 요구하는 「마리아복음」 속 예수. 그의 모습은 그때 베드로처럼 오늘날 우리에게도 낯설게 다가오는 것이 사실이다. 지금까지 우리가 알고 있던 모습과 사뭇 다르게 느껴지기 때문일 것이다. 정통파 교회의 최종 선택을 받아 정경의 반열에 오른 신약의 복음서들이 그려낸 예수는 한마디로 '기적의 사나이'로 불릴 만하다. 가는 곳마다 치유와 기적을 일으키고 늘 비유를 들어 가르치신 분으로 증언한다. 이에 비해 「마리아복음」 속 예수는 깊은 차원의 통찰력으로 제자들을 깨우침에 이

마리아 복음서가 돌아오다

르게 하는 큰 스승의 얼굴을 가졌다. 마치 우문현답으로 큰 가르침을 주고 우주의 이치를 깨닫게 하여 스스로 새로운 차원의 삶을 나아가도록 이끄는 동양의 큰 스승 같은 그리스도라고나 할까.

이 모습만 보면, 신약의 복음서만 성서로 읽어온 우리에겐 낯선 얼굴일 수밖에 없다. 하지만 그 가르침의 내용을 들여다보면, 크게 낯선 것이 아니다. 「마가복음」 7장에 보면, 예수의 제자들이 당시의 관습법인 정결법을 어기고 씻지 않은 손으로 빵을 먹는 장면이 등장한다. 예수와 그의 제자들을 감시하며 경계해왔던 한 무리가 그 틈을 놓치지 않고 문제를 제기한다.

> "왜 당신의 제자들은 장로들이 전하여 준 관습을 따르지 않고, 부정한 손으로 음식을 먹습니까?"(「마가복음」 7장 5절)

이들은 법 전문가라는 이름으로 진리를 독점한 율법학자들이었고, '걸어 다니는 율법'으로 명성을 누린 바리새파 사람들이었다. 이들은 자신들이 하늘같이 지켜온 관습법을 예수와 그의 '하찮은' 무리들이 아무렇지도 않게 넘나들자, 이것이 늘 못마땅했다. 이들이 정결법을 명분 삼아 율법을 어긴 죄를 물으려 하자 예수께서는 이렇게 답한다.

> "너희는 모두 내 말을 듣고 깨달아라. 무엇이든지 사람 밖에서 몸 속으로 들어가는 것으로서 그 사람을 더럽히는 것은 아무것도 없다. 사람에게서 나오는 것이 그 사람을 더럽힌다."(「마가복음」 7장 14-16절)

죄에 대한 사회적 규정이 근본적으로 잘못되었다고 지적하는 것이다. 죄는 음식이나 씻지 않은 손에 있는 것이 아니라 이를 죄로 몰아가려는 사악함에서 나오는 것임을 분명히 하셨다. 그의 가르침은 계속 이어진다.

> "나쁜 생각은 사람의 마음에서 나오는데, 곧 음행과 도둑질과 살인과 간음과 탐욕과 악의와 사기와 방탕과 악한 시선과 모독과 교만과 어리석음이다. 이런 악한 것이 모두 속에서 나와서 사람을 더럽힌다."(「마가복음」 21-23절)

그의 선언은 세상을 깨끗한 것과 더러운 것, 정한 사람과 부정한 사람으로 나누고 이를 지렛대 삼아 세상을 지배하고 약한 사람들 위에 군림하려는 사회의 숨겨진 욕망들을 한순간에 수면 위로 끄집어 올린다. 자신 안에 깊이 감춰둔 욕망은 내버려 둔 채, 눈앞에 보이는 나약한 이들에게 모든 죄를 전가하는 비겁한 속셈에 일침을 가한 예수. 그의 말씀은 마치 오늘날을 미리 겨냥한 듯 시대와 공간의 차이를 넘어 많은 생각을 하게 만든다.

'죄'에 대한 담론을 키워 사회를 지배하고자 했던 종교의 잘못된 선택은 다른 복음서에서도 발견된다. 영지주의 문헌으로 의심받다가 뒤늦게 신약 성서에 이름을 올린 「요한복음」 9장에는 태어날 때부터 장님이었던 사람을 보고 제자들이 예수에게 묻는 장면이 나온다.

> "선생님, 이 사람이 눈먼 사람으로 태어난 것이, 누구의 죄 때문입니

까? 이 사람의 죄입니까? 부모의 죄입니까?"

"이 사람이나 그의 부모가 죄를 지은 것이 아니다. 하나님께서 하시는 일을 그에게서 드러나게 하시려는 것이다."(「요한복음」 3절)

"누구의 죄도 아니다." 예수의 대답은 단호하다. 날 때부터 주어진 고통은 그의 죄와 아무런 관련이 없다는 말이다. 모든 불행이 죄가 되어 돌아오고, 고통받는 이가 오히려 죄인으로 내몰리는 잔인한 현실을 향해 예수께서는 대담하게 "NO"를 외친다. 어디 그뿐인가. 신은 고통받는 자를 통해 자신의 역사를 완성해간다는 전복과 반전의 메시지를 선포한다.

더 흥미로운 것은 초기로 갈수록 예수의 존재가 인간의 힘으로는 감히 상상할 수 없는 일을 손쉽게 해내는 '기적의 사나이'가 아닌, 큰 가르침을 주는 "스승"으로 인식되었다는 점이다. 신약의 복음서 중 가장 먼저 기록된 복음서로 알려진 「마가복음」이 그 증거다. 「마가복음」은 예수를 일관되게 "선생님"으로 부르고 예수의 가르침을 강조하고 있다. 총 16장으로 되어 있는 「마가복음」에 "가르침"을 뜻하는 헬라어 "디다케 $didache$"가 22번이나 등장한다. 매 장마다 이 단어가 적어도 한두 번은 나온다는 말이다. 분량이 훨씬 긴 다른 복음서들에는 이 단어가 기껏해야 13–16번 정도 등장한다. 예수의 가르침에 대한 강조가 현격히 줄어든 모양새다. 예수에 대한 호칭도 다른 복음서들에는 "주님"으로 바뀐다. 예수의 초기 모습에 가장 가깝고 가장 담백하게 기록했다고 평가받는 「마가복음」에는 주님이라는 단어가 단 한차례 밖에 나오지 않는다. 그나마도 7장에 수로보니게 여인이 절박한 심정으로 자신을 최대한 낮추는 상황에서 나온 발언(28절)에만 등장한다.[15] 이는 적어도 예수의 초기 호칭이 "선생님"에서 "주님"으로 바뀌어갔다는 것을 의미하며, 초기의 모습도 '기적의 사나이'가 아닌 '큰 스승'에 가까운 얼굴이었음을 말해준다.

다시 「마리아복음」으로 돌아가 보자. 예수께서는 환상 중에 마리아와 대화를 나누기도 하셨는데, 환상은 '혼(프시케 *psyche*)'이나 '성령(프뉴마 *pneuma*)'을 통해서가 아니라 "혼이 담긴 마음(누스 *nus*)"을 통해 보이는 것이라고 설명한다.

> "환상 중에 당신을 보는 것은 혼(프시케)을 통해서입니까? 성령(프뉴마)을 통해서입니까?"
> "주님께서 답하시길 혼을 통해서도, 성령을 통해서도 아니다. 그 가운데 누스를 통해 환상이 보이나니."(「마리아복음」 10쪽)

누스는 무아지경에 빠져들거나 정신이 혼미한 상태가 아니다. 오히려 가장 맑고 또렷한 상태의 정신을 말한다. 하지만 정통파 교회는 "누스"라는 개념을 자신들의 입맛대로 그노시스(영지)를 오독한 "비밀스러운 지식"으로 받아들여 「마리아복음」을 불온 문서로 낙인찍고 말았다.

예수께서는 "내가 증거한 이상의 율법을 만들지 말라"고도 당부하셨다.

> "토라 외의 다른 율법을 덧붙이지 마라. 자칫 그 법에 얽매일 수 있나니."(「마리아복음」 9쪽)

법은 사람을 위해 존재한다. 하지만 시간이 지나면 법이 법을 만들고 급기야는 사람 위에 군림한다. 본래의 법 정신은 온데간데없이 사라지고, 문자만 남아 사람을 얽어매는 덫으로 전락하기 일쑤다. 그런 면에서 현실을 꿰뚫는 예수의 통찰력은 누구도 인정하지 않을 수 없다. 예수께서는 신의 분노를 일으키는 일곱 표상으로 어둠, 욕망, 무지, 치명적인 시기심, 육신에 대한 집착, 중독된 지혜, 사악한 지혜를 꼽는다.

> "일곱 표상을 가졌으니
> 그 첫째가 어둠이요,
> 둘째가 욕망이요,
> 셋째가 무지요,
> 넷째가 치명적인 시기심이요,
> 다섯째가 육신에 대한 집착이요,
> 여섯째가 중독된 지혜요,
> 일곱째가 사악한 지혜니라."(「마리아복음」 16쪽)

예수께서는 이들로부터 자유로워진 "온전한 인간(안드로포스)"이 되라고 가르친다. 이는 신약의 복음서가 막달라 마리아를 일곱 귀신, 즉 일곱 가지 죄로부터 온전히 자유로워진 존재로 소개한 것을 떠올리게 한다.

이렇듯 신약의 복음서들과 잃어버렸다 되찾은 '성서 밖 성서들'은 기록을 하나도 남기지 않은 스승 예수에 대하여 조금씩 다른 기억들을 가지고 있다. 이 기억들의 차이가 너무 커 때로는 우리를 당황스럽게 만들기도 하지만 그의 삶을 생생히 되살리는데 더없이 소중하고 풍성한 자료들이 되고 있음은 누구도 부인할 수 없다. 특히 천년하고도 수백 년을 넘어 우리를 다시 찾아온 「마리아복음」은 오랜 세월 잃어버리고 살았던 마리아의 사라진 시간뿐 아니라 스승 예수의 숨겨진 얼굴까지 되찾아 주고 있다.

'신의 어머니'가 된 동정녀 마리아

예수의 탄생과 함께 역사에 등장하여 단 한순간도 잊힌 적 없는 이름이 있다. 어머니이면서 동시에 어떤 제자보다 충실하게 아들 예수와 동행했던 여인 마리아. 어떤 이들은 '성모'라고 부르며 그녀를 찬미하고, 또 다른 이들은 '동정녀'라는 이름으로 그녀를 기억한다. 잠시 반짝이다 시야에서 멀어져 간 막달라 마리아의 아련한 영상 너머로 또 다른 마리아가 모든 고난을 품어 안은 어머니의 자비로운 얼굴로 우리에게 다가온다.

동정녀에서
순결한 처녀로

예수의 어머니 마리아에게 붙여진 처음 이름은 Virgin Mary, 동정녀 마리아였다. 성서는 천사가 처음 찾아와 예수의 탄생을 예고했을 때, 마리아는 아직 결혼하지 않은 상태였다고 기록하고 있다.

> "보아라, 동정녀가 잉태하여 아들을 낳을 것이니,
> 그의 이름을 임마누엘이라고 할 것이다."(「마태복음」 1장 23절)

'처녀 어머니'가 탄생되는 순간이다. 이것이 과연 실제로 가능한 일인가? 많은 이들이 의문을 품는다. 과학적 사유가 일상이 된 오늘날, 어머니 마리아에게 주어진 동정녀라는 이름은 종교적 전제가 붙지 않으면 받아들이기 어려운 이름임에 틀림없다. '처녀'와 '어머니'는 생물학적으로 동시에 존재할 수 있는 이름이 아니다. 그렇다면 이것을 어떻게 받아들여야 할까?

언어는 소통을 위해 존재하지만 때론 언어 때문에 소통이 막히기도 한다. 같은 단어라도 시대와 상황과 사람에 따라 조금씩 다른 의미로 사용되기 일쑤다. 동정녀라는 개념도 마찬가지다. 마리아의 존재를 기록했던 성서 시대의 동정녀 개념과 오늘날 우리가 떠올리는 동정녀 개념이 다르다. 단어 하나에도 역사가 들어있다.

본래 동정녀는 오늘날 상상하는 생물학적 차원의 육체적 순결을 간직한 미혼 여성을 뜻하지 않았다. 일생을 하나님을 위해 살겠노라고 종교적 순결을 서원한 미혼 여성을 구별하여 부르는 이름이었다. 신약 성서에는 동정녀 외에 '과부'라는 이름도 여러 군데 등장한다. 이것 역시 단순히 남편과 사별한 기혼 여성을 부르는 일반적인 용어가 아니었다. 남편과 사별한 여성 가운데 일생을 '하나님의 딸'로 살겠노라 결단하고 종교적 삶에 헌신한 여성들을 존중하여 부르는 이름이었다. 사회적 관습에 따르는 평범한 삶을 마다하고 스스로 고독한 길이 될 종교적 삶을 선택한 여성들은 자연스레 신앙의 모범이 되었고, 초기 기독교 공동체 안에서 특별히 존경받았음은 물론이다. 당시 여성에게 종교생활은 은둔이 아니라 가정생활을 벗어나 공동체를 위한 삶에 헌신할 수 있도록 허락된 유일한 사회적 공간이었다.

하지만 교회가 제도화되면서 동정녀 개념은 크게 달라졌다. 종교의 본질적 가치를 성실히 살아낸 강직함과 신실함은 온데간데없이 사라지고 육체적 순결함을 끝까지 지킨 정숙한 여인이라는 이미지만 남게 되었다. 헬레니즘 세계관에 익숙한 남성 지식인들이 기독교로 개종하면서 생겨난 변화였다. 특히 로마 사회의 최고 지성으로 교육받은 이들이 정통을 자처하며 교회의 리더가 되고 기독교의 첫 변증론자로 나서면서 로마의 여성관을 그대로 들여왔다. 동정녀 마리아의 위상과 표상이 바뀌기 시작한 것도 이때부터다. 하나님을 향한 신실함을 끝까지 잃지 않았던 강직한 신앙의 모범이 아닌, 육체적 순결을 간직한 순종적인 처녀로 부각되었다. 동정녀 마리아의 초상이 완전히 뒤바뀐 것이다. 기독교 교리를 세우는데 크게 공헌한 초대 교부 이레네우스의 글이다.

"이브(하와)가 불순종하여 자신과 인류 전체에게 사망의 원인이 되었듯이, 마리아는 미리 정해진 남편이 있었지만 그럼에도 불구하고 처녀였으며 순종하여 자신과 인류 전체에게 구원의 원인이 되었다. … 주님은 죽은 자들 가운데 처음 난 자가 되셔서 옛 조상들을 자신의 품으로 받아들이시고 그들을 하나님의 생명으로 중생시키시고 살아있는 자들의 처음이 되셨으니, 이는 아담이 죽은 자들의 처음이 되었기 때문이다. … 이와 같이 이브의 불순종의 매듭은 마리아의 순종을 통해 풀어졌다. 왜냐하면 처녀 이브가 불신앙을 통해 맨 것을 처녀 마리아가 신앙을 통해 풀었기 때문이다."(『이단 반박론』 III. 22. 4)

논리는 아주 단순하다. 첫 사람 아담과 이브가 불순종으로 세상에 죄를 가져왔다면, 제2의 아담과 이브인 예수와 마리아가 순종으로 세상에 구원을 가져왔다는 설명이다. 마리아의 처녀 됨과 인류 구원이 무슨 관계가 있는가? 설명은 없다. 시쳇말로 촌수도 맞지 않는 논리 비약이지만, 초 과학 시대를 살아가는 오늘날까지도 기독교인들이 의심의 여지없는 사실로 받아들이는 이른바 '총괄갱신론 *Recapitulation*'이다.

무엇보다 우리의 눈길을 끄는 것은 이레네우스가 이브와 마리아를 일컬어 둘 다 처녀였다고 강조하고 나선 점이다. 또한 처녀 이브와 처녀 마리아를 불순종과 순종의 상징으로 대비시킨 부분이다. 이브와 마리아는 아무런 직접적 연관이 없음에도 불구하고 "죄"라는 종교적 프레임을 만들어 두 여인을 한 줄로 엮어내는 그의 상상력이 놀랍기만 하다. 어디 그뿐인가. 순종과 불순종은 어느새 신앙과 불신앙의 도식으로 치환된다. 이러한 도식 속에서 '하나님의 딸'로 스스로의 운명을 개척한 동정녀 마리아의 강인함과 용기는 더 이상 찾아볼 수 없게 되었다. 로마 사회에서 강인함과 용기는 남성적 권위의 상징이요 미덕으로써 여성이 보유해서는 안 되는 '금지된' 정신이었던 탓이었을까.

「누가복음」에 기록된 마리아 찬가는 식민지의 딸로 태어난 마리아가 본래 얼마나 당차고 강인한 신앙의 소유자였는지 여실히 보여준다. 그녀는 로마 식민 시대의 억압적 상황에서 보란 듯이 의의 승리를 이루는 신의 자비하심을 노래한다. 신의 자비하심이 권력자를 권좌에서 끌어내릴 것이며 비천한 자를 높이실 것이라고 당당히 외친다. 자기 민족의 해방 역사를 소환하여 제국의 폭력성을 고발한 것은 히브리 사상에 온전히 녹아있는 예언자의 목소리 그 자체다. 하지만 이는 언제나 그랬듯이 민중을 선동해 체제 전복을 시도했다고 고발당할 수 있는 매우 위험한 발언이기도 했다.

> "그의 자비하심은, 그를 두려워하는 사람들에게 대대로 있을 것입니다. 주께서는 그 팔로 권능을 행하시고, 마음이 교만한 사람들을 흩으셨으니, 제왕들을 왕좌에서 끌어내리시고 비천한 사람들을 높이셨습니다. 주린 사람들을 좋은 것으로 배부르게 하시고, 부한 사람들을 빈손으로 떠나보내셨습니다."(「누가복음」1장 50-53절)

마리아 찬가는 희망가였다. 폭압 정치로 민중들을 도탄에 빠뜨린 압제자들을 반드시 벌하고 비천한 삶을 강요받은 민중들을 다시 일으켜 새 시대를 열어갈 신의 승리 역사를 확신에 찬 목소리로 노래했다. 하지만 이레네우스는 권력의 폭력성을 당당히 고발했던 마리아의 본래 모습을 완전히 지워버렸다. 대신에 남자 아담을 유혹하여 세상에 죄를 가져온 '요망한' 이브의 불순종을 갚음하고, 순결을 지켜 교회의 권위에 순종으로 응답한 '믿음의 여인'으로 완전히 탈바꿈시켰다. 한마디로 사후 이미지 세탁이다.

'사악한' 이브의 죄를 소멸하고 마침내 승리자가 된 '순결한' 마리아. 여성에 대한 혐오와 찬미를 동시에 불러일으키는 이미지 구성이 아닐 수 없다. 이는 단순히 교회의 남성 리더들이 여성에 대하여 얼마나 이중적이었는지 보여주는데 그치지 않는다. 동정녀 마리아를 '순결'과 '순종'의 미덕을 갖춘 믿음의 아이콘으로 해석한 것은 남성 리더들이 교회에서 여성들에게 무엇을 가르쳤고 기대했는지 그대로 반영하는 것이기도 하다.

어둠이 짙을수록 빛은 밝아지는 법이다. 백색은 흑색과 함께 있을 때 가장 빛이 난다. '혐오'와 '찬미'의 적대적 이분법은 이브의 사악함을 배경으로 마리아의 '순결'과 '순종'을 극대화하는데 가장 효과적인 장치였다. 혐오는 두려움의 또 다른 표현이다. 사악함에 대한 두려움을 극대화하여 '순결'을 지키게 하고, 안전이라는 보호막을 쳐서 여성들을 자신들의 통제 아래 두는데 '혐오와 찬미'의 적대적 프레임만큼 효과적인 것이 또 있을까. 이러한 프레임은 중세로 접어들며 더욱 진화했다. 중세 여성관을 연구한 차용구는 여성에 대한 남성 리더들의 부정적 서술은 여성 자체에 대한 편견 때문이라기보다는 여성의 유혹으로부터 보호막을 쳐 순결과 독신의 삶을 지키려 한 자구책이었다고 설명한다.[16] 동시에 사악함에 대한 '혐오'와 순결함에 대한 '찬미'의 적대적 이분법은 여성들을 통제하고 관리하는데 더없이 유용한 이념적 도구였다. 자기혐오와 자기검열을 통해 여성 스스로 순종과 순결을 여성성의 가치로 수용하게 하고, 믿음 있는 여성의 미덕으로 실천하도록 만들기 때문이다.

무엇보다 이러한 해석이 이단을 논박하는 과정에서 이루어졌다는 점을 눈여겨볼 필요가 있다. 당시 스스로를 '정통'이라고 자임하고 나섰던 교회들은 여성들의 영적 권위와 리더십을 인정하는 공동체들을 대부분 이단으로 단죄했다. 이브와 마리아의 대비는 이러한 배제 프레임 안에서 더욱 효과를 발휘했다. 이단으로 배제된 공동체에 속한 여성들은 불순종의 죄를 지은 사악한 '이브의 딸들'이요, 남성들이 리더십을 독점한 정통파 교회에 남은 여성들은 순종과 믿음의 여인 '마리아의 딸들'로 상징화되었다.

동정녀 개념은 정통파 교회의 비공식적인 여성 사역으로 제도화되기도 했다. 동정녀는 과부와 함께 교회에서 공식적 사역을 수행하는 남성 지도자들을 보필하는 역할이었다. 이는 공식적인 직분이 아님에도 불구하고 남성 지도자들의 제도적 관리를 받아야 했다. 3세기에 히폴리투스가 기록했다고 전해지는 『사도전승』에 보면, 감독(주교), 장로(사제), 집사 등의 사역과 더불어 증거자, 과부, 독서자, 동정녀, 부집사 등의 임명과 사역에 대하여 규정하고 있다. 여기에서 동정녀와 과부는 안수식을 행하는 공식적인 성직 사역과 구분되어, 주로 기도의 사역을 담당하는 비공식 직분으로 규정된다.

> "과부를 세우려 할 때는 안수하지 말고 이름으로 지명하라. … 안수는 예배를 위해 성직자에게만 해당된다. 그러나 과부는 기도를 위해 세워진다."
>
> "동정녀에게는 안수하지 말고, 오직 결단에 의해서만 동정녀가 될 수 있다."
>
> "과부와 동정녀들은 자주 금식하고 교회를 위해 기도할 것이다."(『사도전승』)

기독교가 로마 사회에 정착하게 되면서 신의 뜻을 따라 살기로 서원한 '하나님의 딸들'은 남성들의 리더십 위에 세워진 교회의 권위에 복종하며 말없이 봉사해야 하는 보조적인 존재로 그 역할이 공식적으로 제한되기 시작했다.[17] 여성들의 활동이 활발했던 초기와 달리 2세기에 접어들며 교회 공동체의 리더십은 점차로 남성 지식인들로 채워졌고, 동정녀 마리아에

사마리아 여인과 우물가에서 대화하는 예수

후광 둘린 예수 곁에 베드로와 바울이 있다.

대한 해석과 더불어 여성에 대한 교회의 요구도 달라졌다.

이러한 흔적은 카타콤(지하 무덤)에 새겨진 그림에서도 엿볼 수 있다. 초기에는 여성들에게 구원의 손길을 내미는 예수의 모습이 담긴 그림들이 있었다. 우물가의 사마리아 여인과 혈우병 걸린 여인의 그림이 대표적이다. 하지만 4세기 중반을 넘어서며 예수 곁엔 언제나 베드로와 바울이 서 있는 그림들로 대치되어갔다. 특히 이 그림들에는 전과 다르게 예수의 머리 위에 거룩한 신성을 상징하는 후광까지 드리워지기 시작했다. 학자들은 예수의 머리 위에 후광이 그려지기 시작한 것은 콘스탄티누스 로마 황제의 기독교 공인 이후라고 전한다.

'신의 어머니'가 된 마리아

　동정녀 마리아가 공식적으로 '성모 마리아'로 추앙받기 시작한 것은 5세기쯤이다. 431년 에베소 공의회에서 있었던 소위 '마리아 논쟁'이 계기가 되었다. 313년, 밀라노 칙령이 선포되고 기독교가 박해받는 종교에서 로마 황실이 후원하는 종교로 급변화한 이후로 새로 생겨난 현상 중 하나가 공의회를 통한 신학 논쟁 종식이다. 마리아 논쟁도 그중 하나다. 전에는 기독교의 신앙적 정체성을 형성해가는 데 있어 공동체가 합의한 신앙 고백이나 리더들의 신학적 변증이 중요했다. 하지만 제국의 종교가 된 후로는 황제의 이름으로 공의회가 소집되고, 황제의 정치적 선택이 신학 논쟁을 결정지었다. 한마디로 로마제국의 황제가 교회의 최고결정권자가 되었다.

　마리아 논쟁도 예외는 아니다. 공의회 장소인 에베소 지역은 제자 요한이 스승의 부탁을 받고 스승의 어머니를 마지막까지 모신 곳으로 마리아에 관한 수많은 이야기들이 전설처럼 내려오는 곳이었다. 논쟁은 예수의 어머니 마리아를 '하나님의 어머니theotokos'로 부를 것인지 '그리스도의 어머니Christokos'로 부를 것인지, 용어의 통일을 두고 교회가 지역으로 나뉘어 갈등한데서 시작 되었다. 신학 논쟁이 일 때마다 적지 않은 견해 차이를 노출시키며 갈등을 빚곤 했던 안디옥과 알렉산드리아 지역이 이번에도 크게 충돌했다. 안디옥 출신의 콘스탄티노플 총대주교 네스토리우스Nestorius와 알렉산드리아 총대주교 시릴Cyril이 그 전선에 섰다. 논쟁 당시 대중들은 이미 예수의 어머니 마리아를 성모로 추앙하고 있었다.

　네스토리우스가 먼저 그 흐름에 제동을 걸었다. 동정녀 마리아를 두고 Theotokos(하나님을 낳으신 분), 즉 '하나님의 어머니'로 부르는 것은 성서에 근거가 없는 것이며 마리아를 신적인 존재로 경배하는 것이라고 반대 의사를 분명히 했다. 인간의 모습으로 세상에 온 그리스도의 어머니이기에 Christokos(그리스도를 낳으신 분), 즉 '그리스도의 어머니'로 불러야 한다는 것이 그의 확고한 견해였다. 반대로 시릴은 대중들 사이에서 이미 사용되고 있는 Theotokos가 옳다고 주장하며 수호자로 나섰다. 두 사람의 의견이 팽팽히 맞서자, 최종 결정권자인 황제는 시릴의 손을 들어 주었다. 이때부터 동정녀 마리아는 공식적으로 '처녀 어머니'가 아닌 하나님을 낳은 '신의 어머니', 성모가 되었다. 한마디로 서방 교회는 예수에 이어 마리아까지 신의 소명을 받든 '특별한 사람'에서 신적인 존재로 등극시키는데 성공했다.

옥좌에 앉은 성모자상(코모딜라 카타콤)

　네스토리우스는 끝까지 굴복하지 않았다. 이단으로 파문 당하자, 리비아를 거쳐 이집트 사막으로 갔고 그곳에서 451년에 사망한 것으로 전해진다. 하지만 그를 따랐던 공동체는 시릴이 마리아를 신격화시킨다고 비판하면서 공의회 결정에 불복하고 독자적인 교회를 세워나갔다. 이들은 로마 제국의 박해가 뒤따르자 동방으로 향했고, 동방 기독교의 한 갈래를 형성했다. 635년, 중국 당나라에 전파된 경교가 그것이다. 처음엔 페르시아에서 왔다는 뜻의 파사교나 메시아교로 불리다가 경교라는 이름으로 정착했다.[18] 경교는 "태양처럼 빛나는 종교"라는 뜻이다. 불교적 세계관이 녹아진 언어와 개념을 적극 활용한 것이 가장 큰 특징이다. 경교는 8세기경 신라에까지 전해졌다고 알려져 있다.

동정녀 마리아의 위치가 성모 마리아로 승격되었다고 해서 당시 여성들의 위상이 달라졌다거나 여성들을 대하는 교회의 태도에 변화가 생긴 것은 아니다. 마리아 논쟁은 처음부터 동정녀 마리아 자체에 대한 관심에서 시작된 것이 아니라 예수 그리스도의 신성과 인성에 관한 문제를 두고 벌어졌던 콘스탄티노플 공의회의 교리 논쟁(381년)에서 파생된 것이었다. 달라진 것이 있다면 마리아는 이제 단순히 예수를 낳은 '순결한 여인'을 넘어 하나님의 아들을 낳은 '거룩한 분'으로 예수와 함께 경외의 대상이 된 것이다. 이후부터 마리아는 궁정에서 시종과 시녀들의 시중을 받으며 왕좌에 앉아 있는 황제나 황후처럼, 천상의 궁전에서 천사와 성자들에 둘러싸인 신의 어머니로서 아기 예수를 품에 안은 거룩한 모습으로 성화에 등장했다.

물론 성모 마리아는 이러한 위엄을 갖춘 황후의 모습으로만 교회에서 공경 받았던 것은 아니다. 일반 대중들도 마리아를 찬미하며 예수 그리스도를 통한 구원의 신비에 참예하고자 하였다. 특히 교회가 점점 화려해지고 예전과 예배가 장엄해질수록 지방의 촌부들이나 여인들은 아기 예수를 품에 안은 마리아의 표상을 통해 어머니처럼 자애롭고 따뜻한 하나님을 느끼고 싶어 했다. 자신들을 따뜻하게 품어줄 자비로운 하나님을 찾는 민중들의 종교적 갈망은 자연스럽게 마리아 경배로 이어져 민간 신앙의 한 형태로 자리 잡아갔다. 이러한 흐름은 중세 시대 대중적 기독교의 중요한 특징이 되었다.

동방의 기독교인들에게 성모 마리아는 주로 "거룩함"의 의미로 다가왔다. '지극히 거룩한 여인 마리아Panhagia'의 아이콘을 바라보며, 사람들은 성령으로 온전히 거룩해진 마리아처럼 보잘것없는 자신들도 온전히 거룩해지기를 소망했다. 이뿐 아니라 성모 마리아에게는 "인도자"의 의미도 더해졌는데, 이는 주로 서방의 기독교인들에게 어필했다. '인도자 마리아Hodegetria'의 아이콘을 바라보며, 사람들은 "우리를 안전한 길로 인도하소서. 저희 걸음을 이끄시어 당신과 함께 기뻐하며 우리 임금이신 그리스도를 만나게 하소서(〈Ave Maris Stella〉 중에서)"라고 기도했다.[19]

중세의 대중들은 거룩함 그 자체로 기적을 일으킬 수 있다고 믿기도 했다. 그리고 그 기적을 하나님이 이 세상에서 직접 활동하시는 증거로 받아들였다. 죽음을 두려워하지 않았던 순교자들과 신앙의 모범이 되었던 성인들과 함께 성모 마리아가 죄와 죽음과 질병의 고통으로부터 자신들을 보호하고 거룩한 길로 인도해 줄 것이라고 믿었다. 이러한 신앙은 성지 순례라는 중세의 또 다른 신앙 전통을 낳기도 했다.[20] 가장 많은 숫자의 성인들의 유골이 묻혀 있던 로마의 성 베드로 성당과 성 바울 성당은 중세의 가장 인기 있는 성지 중 하나였다. 물론 십자가에 달린 예수와 관련되거나 그의 옷 조각과 그가 진 십자가가 발견되었다는 예루살렘이 가장 거룩한 성지로 꼽혔으며 동정녀 마리아의 유골이 묻혀있다는 곳 역시 그 다음으로 가치 있는 성지였다.

직접 무기를 들고 요새를 공격하는 여성들

잃어버린 성지를 되찾겠다고 나선 십자군들은 '승리의 마리아Nikopoia'를 외치며 성모 마리아의 깃발을 앞세우고 전쟁에 나섰다.[21] 십자군 전쟁은 빠르게 성장하고 있었던 이슬람에 위기를 느낀 비잔틴(동로마) 제국이 서방에 구원 요청을 하면서 시작되었다. 1095년, 교황 우르바누스 2세는 대성당 앞의 광장을 가득 메운 군중들을 향해 성지를 되찾는 성스러운 임무에 참여할 것을 강력하게 호소했다. 그러나 잘 훈련된 제후들과 기사들을 중심으로 십자군이 조직되기를 바랐던 우르바누스 2세의 기대와 달리, 십자군에는 처음부터 기사뿐 아니라 전혀 훈련되지 않은 농민들도 많이 참여했다. 이들 중에는 남편을 대신하거나 남편과 함께 하겠다고 따라나선 여성들도 많았다. 1차 정규 십자군보다 먼저 조직되어 한발 앞서 출발한 그룹도 은둔자 피에르가 이끌었던 '민중 십자군'이었다.

아무런 훈련도 받지 않고 변변한 무기도 없는 일반 대중들, 심지어 여성들까지 십자군에 참여하게 된 이유는 무엇일까? 이들에게 있어 십자군 전쟁은 단순히 이슬람을 무찌르기 위한 전쟁이 아니었다. 오랜 전통으로 이어져 오고 있었던 성지를 찾아 떠나는 '영적 순례'였다. 이들은 힘든 여행길과 순교의 위험을 동반하는 전투를 통해 하나님의 거룩함에 이를 수 있기를 갈망했다. 무엇보다도 이들에게 순례의 길은 자신들의 죄를 용서받을 수 있는 참회의 길이기도 했다. 십자군에 참여했던 대중들은 이러한 순례의 길에서 성모 마리아가 자신들을 특별히 보호해 줄 것이며 반드시 승리로 이끌어줄 것이라고 믿었다. 십자군에 참여했던 제후들과 기사들 또한 전쟁에서 이길 수 있도록 마리아가 특별히 도울 것이라는 믿음으로 마리아의 성화를 품고 전쟁에 나갔다.

이렇듯 신의 어머니가 된 중세의 성모 마리아는 수많은 얼굴로 표상되었고, 그 얼굴들만큼이나 다양한 의미로 교회 안에서는 물론 교회 밖 대중들의 삶 속 깊이 스며들었다. 수많은 얼굴들 중 고통 가운데 있는 이들, 특히 여성들의 고단한 삶에 가장 힘이 되고 위로가 되었던 얼굴은 '피에타Pieta', 세상의 모든 고통을 품어 안은 성모의 경건한 얼굴이었다.[22] 죽은 아들 예수를 무릎 위에 눕혀 안고 있는 어머니 마리아.

피에타는 유럽이 흑사병으로 죽음의 시간을 보냈던 14세기와 15세기에 대중들 사이로 널리 퍼져나갔다. 묵주로 하는 로사리오 기도나 십자가의 길 명상 등 새로운 신앙 양태들이 생겨난 것도 바로 고통의 세기였던 14세기였다. 수많은 죽음을 고통스럽게 지켜봐야 했던 대중들은 자신들에게 희망을 줄 수 있는 표상이 필요했다. 이루 헤아릴 수 없는 고통 속에서도 죽은 아들을 사랑으로 끌어안은 어머니 마리아는 그들에게 기꺼이 죽음을 넘어선 희망의 표상이 되어 주었다. 아들의 죽음은 고통 그 자체였지만 이를 바라보는 마리아의 얼굴은 고통으로 일그러진 얼굴이 아니라 고요히 죽음까지도 끌어안은 경건하고 온화한 어머니의 얼굴이었다.

하루하루 슬픔과 두려움으로 죽음을 마주해야 했던 이들에게 거룩한 하나님은 저 멀리 하늘에서 그저 고통으로 가득 찬 세상을 내려다보기만 하는 분이 아니었다. 피에타를 통해 사람들은 몸소 세상에 내려와 고통받는 인간의 모습으로 자신들과 함께하는 하나님을 의지하여 그 죽음의 시간들을 지나고자 하였다. 또한 피에타는 죽음을 앞둔 이들에게 죽음의 공포를 이겨내고 죽음 앞에서도 희망을 품게 하는 위로의 표상이 되어 주었다. 피에타를 바라보며 사람들은 어머니의 품에 안긴 예수처럼 자신도 죽고 나면 어머니같이 따뜻한 하나님의 품 안에 안길 것이라는 소망을 품게 되었다. 그리고 더 나아가 사람들은 피에타를 통해 하나님의 눈으로 세상의 고통을 살필 수 있게 되었다.

"주여 자비를 베푸소서."

하늘과 땅의 경계를 허물다

성모 마리아의 수많은 얼굴들이 말해주고 있듯이, 동정녀 마리아는 신의 어머니가 되어 천 년의 세월을 수많은 사람들과 함께 했으며 그들로부터 끊임없는 사랑과 존경을 받았다. 그러나 15세기까지도 성모 마리아는 여전히 인간의 손이 닿을 수 없는 천상의 존재였다. 거룩한 신성의 상징이었던 후광이 둘린 채 신의 영역에 머물렀던 성모 마리아. 그녀가 한 여인의 자연스러운 모습을 하고 사람들 속으로 다시 돌아온 것은 르네상스 시대였다. 시대의 예언자가 되기를 마다하지 않았던 예술가들이 그녀의 귀환을 먼저 알아보

미켈란젤로의 피에타상(성 베드로 성당)

았다. 르네상스 시대의 가장 대표적인 예술가 미켈란젤로의 피에타상이 시대를 초월하여 수많은 사람들에게 영감을 주고 있는 이유는 그녀의 귀환을 너무나도 생생히 드러내고 있기 때문일 것이다.

이제 그녀에게는 자신을 빛내줄 그 어떤 천상의 빛도 자신을 보호해 줄 그 어떤 천사도 더 이상 존재하지 않는다. 오직 아들의 죽음을 슬퍼하며 비탄에 잠겨 하늘의 자비를 구하는 한 여인이 있을 뿐이다.

르네상스 시대의 또 다른 천재 화가로 알려진 카라바조의 〈성모의 죽음〉은 그야말로 신의 어머니로서의 성모 마리아의 죽음을 선언한다. 본명이 미켈란젤로 메리시였던 카라바조는 거룩함의 이미지를 드러내는 우아하고 아름다운 모델을 마다했다. 대신 물에 빠져 죽은 창녀의 퉁퉁 불어터진 시신을 성모의 모델로 삼았다.[23] 그의 그림에서 성모 마리아는 환한 빛으로 가득한 거룩한 곳이 아니라 허름하고 어둠침침한 창고를 연상케 하는 어느 누추한 방에 누워 있다. 시신을 닦는 데 쓰는 촛물통을 앞에 둔 채.

카라바조는 모멸과 멸시 속에 내박쳐져 바닥 인생을 살아가던 한 여인에게서 전혀 다른 차원의 성모의 거룩함을 찾아냈다. 그는 어린 시절 흑사병으로 아버지와 할아버지를 동시에 잃고 고향을 떠나 밀라노의 화실을 떠돌며 힘겹게 살면서 늘 밑바닥 삶을 살았던 이들과 어울려 지냈다. 떠나온 고향을 자신의 이름으

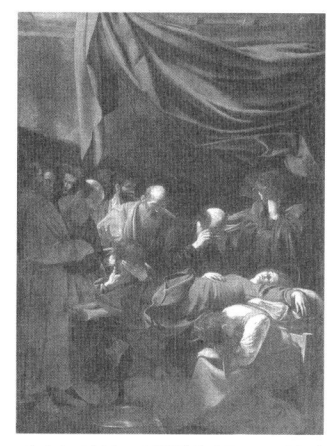

카라바조의 성모의 죽음(파리 루브르 미술관)

'신의 어머니'가 된 동정녀 마리아

로 삼은 카라바조는 당시 화풍이었던 신성하고 거룩한 종교화를 거부하고 거리를 떠도는 집시나 창녀, 부랑자들을 모델 삼아 살아 움직이며 숨 쉬는 사람들의 삶 그대로를 표현하고 싶어 했다. 그래서 그의 작품은 꾸밈이 없고 더없이 솔직한 그림들이었지만 당시 사람들에게는 매우 충격적으로 다가왔다. 덕분에 그에게는 늘 극과 극의 평가가 쏟아졌다. 당대 최고의 화가라는 명성이 주어졌지만 그의 예술적 천재성을 이해하는 사람은 극히 드물었다. 그의 충격적인 그림들을 두고 사람들은 '이단자'요, '악마적인 천재'라고 비난하고 조롱했다.[24]

하지만 카라바조는 그들을 향해 "집시와 거지 그리고 창녀들, 오직 그들만이 나의 스승이며 내 영감의 원천"이라고 당당히 외쳤다. 그의 예술적 천재성을 드러낸 〈성모의 죽음〉도 신에 대한 모독으로 여겨져 당시 수도사들에게 수취를 거부당한 작품 중 하나였다. 어디 이뿐이랴. 1602년에 완성된 〈성 마태와 천사〉도 성 마태가 대머리에 더러운 맨발을 하고 있어 천박하다는 이유로 수취를 거부당했다. 아무도 오를 수 없는 천상이 아니라 누구나 발 딛고 살아가는 이 땅 한가운데에서 '거룩함'의 참 의미를 발견해낸 놀라운 예술적 통찰력을 알아보는 사람은 그리 흔치 않았던 모양이다.

이제 더 이상 성모 마리아는 한없이 순결하고 거룩하기만 한 천상의 여인이 아니다. 질퍽질퍽한 삶을 그저 하루하루 숨 쉬며 살아내야 하는 밑바닥 인생들의 고단함 그 자체였다. 르네상스의 예언자들은 성모 마리아가 더 이상 하늘과 땅, 종교와 세속, 거룩함과 불경함이 나누어지는 세계에 머물고 있지 않음을 알고 있었다. 아름답고 선한 천상의 거룩함과 죄와 고통으로 가득 찬 이 땅의 삶이 따로 갈라져 있는 것이 아니듯, 동정녀 마리아는 하늘의 여인이요, 신의 어머니가 아닌, 이 땅의 사람들과 함께 더불어 웃고 우는 거룩한 사랑이 되어 돌아왔음을 그들의 예술혼이 먼저 알아보았다.

이제는 평범한 삶을 살아가는 범인들도 느끼고 있다. 아름다운 찬양 소리가 울려 퍼지는 예배당만이 아니라 하루하루 고단한 삶을 이어가면서도 늘 자연 앞에 겸손해지는 시골 아낙네의 평범한 일상에도 그녀는 거룩한 사랑으로 함께 한다는 것을. 빈센트 반 고흐가 피에타를 그린 이유다.

빈센트 반 고흐의 〈피에타〉

남겨진 시간,
여성 순교자들의 마지막 증언

    기독교 역사에서 가장 감동적인 장면 중 하나로 기억되는 것은 단연 스데반의 순교일 것이다. 예수의 삶과 죽음이 앞서 보여주었듯이 기독교는 고난의 종교로 탄생했다. 스데반의 죽음은 그 첫걸음이었다. 그는 기독교의 첫 순교자로 기록되었고, 그의 죽음은 박해자 사울을 사도 바울로 다시 태어나게 할 만큼 강력한 것이었다. 이후 바울과 베드로를 비롯한 사도들이 그의 뒤를 따랐다. 사도 신앙을 계승하고자 한 안디옥의 이그나티우스Ignatius와 서머나의 폴리캅Polycarp 주교도 그 길을 갔다.

    하지만 죽음도 마다하지 않고 예수의 길을 가고자 했던 이가 어디 남성들뿐이었으랴. 초기 공동체가 '거룩한 책'으로 소중하게 읽었던 「바울과 테클라 행전 *Acts of Paul and Thecla*」, 현존하는 글들 중 기독교 여성이 쓴 가장 오래된 글인 「페르페투아와 펠리치타스의 순교 *The Martyrdom of Saints Perpetua and Felicitas*」, 익명의 저자에 의해 기록된 「순교자들의 행전

The Acts of the Christian Martyrs」등이 여성 순교자들의 존재를 말해주고 있다. 마지막 남겨진 시간을 생생하게 전해주는 여성 순교자들의 증언을 통해 이들의 못다 한 이야기를 들어 본다.

여성 순교자들의 남겨진 시간

「바울과 테클라 행전」은 바울의 제자 테클라Thecla에 관한 이야기다. 여성 순교자의 원형으로 기록되는 테클라는 바울이 지금의 터키 지역인 소아시아의 작은 도시 이코니움Iconium을 방문했을 때 그의 제자가 되었다. 당시 테클라는 그 도시에서 최고의 신랑감으로 꼽히던 남성과 약혼한 상태였다. 하지만 바울의 설교를 들은 후 순결한 삶을 살기 위해 파혼을 선언했다. 결혼이 여성의 당연한 국가적 의무로 여겨지던 시대였기에 그녀의 기독교 개종은 그의 어머니와 약혼자 그리고 지방 정부까지 분노케 만들었다. 결혼을 거부한 대가는 혹독했다. 바울은 젊은이들과 부녀자들을 미혹했다는 죄명으로 쫓겨났고, 테클라는 화형대에 묶였다. 그러나 그녀는 끝까지 굴복하지 않았다. 그녀의 용기에 하늘까지 감동했는지 도우심이 임했다. 어찌 된 영문인지 불은 그녀의 몸을 태우지 못했고 땅 아래에서는 시끄러운 소리가 나는듯하더니 하늘에서는 구름이 몰려오고 비와 우박이 쏟아져 그녀를 죽음에서 지켜냈다. 이것은 시작에 불과했다.

화형대에서 가까스로 살아 돌아온 테클라는 포기하지 않고 바울을 직접 찾아 나섰다. 그의 시련도 다시 시작되었다. 그녀를 사랑하게 된 또 다른 시리아 남자의 고발로 다시 체포되었고 맹수들에게 던져졌다. 이번에도 테클라는 피에 굶주린 맹수들의 우리에서 기적처럼 살아남았다. 그녀를 공격하도록 보내진 암사자가 돌연 몸을 돌리더니 그녀를 대신하여 다른 야수들과 싸워 보호해주었다. 화가 머리끝까지 난 정부 당국은 다시 더 사나운 맹수들을 풀었다. 이번에는 테클라가 가까이 있던 큰 물웅덩이에 스스로 몸을 던졌다. 이는 죽음을 앞둔 마지막 순간, 자신에게 스스로 베푼 세례였다. 그 순간 하늘에서 번개가 쳤고 그녀를 물려고 달려들던 물개들이 모두 죽었다. 결국 정부 당국은 그녀를 풀어줄 수밖에 없었다. 테클라를 끝까지 지켜주려고 애썼던 여왕 트리훼나Tryphaena, 황제의 왕족는 그의 생환을 반겨주었다. 그의 집에 잠시 머무르며 테클라는 그와 그의 여종들에게 말씀을 가르치고 다시 바울을 찾아 나섰다. 세 번의 죽음을 이기고 나서야 테클라는 바울로부터 복음을 전하라는 사명을 받게 되었고 자신의 어머니와 많은 이들에게 복음을 전하다가 평화롭게 눈을 감았다.

「페르페투아와 펠리치타스의 순교」는 북아프리카 카르타고에서 202–203년경 순교한 페르페투아Perpetua와 그녀의 몸종 펠리치타스Felicitas의 옥중 순교기이다.[25] 세베루스Septimus Severus 황제의 박해 아래 페르페투아는 직접 자신의 옥중 경험을 순교 일기 형식으로 기록했다. 후에 감독이었던 터툴리안Tertullian이 후세에 전할 목적으로 서론과 결론을 추가했다. 이 문헌에는 두 여성과 함께 옥에 갇혔던 남성 순교자들도 등장한다. 페르페투아는 투옥 당시 젖먹이 아들을 둔 20대 초반의 젊은 엄마였다. 펠리치타스 또한 임신한 상태로 옥에 갇혀 임신 8개월 만에 조산아를 옥중 출산한다. 이들이 감옥에 갇히게 된 이유는 테클라의 경우와 조금 달랐다. 심문 기록은 그리스도인이라는 이유로 국가의 안녕과 황제의 안위를 위해 신에게 예배하라는 황제의 명을 어겼기 때문이라고 밝히고 있다. 페르페투아가 직접 기록한 글이다.

"지방관인 힐라리아누스는 집정관이었던 미누키우스 티미니아누스가 죽은 후 권좌에 오른 자였다. 그가 내게 "너의 아버지의 흰머리를 생각해 보라. 그리고 젖먹이 아들을 생각해서 황제들의 안녕을 위하여 신에게 예배하라"라고 말했다. 그러나 나는 "싫습니다"라고 대답했다. 힐라리아누스가 "너는 그리스도인이냐?"라고 묻기에, 나는 "그렇습니다"라고 대답했다."(「페르페투아와 펠리치타스의 순교」 6장)

함께 했던 동료들과 마찬가지로 페르페투아는 예비 신자였다가 투옥 직전에 세례를 받았다. 하지만 그녀는 신앙적 연륜도 인생의 경험도 풍부하지 않은 젊은 여성이었음에도 불구하고 그 어떤 것에도 흔들리지 않는 깊은 신앙심과 영적 지도력을 보여주었다.[26]

넉넉한 집안에서 자란 탓에 이전에 한 번도 경험해보지 못했던 캄캄한 감옥에서의 시간은 정말 끔찍한 것이었다. 하지만 이내 페르페투아는 깊은 기도로 동료들을 위로하고 이들을 이끌어주며 마지막 남겨진 시간들을 의연하게 견뎌냈다. 특

바울과 테클라

히 그녀는 기도 중 여러 차례 환상을 보고 힘을 얻었다. 자신을 향해 달려드는 용의 머리를 첫 계단 삼아 하늘에 닿아 있는 사다리를 타고 올라가서, 하얀 백발의 목자 모습을 한 하나님을 만나는 환상이 첫 시작이었다. 어릴 때 사고로 잃은 동생이 고통 속에 있는 것을 환상 중에 보고 끊임없는 기도로 그의 영혼이 평화를 누리도록 돕기도 했다. 어디 그뿐인가. 미친 소가 기다리는 경기장으로 끌려 나가며 사투를 벌여야 했던 마지막 순간에도 그녀는 의연하게 남겨진 형제들에게 당부의 말을 잊지 않았다. "믿음을 강하게 하고, 서로 사랑하세요."

　이 글의 배경이 되는 북아프리카는 로마와 가까워 다른 지역보다 박해가 극심했던 곳이다. 과거 기독교 역사가들이 전했던 것과 달리 최근에 발견된 자료들에 따르면, 기독교인에 대한 로마 제국의 박해는 모든 지역에서 조직적이고 지속적으로 행해진 것이 아니었다. 특정 지역에 집중되어 산발적이며 간헐적으로 일어났다.[27] 박해의 주된 대상이 되었던 로마나 그 인근 도시의 교회들과 달리, 로마의 직접적인 영향권에서 어느 정도 벗어나 있었던 교회들은 박해의 위협에서 비교적 자유로웠다. 덕분에 안디옥이나 예루살렘 그리고 이집트 북부에 있었던 교회들은 비교적 평화를 누리면서 안정적으로 신앙 공동체로서의 면모를 갖추어 갈 수 있었다. 로마와 카르타고의 교회들이 박해로 인한 배교자 문제로 몸살을 앓는 동안, 안디옥과 알렉산드리아에서는 기독교 신학을 꽃피울 수 있었던 이유도 바로 여기에 있었다.

　「순교자들의 행전」은 "대박해"로 불렸던 304년에 디오클레시안 Dioclesian 황제의 박해 아래 데살로니카에서 화형에 처해진 세 여성, 아가페Agape, 이레네Irene, 치오네Chione를 소개한다.[28] 이들 역시 페르페투아와 그녀의 신앙 동지들처럼 국가와 황제를 위해 신에게 예배하라는 황제의 명령을 어긴 죄목으로 고발되어 법정에 섰다. 세 여성들은 이름이 알려지지 않은 다른 4명의 여성들과 함께 박해를 피해 은신하면서 성결의 삶을 살겠다고 서원한 이들이었다. 이들 중 특히 '평화'라는 뜻의 이름을 가진 이레네는 국가가 금하고 있던 양피지로 된 기독교 경전들을 많이 소유하고 있었다는 이유로 더 중한 벌을 받았다. 나이가 가장 많았던 아가페와 치오네는 바로 화형에 처해졌지만, 훨씬 젊었던 이레네는 화형대에 달리기 전 성에 굶주린 군인들이 자주 드나들던 매춘굴에 알몸으로 던져졌다.

세 문헌들이 보여주듯이 여성 순교자들은 사회적 신분이나 나이 그리고 신앙의 연륜 등 다양한 배경을 지니고 있었다. 하지만 이들에게는 한 가지 공통점이 있었다. 사회적 안전장치가 전혀 보장되지 않았던 여성들이었음에도 불구하고, "그리스도인"으로 살고자 하는 자신들의 신념을 오롯이 지켜내며 이를 힘으로 꺾고자 하는 국가 권력에 끝까지 저항했다는 점이다. 교회는 여성들에게 말 없는 순종을 가장 중요한 신앙 덕목으로 가르쳤지만 이들은 남성들을 압도하고도 남을 만한 강인한 신앙심과 두려움을 모르는 용기를 보여주었다.

그리스도를
따른다는 것은…

왜 이 여성들은 자신이 선택한 신앙에 그토록 강한 집념을 보였을까? '그리스도인으로 산다는 것'은 무엇을 의미했던 것일까? 페르페투아가 직접 기록한 글을 들여다보자.

> 내가 아직 경찰 당국에 잡혀 있을 때 내 아버지는 나를 향한 사랑으로 내 결심을 흔들어 보려고 하셨다. 나는 말했다.
> "아버지, 이게 보이세요? 예를 들어 이를 꽃병이라 하든 물병이라 하든 무엇이든 말씀해 보세요."
> "그래, 보인다." 아버지가 대답했다.
> "이 꽃병을 꽃병이 아닌 다른 무엇으로 이름 지을 수 있을까요?"
> 아버지께서 대답하시기를, "그럴 순 없지."
> "그렇다면 저도 그리스도인이라는 이름 외에 다른 어떤 이름으로도 불릴 수 없습니다."(「페르페투아와 펠리치타스의 순교」 3장)

페르페투아의 증언에는 "나는 짐승들의 이빨에 찢겨야 할 하나님의 밀알로 바쳐지길 원한다."라고 외쳤던 이그나티우스의 순교에 대한 강렬한 열망이 드러나지 않는다.[29] 순교는 "썩지 않는 영광의 면류관"이니 "영생의 화관"을 얻으라고 촉구했던 남성 리더들의 설득력 있는 권면도 나타나지 않는다. 그녀에게 있어 그리스도를 따른다는 것은 오로지 자신이 가야만 하는 운명 같은 것이요, 그 운명이 죽음을 요구할지라도 피하지 않겠다는 결단만이 있을 뿐이었다.

페르페투아에게도 남겨진 가족은 뿌리치기 어려운 사랑이었다. 그녀에게는 젖먹이 어린 아들과 아직 기독교 신앙을 받아들이지 않았지만 자신을 누구보다 사랑했던 늙은 아버지가 있었다. 그녀의 아버지는 하루가 멀다 하고 찾아와 그녀를 만류하였다. 그럼에도 불구하고 페르페투아는 "그리스도인"이라는 이름 외에 다른 이름을 가질 수 없다며 자신의 신앙을 고수했고, 오히려 자신을 붙잡고 애원하는 아버지를 설득했다. '그리스도인으로 산다는 것'은 그녀가 존재하는 이유 그 자체였기 때문이었다.[30] 로마 제국은 왜 누구에게도 해를 입힌 적이 없는 이 여성들을 혹독하게 다루었을까? 정말 기독교인들의 유일신 신앙이 자신들이 신봉하던 종교와 배치된다는 종교적 이유 때문이었을까? 기독교인들에게 가해진 심문 과정을 생생하게 전한 「순교자들의 행전」이 그 힌트를 준다.

> 심문관: 너는 왜 다른 종교인들처럼 신에게 예배하지 않는가?
> 왜 우리의 주이신 황제들의 명령을 따르지 않는가?
> 피고인: 나는 그리스도인입니다. 나는 살아계신 하나님을 믿습니다.
> 나는 내 양심이 파괴되는 것을 원치 않습니다.
> 심문관: 너는 왜 황제의 명을 거스르는가?
> 피고인: 나는 그리스도인입니다.(「순교자들의 행전」 3장)

심문 내용은 그리 특별할 것이 없어 보이지만 자세히 들여다보면 어딘가 어색함이 묻어난다. 심문관이 "너의 종교가 무엇인가?", "너는 무엇을 믿는가?"라고 물었을 때 어울릴 듯한 대답을 피고인이 하고 있기 때문이다. 심문관의 관심은 피고인들이 어떤 종교 또는 어떤 신을 신봉하는가에 있지 않았다. 그가 주목한

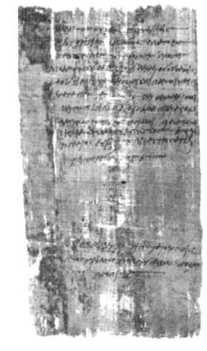

데시우스 황제의 칙령

것은 오로지 이들이 국가의 최고 권력자인 황제의 명령을 따르지 않고 지엄한 국법을 어기고 있다는 점이었다. 황제의 명령이 곧 법이 되는 사회에서 황제의 명을 거스른다는 것은 곧 국가에 대한 반역을 의미했다. 그럼에도 불구하고 피고인들은 국법을 따를 수 없는 이유로 "나는 그리스도를 믿는 사람"이라고 약속이나 한 듯 동문서답의 대답을 아무렇지도 않게 하고 있다.

종교적 신념을 자신의 존재 이유로 고백했던 기독교 여성들과 달리, 로마 제국은 기독교 개종을 단순히 개인의 종교적 신념에 속한 것으로 보지 않았다. 국가의 근간과 질서를 뒤흔들 수 있는 중대한 정치적 도전으로 인식했다. 1세기 갈릴리와 예루살렘의 유대 공동체 안에서 개혁 운동으로 출발했던 기독교는 강한 흡인력을 보이며 도시 빈민가를 중심으로 놀라운 속도로 퍼져나갔다. 당시 지중해를 한 손에 쥐고 있었던 로마 제국은 명령과 복종의 위계질서가 가정은 물론 사회의 보편적인 질서로 굳게 자리 잡고 있었던 가부장적 계급 사회였다. 특히 가부장제의 가정과 군대의 질서와 노예제는 로마 제국을 지탱하는 근간이었다. 그런데 유대교의 한 종파인 줄만 알았던 기독교는 노예조차도 한 형제자매로 받아들이며 함께 빵을 나누는, 매우 "위험한" 사상을 지닌 평등 공동체를 지향했다. 이는 로마 제국의 사회적 질서와 정면 배치되는 것이었다.

함께 빵을 나누는 애찬식

반대로 가장 낮은 계층의 사람들, 질서라는 이름으로 사회적 제약에 강하게 묶여 있던 사람들, 그중에서도 노예들이나 여성들이 기독교에 호감을 보이며 모여들기 시작했다. 이들은 기독교로 개종한 후 더 이상 기존 질서를 당연한 것으로 받아들이려 하지 않았다.[31] 「바울과 테클라 행전」은 바울이 이코니움에서 설교했을 때 약혼한 상태에 있었던 테클라 뿐만 아니라 수많은 젊은이들과 부녀자들이 가정의 기존 질서로 돌아가려고 하지 않았음을 증거하고 있다. 바울의 죄명도 "젊은이들과 부녀자들을 미혹하여 도시를 파괴"하려고 했다는 것이다. 이 도시의 여성들은 테클라가 야수들에게 던져지게 되자 "사악한 심판이오!", "오 하나님, 불경한 심판이 이 도시를 지나가게 하소서."라고 소리치며 울부짖었다. 마지막 순간에 지방 관리가 테클라를 풀어주겠다고 선언하자 여성들은 모두 "하나님이 테클라를 구원하셨다!"라고 환호했으며, "그 소리가 도시 전체를 흔들었다"라고 「바울과 테클라 행전」은 전하고 있다.

로마 제국은 지중해 전체를 호령할 만큼 강력한 군사력과 광대한 영토를 자랑하고 있었다. 하지만 내부적으로는 끊임없는 권력 다툼과 만성화된 식량 부족에 시달렸고 외부적으로는 강력한 변방 부족들의 잦은 침입을 걱정했다. 또한 교역과 교류가 활발했던 만큼 그 길을 따라 급속히 퍼지는 전염병도 큰 위협이었다. 이 때문에 로마의 황제들은 로마의 종교와 전통들을 회복함으로써 다양한 민족으로 구성된 로마 제국의 민심을 하나로 모아 제국의 위기를 극복하려 하였다.[32]

그때마다 유대인들과 기독교인들은 골칫거리였다. 유대인들은 '야훼'라는 자신들의 신에게라도 예배하니 그나마 용서할 수 있었다. 하지만 이미 처형되어 형장의 이슬로 사라진 예수라는 젊은이를 예배한다는 기독교인들은, "미신"에 현혹된 무식한 사람들이거나 신을 부정하고 예배하지 않는 "불신자들"로 보였다.[33] 유대인들과 달리 로마 제국은 처음에 기독교인들에게 상대적으로 관대했다. 그저 자신들의 신을 고집스럽게 믿는 유대교의 한 종파 정도로만 여겼기 때문이다. 그러나 점점 그들은 자신의 신념만을 배타적으로 주장하는 기독교인들에게 분노하기 시작했다. 로마 시민임에도 로마 제국의 위계질서를 따르지도 않고 제국의 안위를 위해 신들에게 예배하지도 않는 "반역자들"이요, "불신자들"로 보였기 때문이다.

로마인들은 모든 재난과 국가의 위기를 인간들의 불신앙에서 비롯된 신의 노여움 때문이라고 여겼다. 이런 믿음은 기독교 공동체가 점점 커져가자 로마의 신들을 인정하지도 예배하지도 않는 기독교인들을 제물로 바쳐 신들의 분노로부터 벗어나야 한다는 생각으로 발전했다. 전염병이 돌거나 변방 유럽 부족들의 침입이 있을 때마다 기독교인들은 신들의 분노를 사 재앙을 불러들인 원인으로 지목되어 온갖 의심과 비난의 화살을 받아야 했다. 심지어는 앞에서 보았듯이 다른 죄수들과 함께 원형 경기장으로 끌려가 굶주린 맹수들의 밥이 되어 로마 귀족들의 무료함을 달래주거나 굶주린 백성들의 성난 민심을 달래주는 서커스 쇼의 처참한 희생물이 되어야 했다. 특히 여성들에게는 굴복을 위한 가장 효과적인 수단으로 가족에 대한 사랑과 성적 수치심이 활용되었다. 「페르페투아와 펠리치타스의 순교」를 읽어보자.

> "젊은 여자들에게는 악마들이 미친 소를 준비시켰다. 미친 소는 이런 경기에서 보통 사용하지 않는 것이었다. 그런데도 소가 여성의

성과 잘 어울린다고 하여 고른 것이다. 여자들은 옷이 벗겨진 채로 그물 안에 갇혀 있다가 경기장으로 나오게 되었다. 사람들은 끌려 나온 여자들 중 하나는 젊은 여자요, 다른 하나는 최근에 아이를 낳아서 그의 젖에서 아직도 젖이 뚝뚝 떨어지는 것을 보고 얼마나 끔찍해 했는지 모른다. 곧 그들은 다시 불려가서 헐렁한 옷을 입고 나가게 되었다."(「페르페투아와 펠리치타스의 순교」 20장)

"끌려 나온 여자 중 젊은 여자"는 페르페투아요, "최근에 아이를 낳아 젖에서 아직도 젖이 뚝뚝 떨어지던 여성"은 옥중에서 조

미친 소에게 던져진 페르페투아와 펠리치타스

산을 한 펠리치타스였다. 화형과 맹수들의 위협에서 살아남았던 테클라도 발가벗겨진 채로 끌려 나갔으며, 심지어 이레네는 화형에 앞서 발가벗겨진 채 성에 굶주린 군인들이 짐승처럼 달려드는 매춘굴에 던져졌다. 예부터 전쟁에서 군인들의 강간은 단순히 억압된 성 욕구로 인한 폭력이 아니라 지배와 군림의 상징이요, 이를 위한 가장 강력하고 효과적인 수단으로 활용되었다.[34]

또 하나의 숨겨진 진실

여성들의 순교기는 그 형식에 있어 조금씩 차이를 보이지만 한 가지

공통점을 지닌다. 박해를 직접 경험한 여성 순교자들의 증언과 기록에 남성들로 추측되는 후대의 편집자들이 나름의 설명과 해석을 추가시켰다. 이러한 문헌 구조는 마치 오래된 사진 한 장을 잘 짜인 신형 액자 안에 담아 놓은 듯한 모습을 연상시킨다.

「바울과 테클라 행전」은 제목과 달리 내용 대부분이 테클라를 위해 할애되었다. 바울은 그저 그녀를 개종시킨 인물로서만 간단하게 언급되었을 뿐 테클라를 도왔던 이들은 모두 여성들이었다. 심지어 테클라가 맹수들에게 던져졌을 때 그녀를 지켜준 것도 암사자였다. 이러한 점에서 학자들은 독립 전승으로 여성 공동체를 통해 전해오던 테클라 전승이 후대의 저자(들)에 의해 바울 전승과 병합된 것으로 설명한다.

「페르페투아와 펠리치타스의 순교」도 페르페투아가 직접 기록한 순교 일기에 터툴리안이 그녀의 순교를 기억하고 기념할 목적으로 서론과 후반부를 첨가했다. 총 21장으로 구성된 전체 글 중 페르페투아가 1인칭 화자가 되어 기록한 것은 10장까지다. 그 이후부터는 3인칭의 전지적 관점으로 묘사되었다. 심문 장면을 자세히 전하는 「순교자 행전」도 여성 순교자들이 직접 경험한 대화체의 심문 내용에 내러티브 형식을 띤 후대 저자나 편집자의 설명과 해석이 첨가되었다. 이러한 형태의 문헌 구조는 언뜻 보면 하나의 매끈한 텍스트로 보인다. 하지만 자세히 들여다보면, 박해를 직접 겪었던 여성 순교자들의 증언록이 남성 저자들의 의도에 따라 후에 편집 추가되었음을 알 수 있다.

그렇다면 여성 순교자들은 자신에게 허락된 마지막 시간에 남은 자들에게 어떤 말을 들려주고 싶었을까? 남성 저자들은 이것을 어떤 관점으로 활용하려 했을까? 이들의 시각에는 어떤 차이가 있을까? 「페르페투아와 펠리치타스의 순교」는 이러한 궁금증을 풀어줄 작은 실마리 한 조각을 제공해준다. 페르페투아의 마지막 순교 일기를 읽어 보자.

"우리가 나가 싸우기로 한 전날이었다. 나는 환상 중에… 그의 생김새는 끔찍한 모습이었고 그를 도와 나를 칠 전사들과 함께하고 있었다. 잘생긴 청년들이 나를 돕고 격려하겠다고 다가왔다. 그들은 강제로 내 옷을 벗겼다. 그런데 갑자기 나는 남자로 바뀌었다. 내 조수들이 경기 직전에 행하는 관행대로 내 몸에 기름을 발랐다. … 우리는 둘 다 앞으로 나갔다. 주먹으로 싸우기 시작했다. 내 적은 계속하여 내 발을 잡으려고 하였으나 나는 발꿈치로 그의 얼굴을 계속 찼다. … 그가 그의 얼굴을 처박고 넘어졌을 때 나는 그의 얼굴을 밟고 섰다. 그 다음에 사람들은 소리를 지르고 나의 조수들은 승리의 노래를 부르기 시작했다. 내가 훈련관에게 걸어가서 그 약속된 가지를 받았다. 그는 내게 입 맞추며 말했다. "평화가 그대와 함께 하기를, 내 딸이여." 나는 승리감에 넘쳐서 사나비바리아문으로 향했다. 환상에서 깨어나면서 나는 곧 맹수가 아니라 악마와 싸우게 될 것을 깨달았다. 그러나 나는 내가 결국 이길 것을 알았다. 나는 마지막 전투 전날까지 일어난 일들을 기록하였다. 누구든지 당일의 사건을 기록할 사람들은 그렇게 하시오…."(「페르페투아와 펠리치타스의 순교」 10장)

이 환상은 페르페투아가 어떤 모습으로 죽음과 대면했는지 보여주기에 부족함이 없다. 마지막 순간, 그녀는 수줍고 연약한 여인의 모습을 벗어버리고 용감히 싸워 당당히 승리한 '하나님의 딸'로 우뚝 섰다. 하지만 그녀가 허락한 마지막 날의 기록을 맡은 터툴리안은 그녀를 전혀 다른 모습으로 그려내며 자신의 추측과 생각을 덧입혀 그녀의 마지막 메시지를 전하고 있다.

> "페르페투아가 먼저 던져져서 뒤로 넘어졌다. 그녀는 바로 앉아서 자신이 당하는 고통보다는 자신의 정숙함을 유지하는 데 더 관심을 가지고 한쪽이 찢어진 옷으로 드러난 허벅지를 가렸다. 그리고 떨어져 나간 머리핀을 찾아 헝클어진 머리를 핀으로 정리했다. 그녀는 순교자가 지저분한 머리 모양을 하고서 고통을 받는 것이 적합하지 않다고 생각하는 듯했다."(「페르페투아와 펠리치타스의 순교」 20장)

터툴리안이 그려낸 페르페투아는 악에 대항하여 용감히 싸워 승리한 '하나님의 딸'이 아니라 여전히 외모의 흐트러짐을 가장 부끄럽게 여기는 세속의 여인 그대로였다. 혈육의 정에 매달리던 아버지를 설득하고 맹수와 맞서 싸울 준비가 되어 있던 용기 있는 모습은 온데간데없이 사라졌다. 대신에 사투를 벌이는 그 순간에도 드러난 허벅지와 헝클어진 머리에 신경을 쓰는 정숙한 여인으로 분해 그 자리를 대신하고 있다. 죽음을 앞둔 마지막 순간까지도 여성의 품위를 잃지 않으려고 애쓰는 정숙한 여인의 모습은 페르페투아가 직접 기록한 글에서는 결코 찾아볼 수 없는 매우 낯선 모습이다. 이는 교회 공동체를 이끈 남성 지도자들이 교회의 생존을 위협했던 박해 상황에서도 교회 내 여성들에게 무엇을 주문하고 있었는지 잘 보여준다. 여성 순교자들은 신앙에 대한 무서운 집중력으로 자신들을 제약해온 '여성성'까지도 넘어서고 있었지만, 남성 지도자들은 박해에 맞서 싸운 여성들의 신앙적 열정과 용기를 높이 평가하면서도 여전히 이들의 역할을 '여성성' 안에 가두어 놓으려 했다.

순교에 대한 입장과 태도도 전혀 다르게 나타난다. 페르페투아가 직접 기록한 순교 일기에는 터툴리안의 소망과 달리 자신이 순교자가 되어 모든 이들에게 모범이 되어야겠다는 의식이 전혀 드러나지 않는다. 그 어디에도 순교에 대한 열망을 적어 놓지 않았다. 아니 순교라는 단어조차 사용한 적이 없다. 끝까지 힘에 굴복하지 않는 신앙의 용기를 보여준 것이 전부다. 하지만 터툴리안은 페르페투아가 순교의 기회를 놓칠까 두려워 검투사의 손을 끌어다 직접 자신의 목을 치게 했다고 기록하며 이들이야말로 복된 순교자들이라고 찬양해 마지않았다. 터툴리안이 추가한 마무리 부분을 읽어보자.

> "페르페투아는 자신의 갈비뼈를 다쳐 신음하면서도 검투사의 떨리는 손을 이끌어 자신의 목을 치게 하였다. 아마도 이 위대한 여인은 자신이 그렇게 하지 않으면 부정한 영이 자신의 순교를 방해할지도 모른다고 두려워하였던 것 같다. 오, 용감하고 복된 순교자들이여. 그대들은 진정으로 주님의 부르심을 받았고 선택되었으며 우리 주 예수 그리스도에게 존경의 예를 다했습니다. … 최근에 일어난 이런 일들을 읽고 기독교 공동체를 격려하는 데 사용해야 할 것입니다."
> (「페르페투아와 펠리치타스의 순교」 21장)

터툴리안은 여성 순교자들이 죽음 앞에서도 여인의 정숙함을 잃지 않으며 마지막까지 신앙의 모범을 보이려 노력했고 그들의 열망대로 순교의 영광에 이르게 되었다는 대목에 강조점을 두었다. 하지만 앞에서도 살펴보았듯이 페르페투아의 기록은 전혀 달랐다. 여성 순교자들은 삶과 죽음의 절박한 갈림길에서 영광스러운 순교의 면류관을 탐하지 않았다. 미래 세대를 위해 자신들이 신앙의 모범이 되고자 하는 작은 욕심도 파고들 자리가 없었다. 그들이 마주해야 했던 상황은 그리 여유롭지 않았다. 죽음에 대한 공포와 죽음보다 더한 고통을 이겨내고 끝까지 '그리스도인'의 길을 가고자 한 것 외에 그 어떤 것도 욕심내지 않았다. 여기에서 우리는 순교에 직접 참여한 평범한 여성 순교자들의 신앙과 이들의 신앙을 교회의 모범으로 세우고 교육하고자 했던 교회의 남성 지도자들의 관심이 크게 달랐음을 읽어낼 수 있다. 교회의 남성 지도자들은 순교자들의 신앙을 계승케 함으로써 교회 공동체의 결속을 유지하는 데 더 큰 관심이 있었다. 선 자리가 다르면 추구하는 것도 다른 모양이다.

첫 시험대였던 혹독한 박해 아래서 초대 교회는 그 어느 때보다도 강하고 단단한 생명력을 보여주었다. 초기의 많은 신앙인들이 로마 제국의 권력에 끝까지 저항하면서 신앙을 지키기 위한 생명을 건 기나긴 싸움을 지속해 나갔다. 이들은 로마의 권력에 목숨을 구걸하지 않았다. 오히려 영원한 생명을 구하며 예수 그리스도의 고난과 죽음에 기꺼이 동참하고자 하였고 이를 가장 큰 영광으로 여겼다. 이들에게 두려운 것이 있다면 오로지 의로운 죽음으로부터 자신들이 멀어지는 것뿐이었다. 육체의 안락과 평안이 아닌 영원한 진리를 구했던 초기 기독교인들의 굴절 없는 신앙은 기독교를 무식한 종교라고 일갈하면서 조롱했던 로마의 지식인들까지 감동케 하는 힘이 있었다. 영원한 삶을 추구하던 로마의 지식인들이나 철학자들 중에 죽음도 두려워하지 않는 신앙에 큰 감동을 받아 기독교로 개종하는 이들이 생겨나기 시작한 것도 이때다. 이후 이들은 기독교의 신학적 체계를 세우는 데 중요한 산파 역할을 한다.

PART 2
중세 편 | 역사의 물줄기를 바꾸다

하나님의 딸들, 광야에 서다

사람은 무엇으로 사는가? 19세기 러시아의 대표적인 문호 톨스토이가 우리에게 묻는다. 어린 시절 나름 진지하게 읽었던 책의 제목인데, 길을 잃었다고 생각될 때마다 큰 물음이 되어 되돌아오곤 한다. 교회는 무엇으로 사는가? 이제 한국 교회가 답할 차례이다.

축적된 물적 토대와 매스 미디어에 기대어 그 어떤 정치 집단 못지않게 정치적인 힘을 과시하고 있는 것이 오늘날 교회들의 모습이다. 이를 바라보며 자랑스럽기보다는 오히려 길을 잃었다고 생각되는 것은 현실을 지나치게 부정적으로 보기 때문만은 아닐 것이다. 길을 잃었다고 생각되었을 때 시대에 갇히지 않고 새로운 길을 찾아 나섰던 여성들을 만나 본다.

이브의 저주

기독교의 탄생과 초기의 성장 과정에서 여성들은 자신들의 존재감을 유감없이 보여주었다. 수제자로 알려진 베드로조차 질투할 만큼 예수의 사랑과 신뢰를 한 몸에 받았던 사도 마리아, 아들의 죽음 앞에서도 의연함을 잃지 않고 하나님의 딸로 거룩하고 순전한 삶을 살았던 어머니 마리아, 혹심한 박해에도 굴복하지 않고 죽음으로 자신들의 신앙을 지켜냈던 수많은 성녀들, 순간의 안락과 평안이 아닌 영원한 진리를 구하며 예수 그리스도의 고난과 죽음에 함께 하고자 했던 이름 없는 수많은 여성들.

이들의 굴절 없는 신앙은 기독교를 조롱했던 로마의 귀족들과 지식인들조차 감동케 하는 힘이 있었다. 당대 로마 최고의 교육을 받은 남성 지식인들이 기독교에 관심을 갖기 시작하더니 기독교로 개종하는 이들까지 생겨나게 되었다. 교회가 수많은 오해와 편견으로 박해에 시달리던 상황에서 이들의 개종은 말 그대로 천군만마가 되었다. 자신들의 지적인 역량과 사회적 역량을 집중하여 설득력 있는 논리를 구성하고 기독교의 신앙적 정체성과 신학적 체계를 세우는 일에 착수한 것이다. 이들의 펜 끝에서 나온 기독교 변론은 신학의 첫 출발이 되었고, 이에 힘입어 교회는 비로소 로마 사회로 진출할 수 있는 체계적이고 튼튼한 발판을 마련할 수 있었다.[35]

하지만 다른 한편으로 로마 사회의 남성 지식인들의 개종은 전혀 예기치 않은 결과를 낳기도 했다. 이들이 교회를 치리하게 되면서 그동안 공동체 안에서 놀라운 영적 지도력과 숨은 역량을 발휘했던 여성들이 빠르게 교회의 리더십으로부터 배제되기 시작했다. 죽음도 두려워하지 않는 기독교인들의 신앙심에 큰 감동을 받아 기독교로 개종했으나, 개종 이전에 받았던 교육이나 가치관들과 완전히 결별한 것은 아니었다. 오히려 이들은 교회로 들어오면서 로마의 사회적 습관과 방식들을 그대로 끌고 들어왔다. 철저한 계급 사회였던 로마의 위계질서가 교회 안에 서서히 자리 잡아가기 시작한 것도 이때부터였다. 교회는 신분과 성의 차이를 넘어 모두가 함께 빵을 나누는 평등 공동체를 지향하던 초기 전통으로부터 점점 멀어져갔다. 대신에 명령과 복종이 보편적 사회 질서로 자리 잡은 로마 제국에 동화되기 시작했다.[30] 특히 이러한 흐름은 4세기 콘스탄티누스 황제의 기독교 개종을 계기로 기독교가 제국의 종교로 군림하기 시작하면서 더 이상 돌이킬 수 없는 대세로 자리 잡았다. 아니 이전과는 전혀 다른 기독교로 변모해갔다.

무엇보다 스스로를 정통파로 자처하던 남성 리더들은 여성 리더십을 허용하지 않았다. 오히려 이를 허락하는 공동체를 저주하고 주저 없이 이단이라는 죄명을 붙여 단죄했다. 대신에 자신들이 숭상해왔던 가부장적 여성관을 성서의 진리로 설파하며 이를 바탕으로 교회의 새로운 질서를 세워나가고자 했다. 4세기의 대표적인 신학자이며 밀라노의 주교로 교회를 이끌었던 암브로스Ambrose의 설교를 들어 보자.

> 남자는 낙원 밖에서 만들어졌고 여자는 낙원 안에서 만들어진 것을 주목하라. … 사실상 남자가 낙원 바깥[열등한 장소]에서 창조되었다고 하더라도 그는 우월한 자로 인정되었고, 여자는 좋은 장소[낙원 안]에서 창조되었다고 하더라도 열등하다고 인정되었다. 왜냐하

면 여자는 기만당한 최초의 사람이요, 남자를 속였기 때문이다. 따라서 사도 베드로는 거룩한 여인들은 한층 강한 그릇에 종속되어 남편을 주와 같이 순종하라고 권면한다(「베드로전서」 3장 1-7절). 그리고 바울은 "아담이 속은 것이 아니고 여자가 속아 죄에 빠졌음이라(「디모데전서」 2장 14절)"라고 말한다.(『낙원론』 Ⅳ. 24)

여성은 처음부터 남성에게 종속된 존재로 창조되었다는 것이 암브로스의 주장이다. 암브로스는 「창세기」 2-3장을 자기 본위로 해석하고 이를 베드로 서신과 바울 서신으로 연결하는 방식으로 가부장적 위계질서의 정당성을 성서에서 찾고 있다. 오늘날과 달리, 주교나 사제들의 설교를 통해 성서를 귀로 들을 수밖에 없었던 당시 대중들의 현실을 고려할 때, 교부들의 성서 해석은 말 그대로 성서적 권위 그 자체로 받아들여졌음은 쉽게 짐작할 수 있다. 대중들은 「창세기」 해석을 통해 설파된 교부들의 여성에 대한 가르침을 설교자 개인의 해석이 아닌 성서의 진리로 받아들였다.

3세기, 이단 반박에 앞장섰던 북아프리카 교회의 대표적인 신학자요 교부로 활동했던 터툴리안의 경우를 들여다보자. 터툴리안은 앞서 보았듯이 「페르페투아와 펠리치타스의 순교」와 같은 책을 남기는 등 여성 순교자들의 용기 있는 신앙을 찬양했던 인물이다.

아담과 이브. 두 사람 사이에 선악과로 보이는 나무가 있다. (4세기 경, 로마 성 베드로 성당과 마르셀리누스의 카타콤)

그러나 동시에 그는, 여성은 남성을 꾀어 죄를 짓게 하는 사탄의 통로라고 일갈하며 여성 혐오에 가까운 감정을 격하게 드러내기도 했다. 그가 어느 기독교 공동체의 여성들에게 보낸 편지를 읽어 보자.

"그대들은 사탄의 통로다. … 그대들은 사탄이 감히 공격하지 못한 남자를 꾀었던 여자다. … 그대들 각자가 이브[하와]라는 사실을 아는가? 그대들의 성 위에 내린 하나님의 선고는 지금도 유효하다. 필연적으로 죄 또한 유효하다."

암브로스에게 결정적인 영향을 받아 회심하고 서방 신학의 기틀을 세운, 라틴 신학의 아버지로 불렸던 어거스틴도 예외는 아니다. 어거스틴은 여자를 죄의 본성으로 보았던 터툴리안이나 남성보다 열등한 존재로 인식했던 암브로스와 달리, 창조 이야기를 근거로 여자도 남자와 마찬가지로 하나님의 형상이라며 보다 진보된 의견을 내놓았다. 하지만 그 역시 "오직 남자만 하나님의 형상과 영광이요, 여자는 남자의 영광(「고린도전서」 11장 7절)"이라는 바울의 말을 빌려, 여자는 "고등한 이성"을 따라 살기에는 너무 "약한 지성"을 지닌 존재이기에 "오직 점진적으로 남자의 통치와 관리하에서만" 하나님의 은혜를 성취할 수 있다고 가르쳤다.

마리아와 아기 예수
(로마 프리스킬라의 카타콤)

어거스틴은 여자가 남자의 "돕는 자"로 창조된 것이며 돕는 자로서의 여성의 역할은 "출산"이라고 못 박았다.

> "만약 여자가 특별히 아이들을 낳기 위해 남자의 돕는 자가 되도록 창조되지 않았다면, 왜 여자가 '돕는 자'로 창조되었겠는가(「창세기」 2장 18절)? 이것은 또한 여자가 남자와 함께 땅에서 일하기 위해서였는가? 아니다. 왜냐하면 남자는 돕는 자가 필요할 만한 일들이 아직은 존재하지 않았으며, 만약 그러한 일이 필요하더라도 남자가 조수로서 더 나았을 것이기 때문이다."(『창세기의 문자적 주석』 IX. 5)

한마디로 여성은 하나님의 형상을 지녔으나 이성의 결핍으로 남성의 관리 아래 살아가야 하며 여성이 존재하는 이유는 출산 때문이라는 것이다. 이러한 주장은 4세기 금욕주의적 영향이 더해지면서 더욱 고착화되었는데, 남성과 여성의 신체적 관계는 인류의 번성을 위해 출산에만 제한되어야 한다는 것이다. 그리고 보면 581년 프랑스 마콩에서 열린 공의회에서 "여성은 이성적인 존재로 분류되어야 하는가? 아니면 짐승으로 분류되어야 하는가? 여성은 영혼을 지니고 있는가? 그리고 정말 인류의 구성원이라고 할 수 있는가?" 등의 문제가 심각하게 논의되었다는 것이 그리 놀랄만한 일은 아니다.

암브로스나 어거스틴과 같은 교부들의 설교에는 하나의 공통된 특징이 있다. 이들은 여성이 남성의 권위 아래 있다는 주장을 하고 그 근거로 구약 성서의 「창세기」 2-3장을 제시한다. 그리고 이를 신약 성서의 베드로 서신, 바울 서신과 곧바로 연결한다. 성서는 첫 사람에 대하

바울과 함께 서 있는 베드로에게 율법을 주고 있는 그리스도(로마 성 코스탄자 성당)

여 두 가지 전승을 전한다. 「창세기」 1장은 "하나님이 자기의 형상대로 남자와 여자를 창조하셨다(27절)"라고 기록하고 있는 반면, 「창세기」 2-3장은 "남자의 갈빗대로 여자를 만들어 그의 돕는 사람으로 짝지어 주셨다(20-22절)"라고 적고 있다. 앞에서 언급한 정통 교회의 교부들은 두 전승 중 후자를 취한다.

반면, 정통 교회로부터 이단이라는 죄명으로 내몰렸던 공동체들은 남자와 여자가 모두 신의 형상을 따라 창조되었다는 「창세기」 1장을 선호하며, 사도들의 서신 대신 복음서에 나오는 예수의 가르침을 근거로 여성의 리더십과 영적 권위를 존중했다. 신약의 복음서들은 예수가 여성을 배제시키거나 남성보다 열등한 존재로 인식하기는커녕, 오히려 그 어떤 존재감도 갖지 못하고 살아가던 여성들을 역사 한가운데로 초대하고 있음을 한목소리로 증언하고 있다. 사람으로 대접받지 못하고 살아가던 여성들에게 다가가 스스럼없이 대화를 나누던 예수의 모습. 하나님의 살아있는 말씀으로 받들어지며 절대적 권위를 누리던 율법도 예수의 파격적인 행보를 막을 수 없었다.

정경으로 선택되는 행운을 누리지는 못했지만 '거룩한 책'으로 함께 읽혔던 성서 밖의 복음서들에서도 같은 흐름을 찾아볼 수 있다. 「마리아복음」, 「빌립복음」, 「도마복음」 등도 예수가 여자라는 이유로 그 어떤 여성도 배제하지 않았음을 똑똑히 증언해주고 있다. 오히려 그 반대다. 예수는 여성을 남성의 권위 아래 두려는 제자 베드로의 태도를 강하게 책망했다. 〈도마복음〉에서 보았듯이 일찍부터 사도 베드로는 "여자는 구원에 맞지 않는다"며 동료 마리아를 내보내고자 했다. 이에 예수는 "그녀는 너와 마찬가지로 살아 있는 숨결이 될 것"이라고 베드로를 꾸짖었다.

자신의 옷을 만진 혈우병 걸린 여인에게 손 내미는 예수(로마 카타콤)

「피스티스 소피아」도 시몬 베드로와 막달라 마리아 사이에서 벌어진 논쟁 한 조각을 소개하면서 예수가 이들 사이에서 어떤 입장을 취했는지 증언한다. 베드로가 대화를 주도해나가는 마리아를 못마땅하게 여긴 나머지 스승인 예수에게 그녀의 입을 다물게 해달라고 요청한다. 이에 예수는 "남녀 구분 없이 성령을 받은 자라면 누구든 하나님에 의해 말을 하도록 정해졌다"라고 베드로를 책망한다. 이 장면은 "여자는 교회에서 잠잠하라… 여자가 교회에서 말하는 것은 부끄러운 것(「고린도전서」 14장 34-35절)"이라고 가르친 바울 서신의 훈계와 대조를 이룬다. 물론 이 부분은 바울이 직접 말한 것이 아니라 후대에 첨가되었다는 것이 학자들의 견해다. 그 진위가 무엇이든 간에 초기부터 오늘에 이르기까지 이 서신은 의심할 여지없는 바울의 가르침으로 숭상되었음을 기억해야 한다. 어쨌든 중요한 것은 사도의 전통을 이어받았다고 자부하는 소위 정통파 교부들의 글들은 바울과 베드로의 훈계를 매우 충실하게 따랐다. 그러나 적어도 여성과 관련해서는 예수의 가르침에 하나같이 침묵했다.

교회 안의
하나님의 딸들

4-5세기 변화의 소용돌이 속에서 여성들은 어떤 선택을 할 수 있었을까? 이들의 선택은 무엇이었을까? 이에 관하여 여성들의 목소리를 직접 듣기는 어렵다. 여성들에게는 고등 교육은 물론 글을 배우고 쓸 수 있는 기회조차 거의 허락되지 않은 까닭이다. 결국 여성들의 삶을 엿보는 것도 남성들의 글에 의존할 수밖에 없다. 먼저 교회 공동체 안에서 여성들이 무엇을 요구받고 있었는지 살펴보자.

교회의 여성들이 어떤 사역에 참여했는지 엿볼 수 있는 책으로 『사도규정』이 있다. 이 문헌은 4세기 말 혹은 5세기 초 시리아에서 세 가지 규례서를 모아 편집한 책이다.[37] 『사도규정』에 따르면 정통 교회 안에서 여성에게 허락된 사역은 크게 과부, 동정녀, 그리고 여 집사 등 세 가지로 구분되었다. 과부는 번제 제단을 대표하고, 동정녀는 분향단을 대표하며, 여 집사는 성령의 지위로 존경을 받아야 하는 자이다. 하지만 이러한 여성들의 직분은 비공식적인 것으로 공식 사역을 맡은 남성들을 보조하는 역할 그대로 『사도규정』은 이들의 의무에 관해서도 비교적 상세히 명시해 두었는데, 그중 집사에 관한 부분을 보자.

"주교가 하나님의 권위를 가진 존귀한 자로 너희들을 다스리게 하라. 그는 성직자들에 대해 하나님의 권위를 행사하고 하나님의 권위로 모든 회중을 다스려야 한다. 집사는 그리스도께서 아버지를 섬기듯 주교를 섬기고 그리스도께서 스스로는 아무 일도 하지 않고 항상 아버지를 기쁘게 하기 위해 모든 일을 행하듯이 모든 일에 흠 없이 주교를 섬기도록 하라."(「사도규정」 II. 26)

집사는 주교의 다스림을 받아야 하며 집사에게 주어진 역할은 주교를 섬기는 일이라고 명시되어 있다. 주교는 하나님의 권위를 가진 존귀한 자이기에 집사는 그를 흠 없이 섬겨야 한다. 주교와 집사의 관계가 다스리고 섬기는 관계로 규정된 것도 흥미롭지만, 여기에서 더욱 흥미로운 것은 이러한 관계가 하나님과 예수의 관계에 빗대어 설명되고 있다는 점이다. 즉 예수가 자신의 모든 것을 내려놓고 하나님을 온전히 섬겼듯이 집사도 모든 것을 내려놓고 주교를 그렇게 섬겨야 한다는 것이 요지이다.

이는 복음서들이 전하는 예수의 모습과 한참 거리가 멀어 보인다. 복음서는 예수가 보여준 가장 큰 파격으로 주인과 종으로 인식되던 하나님과 인간의 관계를 아버지와 아들의 관계로 바꾸어 놓은 점을 증언하고 있다. 주인과 종이 다스림과 섬김을 근간으로 한 관계라면 아버지와 아들은 사랑의 관계로 상징화된다. 이런 면에서 『사도규정』은 당시 교회가 예수의 가르침을 증언하는 복음서에 집중하기보다는 명령과 복종을 최고의 미덕으로 받들던 로마 사회에 빠르게 동화되어가고 있었음을 보여준다. 본질이 뒤바뀐 이러한 측면은 여성들이 갖추어야 할 태도에 대한 규정에서 더욱 두드러진다. 과부에 대한 규정을 보자.

"진정한 과부는… 선행으로 인해 많은 사람들에게 좋은 평판을 가진 자로 참으로 착실하며 정숙하며 신실하며 경건한 자요, 자녀들을 잘 양육하고 흠 없이 나그네들을 대접한 자다. … 모든 과부가 온유하고 조용하고 부드럽고 진지하고 화를 내지 않고 말을 적게 하고 소란을 피우지 않고… 과부는 자신의 생계를 공급하는 자들을 위해 그리고 교회 전체를 위해 기도하는 일 이외에 어떤 것도 생각하지 않도록 하라."(「사도규정」 III. 3, 5)

과부에게 맡겨진 주된 역할은 교회 전체를 위해 기도하는 일이다. 하지만 이들이 갖추어야 할 자격과 품성은 그리 간단하지 않다. 선행으로 평판이 좋아야 하며 자녀들을 잘 양육하고 나그네들도 잘 대접하는 신실한 신앙심을 가진 여성이어야 한다. 또한 교회 안에서는 말이 없어야 하고 화를 내어서도 안 되고 기도하는 것 외에 다른 생각을 품어서도 안 된다. 연령도 60세 이하는 과부로 세워서는 안 된다. 젊은 과부는 절제하지 못한다는 이유로 재혼할 수 있고 이에 따라 비난의 대상이 될 수 있기 때문이다. 교회는 여성에게 의무만 요구할 뿐 그 어떤 권리도 허락하지 않았다. 『사도규정』은 여성들이 자녀 양육 외에 그 어떤 것도 가르쳐서는 안 되며 이는 부적절한 일로 규정한다. 세례를 주어서도 안 된다. 대신 여성들은 교회의 가르침을 조용히 경청하고 그대로 따라야 하는 의무가 주어졌다.

"여인들은 가르치지 말아야 한다. 이는 매우 부적절한 일이다. 어떤 여인들이 우리 주님을 따랐는가? 우리는 '여자가 교회에서 가르치는 것을 허락하지 않고(「디모데전서」 2장 12절)' 오직 기도하고 가르치는 자들의 말을 듣는 것만 허락한다. 우리 주재요 주님인 예수 자신께서 우리 12제자를 민족과 열방을 제자 삼으라고 파송하셨을 때, 어느 곳에서도 여자들을 파송해서 설교하도록 하지 않으셨다."(「사도규정」 III. 6)

『사도규정』은 교회에서 여성이 가르치는 것을 금한 바울의 가르침과 예수가 12제자를 파송할 때 여자는 없었다는 점을 그 근거로 내세웠다. 이는 여성들이 교회의 공적 리더십에서 어떤 방식으로 배제되었는지 잘 보여주는 예이다. 교회에서 여성에게 허락된 것은 오직 교회의 권위에 대한 철저한 복종이요, 말없이 기도와 섬김에 힘써야 한다는 것뿐이었다.

물론 사도적 권위로 전승된 이 규정들이 교회 안에서 실제로 얼마나 지켜졌는지, 당사자인 여성들은 이를 어떻게 받아들였는지 구체적으로 알기는 어렵다. 이에 관한 여성들의 직접적인 기록이 없기 때문이다. 다만 이들의 활동을 간략하게나마 전하는 비문을 통해 교회 여성들이 무엇에 헌신하며 무엇을 위해 살았는지, 그리고 그들의 어떤 면이 사람들을 감동시켰는지 가늠해볼 수는 있겠다. 예루살렘과 카파도키아에서 각각 발견된 비문들을 살펴보자.[38]

> "여기에 그리스도의 종이요, 신부였던 제2의 뵈뵈인 집사 소피아가 누워 있다."
> "여기에 경건하고 거룩한 집사 마리아가 누워 있다. 그녀는 사도의 말에 따라 아이들을 양육하고 손님 접대를 실천했고 성인들의 발을 씻기고 빵을 곤고한 자에게 나누어 주었다. 주여 당신의 나라가 임할 때에 그녀를 기억하소서."

이들의 비문이 기억하고 있는 여성들의 모습은 단순히 교회의 가부장적 권위에 말없이 복종했던 힘없는 여인네들의 얼굴이 아니다. 그리스도의 가르침을 몸으로 살아내는 일에 끝까지 헌신했던 "그리스도의 종"이요, "그리스도의 신부"의 얼굴로 나타나고 있다. 몇 안 되는 여성들의 비문은 당시 여성들이 교회 안에서 가부장적 위계질서를 강하게 요구받았다 하여 아무런 리더십을 발휘하지 못한 것은 아니었음을 간접적으로 말해준다. 여성들이 공적 리더십에서 배제되었다 하여 이들의 신앙이 교부들의 요구에 항상 종속되어 있었던 것은 아니라는 뜻이다.

광야에 선
하나님의 딸들

교회가 여성이 가르치는 것을 금했다 하여 남성들만이 기독교의 가르침을 전했던 것은 아니다. 여성들의 활동은 남성들의 권위 아래 있던 가정과 교회 안에만 머무르지 않았다. 오히려 교회가 길을 잃어버렸다고 느꼈을 때, 여성에게 당연한 의무로 주어졌던 가정과 출산의 요구를 과감하게 거절하고 스스로 길을 찾기 위해 광야로 나선 여성들도 있었다.[39] 힘없고 소외된 이들에게 깊은 위로와 희망이 되어 주었던 초기 교회 공동체에 찾아온 가장 큰 위기는 로마인들의 어처구니없는 오해도 아니었고 로마 제국의 거듭되는 박해도 아니었다. 오히려 그것은 어느 날 갑자기 찾아든 '돈과 권력'의 달콤한 풍요였다.

콘스탄티누스 황제가 "하나님의 종"이요, "열세 번째 사도"로 자처하며 교회의 가장 든든한 후원자로 나서자, 기독교는 카타콤의 '고난받는 종교'에서 힘없는 백성 위에 군림하는 '힘의 종교'로 바뀌어 갔다. 도심의 중심가에는 크고 웅장한 교회들이 세워져 가정 교회를 대신했고, 단순하고 소박했던 공동체 예배는 화려하고 장엄한 예배 의식으로 바뀌어 갔으며, 신앙 공동체를 돌보던 교회의 리더들은 점점 제국의 행정관이 되어 황제의 권력을 나누어 갖기에 바빴다. 교회의 주교들 또한 한때는 "적그리스도"로 간주되었던 로마 황제들의 충실한 신하가 되어갔다. 혹심한 박해 속에서도 목숨을 걸고 자신들의 신앙을 지켜냈던 시간들은 이미 퇴색해버린 과거가 되었다. 이제 교회는 넘치는 부와 권력으로 스스로 무너져가고 있는 자신과 싸워야 했다.

이에 탐욕으로 가득 찬 세상을 벗어나 스스로 고난의 길을 가고자 광야로 나선 이들이 이 지난한 싸움의 선두가 되었다. 박해 시대에는 죽음으로 신앙을 지키고자 했다면, 박해가 사라진 힘의 시대에는 스스로 고난을 자처하는 절제와 금욕의 삶으로 신앙을 지키고자 했다. 『사막 교부들의 금언』에 실려 있는 암마 테오도라Amma Theodora의 가르침이다.[40]

> "좁은 문으로 들어가기를 힘씁시다. 만약 나무가 겨울바람에 서 있지 못하면 열매를 맺을 수 없는 것처럼 우리도 그와 같습니다. 이 시대는 폭풍과 같아서 우리는 많은 환난과 시험을 통해서만 하늘나라의 유업을 얻습니다."(『사막 교부들의 금언』)

사막의 수도원 공동체에서는 홀로서기에 성공해서 남을 지도할 만한 남자 스승을 '아바Abba', 여자 스승을 '암마Amma'라고 불렀다. 수덕 생활을 하는 여성들의 경우 거의 대부분이 홀로 은둔하기보다는 공동체를 이루어 생활했다. 암마 테오도라는 호민관의 아내였으며 대주교 테오필루스Theophilus의 신앙적 지도를 받았던 인물이다. 그녀는 남을 가르치는 스승의 자질에 대해 이렇게 썼다.

> "남을 가르치는 스승은 남을 지배하려는 마음, 헛된 영광, 그리고 교만과는 거리가 먼 사람이어야 합니다. 아첨으로 어리석게 되거나, 뇌물에 눈이 멀어서는 안 되며, 음식을 절제해야 되고, 화를 참을 수 있어야 합니다. 가능한 한 인내하고, 온유하며, 겸손해야 합니다. 시험을 이겨야 하며, 당파심이 없어야 하고, 남에 대한 풍부한 관심과 영혼을 사랑하는 사람이어야 합니다."

스승 테오도라는 권력에 대한 헛된 욕망을 버리고 겸손함으로 다른 이들의 삶을 품고 영혼까지 사랑할 수 있어야 진정한 스승이라고 가르친다.

암마 테오도라와 달리 홀로 은둔하여 사막의 은자로 평생을 살아간 여성들도 있다. 성 펠라기아St. Pelagia가 대표적인 예이다. 펠라기아는 남장을 하고 예루살렘에서 혼자 은둔하며 수도자로 살았는데, 죽음 이후에야 비로소 그가 여자임이 밝혀져 더욱 존경을 받았던 인물이다.[11] 본래 펠라기아는 화려한 옷과 보석으로 몸을 치장하고 육체의 아름다움으로 만인의 시선을 사로잡았던 여배우였다. 그러던 어느 날, 하나님의 가장 거룩한 사람으로 뭇사람들로부터 존경받던 논누스Nonnus 주교를 만나 그의 삶은 전혀 새로운 길로 들어서게 되었다. 화려하게 치장한 그녀를 보면, 수도사들은 누구나 절대 보아서는 안 될 것을 본 듯 서둘러 눈을 가렸다. 하지만 그녀를 처음 본 논누스 주교는 그녀가 자신의 일에 최선을 다하는 모습에 감동하여 가슴을 치며 눈물을 흘렸다.

"주 예수 그리스도시여, 저는 죄인이며 가치가 없는 자임을 잘 압니다. 오늘 저는 창녀의 장식이 제 영혼의 장식보다 더 빛나는 것을 보았습니다."(『성 펠라기아의 생애』 IV)

겉모습이 아닌 영혼을 꿰뚫어 보는 논누스 주교의 맑은 영혼에 감동을 받은 펠라기아는 자신의 삶을 모두 정리하고 자신의 시중을 들던 종들을 모두 자유롭게 해 주었다. 그리고는 세례를 받은 후 논누스 주교의 옷을 입고 은자로 살기 위해 예루살렘으로 떠난다.

이집트와 달리 광야를 찾기 어려웠던 소아시아에서는 가정을 여성들의 수도 공동체로 삼은 경우도 있었다. 성 매크리나 St. Macrina가 그 주인공이다. 그녀는 동방의 3대 영성가로 이름을 널리 떨쳤던 가이사랴의 바실 Basil of Caesarea과 닛사의 그레고리 Gregory of Nyssa의 누이였다. 매크리나의 삶은 닛사의 주교였던 동생 그레고리가 올림피우스에게 보내는 편지에서 처음 소개되었다.[42] 이 편지는 두 형제가 자신들의 누이이면서 스승의 역할을 했던 매크리나에게 얼마나 많은 영향을 받았는지 보여준다.[43]

성 매크리나와 카파도키아 영성가들

"형 바실은 자신의 수사학적 기술을 무척 자랑스럽게 여기고 남의 명성을 우습게 여겼습니다. 그는 지역의 지도자들보다 자신이 훨씬 더 높다고 생각했습니다. 그러나 매크리나가 그보다 우위에 서서 빠른 시간에 그를 철학의 목표로 인도했습니다. 바실은 세속적인 과시에서 물러나 수사학이 자랑하는 것을 경멸하기 시작하였고 자기 손으로 행해야만 하는 노고로 가득 찬 이 세상을 넘어섰습니다. 자신의 완전한 청빈으로 방해받지 않고 덕으로 인도하는 삶의 방식을 체득하였습니다."

고향을 떠나 유학하며 철학과 수사학 등 당대 최고 학문을 공부했던 두 남동생들과 달리, 매크리나는 결혼을 약속한 정혼자가 있었다. 하지만 결혼도 하기 전에 정혼자가 사망하자, 스스로 과부임을 선언하고 가정에서 수덕의 삶을 시작했다. 그 후 그녀는 어머니까지 설득하여 그의 가정을 자기 비움을 실천하는 여성 공동체로 전환하기에 이른다. 매크리나는 노예제에 철저히 의존하고 있던 당시 사회의 기존 질서를 거부하고, 스스로 노동을 하며 어머니를 직접 봉양하는 파격적인 삶을 몸소 실천해 보였다. 그뿐만 아니라 오랫동안 자기 가족들의 시중을 들었던 여종들을 자매로 품어 안으며 그들과 함께 생활하면서 철저한 평등 공동체를 실현하고자 했다.[44] 그레고리가 전하는 기록이다.

"매크리나는 어머니를 설득해 어머니가 오랜 세월 익숙해 있던 하인들의 봉사나 삶의 관습적이며 다소간 허식적인 삶의 방식을 버리고, 다른 사람들과 똑같은 수준에서 하녀들을 노예나 아래 것들이 아닌 자매나 능능한 사람으로 여기고 이들과 함께 공동생활을 시작하도록 하였습니다."

이 사건은 가정을 여성 공동체로 전환한 새로운 수도 공동체의 원형이 되었다. 이는 동방 교회를 이끌었던 그레고리의 여성관과 노예제에 관한 생각까지도 바꾸어 놓았을 만큼 강력한 것이었다. 로마 사회를 떠받치고 있던 노예 제도에 대하여 동방의 영성을 대변하던 그레고리와 서방의 신학을 대변하던 어거스틴이 서로 다른 입장을 취했던 것도 매크리나의 영향이 컸다. 어거스틴은 종을 죄인에 비유하며 교회의 질서와 시민 사회를 위해 종들은 주인에게 복종해야 한다고 가르친 반면, 그레고리는 노예를 소유하는 것 자체가 죄라고 비판하며 노예를 소유하고 있던 이들에게 자기 비움의 절제된 삶과 성숙한 도덕성을 강하게 요구했다.[45] 매크리나의 삶은 그 자체로 그레고리의 롤 모델이 되었다.

편안한 삶을 내려놓고 스스로 거친 광야를 찾아 나선 이름 없는 여성들과 가정에서 새로운 공동체의 대안을 찾았던 메크리나의 선택은 결코 작은 것이 아니었다. 이들이 보여준 자기 비움의 다양한 실천은 여성 스스로 독립된 존재로 살아갈 수 있는 삶의 길을 제시했음은 물론이요, 부와 권력에 탐닉하며 스스로 무너져가던 기독교의 생명력을 되살리는 데 새로운 대안이 되었다. 기독교가 가장 힘 있고 아름다웠던 순간은 세상을 향해 힘을 과시하던 때가 아니다. 신의 거룩함을 왜곡하고 더럽히는 세력에 굴복하지 않고 끝까지 저항하며, 스스로 고난의 길을 자처하여 자신의 신앙에 성실했던 순간이었음을 역사는 우리에게 증언하고 있다.

황제를 움직인 여성들

팔레스타인의 작은 마을에서 조용히 시작된 기독교가 제국의 종교로 성장하여 지중해 전체를 호령하기까지는 채 500년이 걸리지 않았다. 그 후 천년 동안 유럽 대륙을 정복하는 데도 성공했다. 기독교가 서구 역사의 중심에 설 수 있었던 데에는 무엇보다 기독교를 후원하고 나섰던 황제들의 정치적 힘이 결정적으로 작용했음은 물론이다. 그러나 이들을 보이지 않게 움직였던 진짜 힘은 따로 있었다. 바로 이들의 어머니요, 누이요, 아내였던 황실의 여성들이다. 일반적으로 여성들은 남성들의 관리가 필요한 '결핍된 존재'로 인식되어 공적인 공간에 나설 수 없었지만 가정과 교회는 물론 사회와 정치적인 영역에 이르기까지 여성의 힘이 미치지 않는 곳이 없었다. 이제 황제를 움직인 황후들을 살펴본다.

기독교의 '성지 순례' 원형이 된
헬레나

기독교 역사에 있어 가장 중요한 전환점이 된 시기는 4세기이다. 밀비안 전투the battle of Mivian에서 라이벌 막센티우스Maxentius를 무너뜨리고 서방의 지존이 된 콘스탄티누스 황제가 기독교로 개종한 것이 그 출발점이 되었다. 그는 승리의 여세를 몰아 이듬해인 313년, 동방의 리키니우스Licinius로부터 밀라노 칙령The Edict of Milan을 이끌어내고 종교의 자유를 선언했다. 이를 계기로 기독교는 300여 년간의 카타콤 시대를 마감하고 로마 황실이 절대적으로 후원하는 공인된 종교로 거듭나게 되었다. 이 과정에서 콘스탄티누스 황제는 드라마틱한 개종 체험을 했다고 전해진다.

> "황제의 말씀에 따르면 다음과 같은 일들이 일어났다고 한다. 그는 낮에 해가 기울 무렵 하늘 높이 태양빛에 빛나는 십자가의 승리 표시를 보았다. 그 십자가에는 '이것으로 승리하라Hoc Vince'라는 문자가 적혀 있었다. … '이 불가사의한 현상은 도대체 무엇인가?' 그가 여러 가지 생각으로 고민하는 사이에 밤이 찾아왔다. 그가 잠을 취하고 있을 때 신의 아들 그리스도가 찾아와 하늘에 나타난 징표로 만든 모형을 그에게 건네며 적과 싸울 때 그것을 호신 부적으로 사용하기를 권했다."(유세비우스, 『콘스탄티누스의 생애』 I. 28)

이 증언은 콘스탄티누스 황제를 여러 차례 찬양한 바 있는 교회사가 유세비우스Eusebius가 기록한 것인데, 마치 다메섹 도상에서 그리스도를 만났다는 사도 바울의 개종 장면을 연상케 한다. 이 사건에 대한 기록은 유세비우스가 325년경에 쓴 『교회사Ecclesiastical History』에도 전혀 나오지 않다가 콘스탄티누스 황제가 죽은 지 한참 뒤에 쓴 『콘스탄티누스의 생애Life of Constantine』에 처음 나온 이야기이다. 더욱이 이 이야기는 유세비우스 홀로 들었다고 전해진다. 이러한 이유로 콘스탄티누스의 개종 사건에 대한 신빙성에 의문을 제기하는 학자들이 적지 않다.

중요한 것은 이러한 개종 사건이 있기 전부터 콘스탄티누스는 그의 어머니 헬레나St. Helena, 250-330의 영향으로 기독교에 관심이 있었거나 적어도 익숙해 있었다는 점이다. 헬레나가 언제 어떤 경로를 통해 기독교로 개종했는지는 정확하게 알려지지 않고 있다. 하지만 그의 아들인 콘스탄티누스를 기독교 황제로 만드는 데 가장 결정적인 역할을 했다는 것은 분명하다.[46] 헬레나는 왕가의 딸이 아니었다. 그는 초라한 여관집 딸로 태어나 결혼한 이후에도 평탄치 않은 삶을 살았다. 그의 남편인 콘스탄티우스Constantius는 권력을 위해 황제가 되기 전 조강지처인 헬레나를 버리고 막시미아누스Maximianus 황제의 양녀인 테오도라Theodora와 결혼했다. 헬레나가 경건한 아우구스타Augusta(황후)로 제국에서 가장 존경받는 인물이 될 수 있었던 것은 그의 남편이 아닌 그의 아들 콘스탄티누스가 절대 권력자가 된 뒤였다.

"그[콘스탄티누스 황제]는 이 장소들을 정중히 존중했지만 인간들의 삶에 그렇게 많은 유익을 끼친 그의 어머니에 대한 기억을 영원하게 만들었다. 왜냐하면 왕 중 왕 하나님에게 경건한 마음의 빚을 갚아

야 하겠다고 결심하고, 그렇게 강대한 황제인 아들과 그의 아이들이
요, 후손들인 하나님의 총애하는 부황제들을 위해 기도로써 감사드
리는 것이 마땅하다고 생각하고, 그 연로한 여인은 명철에서는 탁월
하였고 청년과 같은 기운으로 서둘러 그 고귀한 땅을 조사하고 동시
에 동방 지역들과 백성들을 황후다운 식견으로 살펴보았기 때문이
다. 그녀는 구원의 발자취들에게 합당한 경배를 드려 "그분의 발이
서 있던 장소로 경배하자"라는 예언적인 말씀을 따랐으며, 이로써
그녀는 즉시 후손들에게 자신의 경건의 열매를 남겼다."(『콘스탄티
누스의 생애』42)

유세비우스에 따르면 헬레나는 아들 로부터 황후의 칭호를 받았을 뿐만 아니라 '황실 금고를 언제나 자신의 뜻에 따라 마음대로 사용할 수 있는 권한'까지 부여받았다. 또한 권력을 상징하는 동전에도 새겨졌다. 헬레나는 이러한 특권을 최대한 활용하여 예수가 탄생한 베들레

헬레나 황후의 동전(파리, 국립박물관)

헴, 예수가 승천한 올리브 산, 마므레와 티레, 안디옥 등지의 예배당에 기부했다. 헬레나는 콘스탄티누스가 325년 니케아 공의회의 성공을 기념하기 위해 시작한 콘스탄티노플의 건설 계획에도 힘을 실어 주었다.

헬레나는 노년에 들어서도 오랫동안 제국 전역에서 큰 인기를 누렸다. 그리고 그의 종교적 열정은 수많은 개종자를 이끌어내기도 했다. 특히 70대에 접어든 327년, 처음으로 예루살렘으로 성지 순례를 떠났던

데, 이것은 기독교 성지 순례의 원형이 되었다.[47] 이로써 헬레나는 성지 순례의 전통을 시작한 인물이라는 기록도 갖게 되었다. 그녀의 성지 순례는 경건 생활의 새로운 모델로 받아들여지며 이후 기독교권의 일반 대중들에게 큰 영향을 주었다. 헬레나는 그곳에서 예수가 못 박혔다는 십자가를 기적처럼 찾아냈는데, 그 십자가는 십자군 전쟁 중에 사라졌다고 전해진다. 헬레나가 찾아냈다는 그 십자가가 진짜 예수의 십자가였는지에 대해서는 여전히 의문이 제기되고 있지만 그가 가는 곳마다 예배당, 수도원, 병원, 고아원에 많은 기부와 자선을 했다는 것은 사실로 받아들여지고 있다. 이후 콘스탄티누스와 그의 어머니 헬레나는 경건한 황제와 경건한 황후의 상징이 되었다.

기독론의 정통 교리를 확립한 풀케리아

313년 콘스탄티누스 황제의 밀라노 칙령이 기독교를 로마의 공인된 종교로 만들었다고 해서 기독교가 곧바로 로마 제국의 국교가 된 것은 아니었다. 기독교를 로마 제국의 명실상부한 국교로 만든 것은 그로부터 한참이 지난 450년, 테오도시우스 2세Theodosius II였다. 그리고 그의 뒤에는 어릴 때부터 그를 내신하여 섭정한 큰 누이 풀케리아Pulcheria, 399-453가 있었다.[48]

풀케리아는 아버지인 아카디우스 황제가 사망하자 어린 동생인 테오도시우스를 대신하여 국사를 이끌었다. 제국의 후계자로 지명되었을 때, 테오도시우스는 겨우 젖을 뗀 갓난아이에 불과했다. 이에 결국

15세가 채 되지 않은 큰 누이 풀케리아가 그의 후견인으로 세워졌다. 하지만 풀케리아는 어린 나이에도 불구하고 "나이 이상으로 지극히 지혜롭고 거룩한 마음"으로 국사를 이끌었다고 교회사가인 소조메누스 Sozomenus는 기록하고 있다. 그녀는 먼저 자신의 동정을 하나님께 드리고 누이동생들에게도 동일한 삶으로 교육하여, 어느 남자도 황실 가문에 들어오지 못하도록 했고 질투와 분쟁의 모든 원인을 제거했다. 그뿐만 아니라 황제로 지명받은 어린 동생의 교육을 직접 담당했다.

> "그녀[풀케리아]는 시행되는 모든 일들을 남동생의 이름으로 돌렸고, 그가 나이에 걸맞은 교육을 받아 군주로서 준비가 되도록 관심을 두어, 승마와 군사 훈련, 문학 수련을 가장 출중한 사람들에게서 배우게 했다. 하지만 단정하고 군주답게 되는 교육에서는 그는 누나로부터 훈련을 받았다. 그녀는 그에게 어떻게 의복을 걷어 올리는지, 어떻게 자리에 앉는지, 걷는지, 웃음을 자제하는지, 시의 적절하게 온유하거나 두려움을 주는지, 그에게 청원하는 자들을 품위 있게 조사하는지를 가르쳤다."(소조메누스『교회사』IX. 1)

어린 동생이 군주로서 당당히 설 수 있도록 최고의 선생들을 동원해 승마와 군사 훈련, 문학 수련 등을 익히게 하는 동시에 작은 제스처 하나도 빼놓지 않고 꼼꼼히 챙기며 황제의 품위 교육을 직접 주관한 것이다. 무엇보다도 소조메누스에 따르면 풀케리아는 테오도시우스에게 종교적 경건을 훈련시켰는데, 그가 지속적으로 기도하고, 정기적으로 교회에 나가고, 예물과 보물들로 기도의 집들을 존중하고, 사제들과 다른 선한 사람들 그리고 기독교의 법을 철학으로 삼은 자들을 공경하도록 가르쳤다.

제국의 공주였지만 나이 어린 여성인 풀케리아가 어떻게 황제의 역할을 대신할 수 있었을까? 일반적으로 당시 여성들은 가사에 기초한 가정 교육을 제외하고는 학문을 배울 수 있는 기회로부터 철저히 배제되어 있었다. 교육의 제도화는 보통 군사적, 종교적, 정치적 엘리트들이 자신들의 권력과 지위를 영속화하기 위한 목적으로 실행했기에, 여성들은 공식화된 학습에서 고려의 대상이 될 수 없었다. 그러나 여기에도 예외는 있었다. 공주나 귀족 여성들과 같은 엘리트 계층의 딸들은 아들이나 남편의 대역 노릇을 할 수도 있기 때문에, 이때를 대비해 남자 형제들과 함께 개인 교습을 받는 경우가 더러 있었다.[49] 공주이면서 황제의 후견인이었던 풀케리아가 구체적으로 어떤 교육을 받고 자랐는지에 관해서는 알려진 바가 없다. 하지만 귀족층들의 관습으로 보았을 때, 황제를 대신하기 위한 것이라 할지라도 황실의 여성으로서 남성에 준하는 교육의 혜택을 받았을 것으로 보인다.

기독교 역사에 있어 더욱 중요한 것은 풀케리아가 기독론 논쟁에 종지부를 찍는 데 결정적인 역할을 했다는 점이다. 450년에 기독교를 로마 제국의 국교로 선언한 후 테오도시우스 황제가 갑자기 사망하자, 풀케리아는 연로한 장군이며 상원 의원이었던 마르키아누스와 결혼하여 칼케돈 공의회를 소집하게 하고 기독론에 대한 정통

풀케리아 황후의 동전(워싱턴, 콘스탄티노플에서 주조)

교리를 확정하도록 이끌었다. 소조메누스의 기록을 좀 더 보자.

"그녀는 종교가 가장된 교리들에 의해 혁신되어 위험에 빠지지 않도록 열성적으로 지혜롭게 조처했다. 새로운 이단들이 우리 시대에 성행하지 않는 것은 특별히 그녀 덕분이라는 것을 발견하게 될 것이며… 얼마나 큰 경외심으로 그녀가 하나님을 예배했는지, 얼마나 많은 기도의 집들을 웅장하게 지었는지, 가난한 자들과 나그네들을 위한 얼마나 많은 숙소들과 수도 공동체들을 세웠는지, 또한 이것들에 대한 경비 및 주민들의 식료품을 지속적으로 조달한 것 등을 누군가가 이야기하려면 너무 장황해질 것이다."(소조메누스 『교회사』)

기독론 논쟁은 삼위일체 논쟁에 마침표를 찍기 위해 381년에 소집된 콘스탄티노플 공의회에서 처음 불거져 나왔다. 공의회를 통해 성부와 성자는 동등하다는 교리를 니케아 신조로 확정하는 데 성공했으나, 이로 인해 다른 문제가 터져 나온 것이다. 즉 성부와 성자가 동등하다면, 그리스도 안에서 신성과 인성은 어떻게 존재하는가에 대한 질문이 제기된 것이다. 이로 인해 교회는 또다시 분열의 위기에 처해지게 되었다.

이에 451년, 풀케리아는 남편을 통해 칼케돈 공의회를 소집한 후 그리스도의 신성을 강조해왔던 소위 단성론자들Monophysite Christians을 물리치고, 그리스도는 참 신이며 참 인간으로서 그리스도 안에는 신성과 인성이 동시에 공존한다는 교리를 정통 교리로 확정 지음으로써 교회의 분열을 막고자 했다. 물론 결과는 그의 뜻대로 되지 못했다. 그 이후 단성론자들은 칼케돈 공의회의 결정에 끝까지 저항하며 자신들의 교회를 세웠다. 그들의 수는 점점 늘어 600년경에는 서방의 로마 가톨릭 교회와 동방의 그리스 정교회를 합친 수보다 훨씬 많았다고 기록되어 있다.[50] 이러한 결과에도 불구하고, 풀케리아는 자신의 정치력을 발휘하여 기독론에 관한 정통 교리를 확립하는 데 공헌했음을 누구도 부인할 수 없다. 그리고 그 교리는 오늘날까지 이어지고 있다.

비잔틴 시대를 열었던 테오도라

476년 이후 서로마가 더 이상 황제를 세우지 못하고 유럽 이민족들에게 멸망하게 되자, 로마의 역사와 문화를 계승한 것은 콘스탄티노플을 수도로 하여 새롭게 세워진 비잔틴(동로마) 제국이었다. 로마 제국의 가장 강력한 황제의 전설이 된 콘스탄티누스가 로마의 미래를 위해 행한 중요한 선택으로 두 가지를 꼽는다. 하나는 기독교를 로마 제국의 공인 종교로 채택한 것이요, 또 하나는 제국의 수도를 로마에서 옛 비잔티움 터에 건설한 신도시로 옮긴 것이다. 이후 이 신도시는 '콘스탄티누스의 도시'라는 뜻의 "콘스탄티노플"로 불렸다. 하지만 콘스탄티누스 재위 기간에는 새로운 수도로서 위용을 갖추지는 못했다.[51] 콘스탄티노플에 새로운 면모를 갖춘 비잔틴 제국을 세운 것은 6세기 유스티니아누스 Justinianus 황제였다. 그리고 유스티니아누스 황제를 "비잔틴의 콘스탄티누스"로 세운 것은 그의 부인이었던 황후 테오도라였다.

유스티니아누스는 농민의 아들로 태어나 백부(伯父)인 유스티누스의 도움으로 황제가 된 입지전적인 인물이다. 유스티누스도 돼지를 치던 평민이었지만 군대에 들어가 출세하여 황제가 되었다. 하지만 그에게는 자식이 없었다. 이에 유스티누스는 조카인 유스티니아누스를 양자로 삼아 어릴 때부터 고등 교육을 시키는 등 자

유스티니아누스 황제와 테오도라 황후
(모자이크, 산비탈레 성당)

신의 후계자로 키운 것이다. 배움이 없었던 백부와 달리, 유스티니아누스는 법률과 신학에 정통한 교양인으로 황제에 오르기 전부터 두각을 드러냈다. 그의 부인으로 황후가 된 테오도라 역시 귀족 출신이 아니다. 그녀는 서커스단에서 일하는 곰 사육사의 딸로 태어나 무용수로 활동했던 천민 출신이었다. 더욱이 그는 유스티니아누스와 결혼하기 전 이미 한번 결혼한 경험이 있었다. 그러나 그녀에게 한눈에 반해 버린 유스티니아누스 황제는 무녀와의 결혼을 금지한 법을 고쳐 그녀를 아내로 맞이하는 데 성공했다.

 천민 출신 무용수를 아내로 맞이한 황제 유스티니아누스에게는 큰 꿈이 있었다. 유럽 이민족들에게 빼앗긴 서로마 제국의 영토를 회복하여 지중해 전체를 호령하던 로마의 옛 영광을 되찾는 것이었다.[52] 이를 위해 유스티니아누스는 대대적인 건축 사업을 시작하고 그 비용을 충당하기 위해 조세 제도를 정비했다. 동시에 학문적 소양이 깊었던 유스티니아누스 황제는 로마법을 집대성하고자 했다. 단순히 황제들의 칙령을 모으는 데 그치는 것이 아니라 완전히 새로운 법전을 만들려고 시도했다. 그러나 자신의 오랜 꿈을 이루기도 전에 유스티니아누스는 큰 복병에 직면한다. 그가 시동을 걸었던 전쟁 준비로 콘스탄티노플 시민들의

불만이 폭발한 것이다. 532년에 경마장에서 시작된 "니카 반란"이 그것이다. 청색당과 녹색당으로 나누어 "니카(이겨라), 니카(이겨라)!"를 외치며 전차 경주를 하던 평소와 달리, 청색당과 녹색당이 한목소리가 되어 황제를 겨누며 "니카! 니카!"를 외치자 성난 군중들이 합세하여 닥치는 대로 도시 건물에 불을 지르기 시작했다. 이레네 성당과 소피아 성당도 이를 피해 가지 못했다. 궁지에 몰린 유스티니아누스는 수도에서 도망갈 대책을 강구했다. 이때 뒷걸음치려던 유스티니아누스를 돌려세운 사람이 황후 테오도라였다.

> "무릇 태어난 자는 누구나 언젠가 죽게 마련입니다. 그런데 어찌 황제가 두려움에 몸을 피할 수 있단 말입니까? 저는 결코 제 손으로 이 황후의 의상을 벗지 않을 것이며, 죽는 순간까지 황후라는 명칭을 버리지 않을 것입니다. 그러니 황제 폐하께서는 떠나고 싶으시면 얼마든지 가십시오. … 저는 '자주색 옷은 가장 고귀한 수의'라는 옛말을 따를 것입니다."

결의에 찬 황후의 말 한마디에 마음을 돌린 유스티니아누스는 남은 병사들을 추슬러 반격의 기회를 마련했다.[53] 그의 곁에는 제국의 역사상 가장 위대한 장군으로 손꼽히던 20대의 벨리사리우스가 있었다. 니카의 반란은 곧 진압되었고, 유스티니아누스는 잿더미로 변한 수도를 이전보다 더 크고 웅장하게 재건할 계획을 세웠다. 비잔틴 시대의 최고 건축물로 손꼽히는 성 소피아 대성당도 이때 재건된 것으로 유스티니아누스 황제의 가장 상징적인 치적이 되었다. 또한 유스티니아누스 황제는 서방 제국을 수복하는 일에도 다시 착수할 수 있었다. 로마 제국은 나눌 수 없는 하나이며, 옛 영토를 회복하는 일이야말로 기독교 황제로서의 의무라고 여겼다.

역사의 수레바퀴를 멈추게 한 여제들

황제의 후견인이나 파트너가 되어 뒤에서 보이지 않게 정치력을 발휘했던 황후들과 달리 직접 여제로 나섰던 인물들도 있다. 8~9세기 비잔틴 제국에서 두 차례에 걸쳐 일어났던 성상 파괴 *Iconoclasm*를 멈추게 한 여제, 이레네와 테오도라가 그들이다. 성상 파괴는 정치적 요인과 신학적 요인이 뒤섞여 있었던 사건이었다.[54] 1차 성상 파괴는 720년대 레오 3세Leo Ⅲ가 주도하고 그의 아들 콘스탄티누스 5세의 치하에서 증폭되었다. 성상 숭배는 민간 신앙의 형태로 중세 대중들, 특히 여성들에게 널리 퍼져 있었는데 8세기 초부터 꾸준히 늘어나 성화 자체를 숭배하는 경우까지 생겨나게 되었다. 이콘 *Icon*이라 불리는 성상은 실제의 모습을 담은 것이 아니라 영적인 실재를 표현하고자 한 이미지로 구성되었다.[55] 예를 들면, 실제의 모양과 크기에 상관없이 영혼의 창으로 인식되었던 눈은 크게, 코와 입은 상대적으로 가늘고 작게 그려졌다. 당시 대중들에게 있어 이콘은 말씀이 육신이 된 성육신의 의미로 받아들여졌다. 또한 성당의 벽화들은 문맹인 절대다수의 신자들에게 성서의 사건이나 성자의 모범을 그림으로 전달하는 "빈자(貧者)의 성서" 역할을 하고 있었다. 600년에 교황 그레고리우스 1세가 성상을 못마땅하게 여기던 세레누스 주교에게 보낸 편지를 읽어보자.

"그림을 숭배하는 것과 그림의 이야기를 통해 숭배되어야 할 것을 배우는 것은 서로 다른 일입니다. 책이 그것을 읽을 수 있는 자들에게 제공하는 것을, 그림은 그것을 눈으로 볼 수 있는 무지한 자들에게 제공합니다. 그림을 통해 읽지 못하는 자들도 그들이 모범으로 따라야 하는 것을 보게 되고 그림을 통해 읽지 못하는 자들도 읽을 수 있게 됩니다. 따라서 이방인들에게는 그림이 독서의 역할도 합니다."

그러나 이콘 자체를 숭배하며 기적을 바라는 등 종교적 이미지들을 절대시하는 흐름이 생겨나자, 이를 우상 숭배라고 비판하며 성상 파괴를 주장하는 사람들이 힘을 얻기 시작했다. 이러한 현상은 이슬람의 영향을 받은 바가 큰데, 유대인들과 마찬가지로 이슬람권에서도 종교적인 것이든 세속적인 것이든 인간의 모습을 형상화하는 것은 우상 숭배로 여겨져 금지되어 있었다. 무엇보다 비잔틴 제국이 이슬람과의 전쟁에서 계속 패하자, 그 원인을 성상 숭배에서 찾는 이들이 군대를 중심으로 생겨나게 되었다.

중세 시편집에 그려진 815년의 성상파괴 칙령

이슬람과의 전쟁에서 승리하기 위해서는 먼저 성상을 파괴해야 한다는 것이다.

결국 황제 레오 3세는 콘스탄티노플 전체에서 가장 크고 가장 유명한 그리스도상을 먼저 파괴하도록 명령했다. 이에 성상 파괴를 직접 지휘하던 이가 성난 여성들의 공격을 받고 그 자리에서 살해되는 등 시민들은 이를 신성 모독으로 받아들이며 극렬하게 저항했다. 반대 시위가 잇달았으며 대규모 폭동이 일어났다. 그러나 레오는 멈추지 않았다. 그가 죽자 이 일은, 겨우 2살의 나이로 아버지와 공동 황제가 되어 어린 시절부터 성상 파괴 정책에 깊이 관여해왔던 콘스탄티누스 5세에게 넘겨졌다. 그는 열렬한 단성론자로서 마리아를 테오토코스, 즉 성모로 숭배하는 것을 싫어했다. 그는 754년에 공의회를 소집하고 성상 파괴의 교리를 공식적으로 승인하는 방법을 택했다. 모든 성상을 파괴하라는 그의 명령은 공의회를 통해 추인되었다. 성상 파괴로 가장 큰 타격을 입은 곳은 성상과 성물을 가장 많이 보유하고 있었던 수도원이 되었음은 물론이다. 또한 수많은 수도사들과 수녀들이 이에 저항하다 신체가 절단되거나 처형당했다. 성상 숭배자들에 대한 박해는 그가 죽고 난 다음에야 멈추었다. 그를 이어 황제에 오른 레오 4세가 짧은 치적을 뒤로하고 사망하자, 그의 아내인 이레네가 10살 된 외아들을 대신하여 실질적인 여제로 등극했다. 그리고 787년에 공의회를 소집하여 앞서 결정된 교리를 번복, 성상 회복을 공식적으로 승인했다.

"그림을 통한 재현으로 성상을 바라보면 볼수록 그것을 보는 사람들은 원래의 것을 기억하고 사랑하게 되며 원래의 것에 존경과 경의를 표하게 된다. 물론 신에게만 드려야 할 진정한 경배를 성상에 드려서는 안 된다. 하지만 촛불과 향으로 기도를 올리듯이 생명을 주는 거룩한 십자가와 성스러운 복음서, 기타 신성한 물건에 대해서도 기도를 올릴 수 있다. 이것은 고대로부터 내려온 경건한 관습이기도 하다."

실질적인 권력자가 된 후, 성상 옹호자였던 이레네는 아들 콘스탄티누스 6세를 허수아비 황제로 만들고 성상 회복을 위한 발판을 마련했던 것이다. 이레네는 누구보다 권력에 대한 야망이 강했던 인물로 아들이 성장하여 자신의 자리를 되찾으려 하자, 그를 낳은 방에서 아들의 두 눈을 뽑아 버리기까지 한 비정한 어머니이기도 했다. 물론 성상 파괴는 이것으로 끝나지 않았다. 그로부터 50여 년이 지난 후 2차 성상 파괴가 다시 시작되었다.[56] 하지만 이번에도 황제 테오필루스가 이질에 걸려 38살에 사망하자, 두 살 난 아들 대신 섭정을 하게 된 그의 아내 테오도라가 843년에 공의회를 소집하여 성상을 회복시켰다.

중세를 거치며 서구를 잠식했던 "기독교의 세계 정복"은 기독교를 통한 하나 된 세계를 꿈꿔왔던 황제들의 정치적 힘을 통해서만 이루어진 것이 아니었다. 기독교가 세계로 나아가는 길목에는 황제들을 돕거나 반대하며 보이지 않는 힘으로 그들과 함께 했던 황실의 여성들이 있었다. 치열한 권력 투쟁을 통해 얻은 그들의 정치적 역량은 역사의 물줄기를 바꾸어 놓을 만큼 결정적인 힘을 발휘하기도 했다.

탐욕의 시대, '비움의 영성'으로 생명을 노래하다

사람들은 흔히 중세를 암흑의 시대 *The Dark Age*로 기억한다. 그리고 자연스럽게 교회와 수도원의 타락을 떠올린다. 그러나 역사에는 온전한 빛의 시기도 온전한 어둠의 시기도 존재하지 않는다. 역사에는 빛과 어둠이 항상 공존해왔다. 다만 그 빛이 희미해지거나 어둠이 더 짙어질 때가 있었을 뿐. 무엇보다 어둡다는 의미는 가장 가까이에 빛이 있다는 의미가 아닌가. 그래서 어떤 학자들은 중세에 대한 전통적 인식에 대해 18세기 계몽주의자들의 일방적인 판단이라고 말한다. 또 다른 학자들은 교회의 개혁을 외치며 로마 가톨릭에 저항했던 프로테스탄트의 시각이 반영된 것이라고도 설명한다.

잘 알려진 대로 중세 교회는 지중해를 넘어 유럽을 정복하는 데 성공했고 종교의 이름으로 천 년의 시간을 지배할 수 있었다. 그 과정에서 종교화된 권력과 권력화된 종교가 만났을 때 사회가 얼마나 잔인해질 수 있는지 적나라하게 드러나기도 했다. 하지만 억압과 배제, 폭력과 음모를 끊임없이 재생산한 권력 구조만 작동했던 것은 아니다. 종교권력과 정치권력으로부터 철저히 배제되어 살아가던 수많은 대중들 사이에는 사도적인 삶에 대한 갈망과 자기 비움을 통해 진리를 깨닫고 신앙의 본질을 회복하고자 했던 종교적 열정 또한 그 어느 때보다 강했다. 거룩한 삶에 대한 중세 대중들의 종교적 열망은 신비주의 영성이라는 독특한 신앙 양태로도 표출되었는데, 이러한 흐름을 이끌어낸 주역이 대부분 여성들이었다.

오랜 침묵을 깬
"신의 작은 나팔"

중세 신비주의 영성의 뿌리는 12세기로 거슬러 올라간다. 1141년, 수도적 경건을 실천하며 오랜 시간 기도에 힘썼던 한 여성에 의해 의미 있는 책 한 권이 나왔다. 『스키비아스 Scivias』[57]라는 제목을 가진 이 책에는 저자가 직접 보고 들었던 환상과 신비 체험들이 기록되어 있는데, 이것이 신비주의 영성의 출발을 알리는 신호탄이 되었다.

"주님 오시고 1141년 되던 해, 내가 42살 7개월이었을 때 하늘이 열리고 번쩍이는 빛이 커다란 광채를 발하면서 마치 태양이 그 햇살에 닿는 물건을 데우듯이, 태우지는 않으나 열을 방출하는 불꽃처럼 내 머리를 완전히 뚫고 들어와 내 마음과 가슴에 불을 놓았다. 그리고 갑자기 성서와 시편, 복음서와 다른 신·구약에 대한 가톨릭 책들의 의미가 내게 계시되었다."(『스키비아스』)

신비 체험의 주인공은 빙엔의 힐데가르트Hildegard of Bingen, 1098-1179였다. 38세 되던 해 수도원장에 오른 힐데가르트는 5년 후부터 본격적으로 환상과 계시를 보는 등 다양한 종교 체험을 하게 되었다. 그리고 반복해서 들려오는 하늘의 음성에 굴복하여 자신이 보고 들은 것을 친구이자 비서였던 남성 수도사 볼마 Volmar of Disibodenberg를 통해 라틴어로 기록했다.

힐데가르트의 환상을 볼마 수도사가 기록하고 있다.

힐데가르트가 처음 신비적 체험을 한 여성이었다고 보기는 어렵다. 중요한 것은 그의 고백이 여성도 직접 하나님을 만나고 살아있는 감각으로 그분을 느끼며 그분의 뜻을 깨달을 수 있다는 것을 처음 증언했다는 점이다. 무엇보다도 힐데가르트는 일상의 삶 속에서 경험한 신비 체험과 깨달음을 공개하고 이를 바탕으로 자신의 신학적 견해를 드러냈는데, 이는 기독교 진리를 이성과 논리로만 설명하는 남성들의 담론과 크게 다른 것이었다. 그만큼 큰 용기가 필요한 일이기도 했다.

"나는 어린아이 때부터 비밀스럽고 놀라운 환상의 힘과 신비를 경험했고, 5살부터 지금까지 그 경험이 이어지지만, 나와 같은 길을 가는 몇 사람을 제외하고는 누구에게도 이것을 드러내지 않았다. 나는 하나님이 그의 은총으로 그것을 드러내는 것이 적당하다고 보실 때까지는 이를 숨기고 침묵을 지켜왔다."

　힐데가르트가 자신이 경험한 종교적 체험들을 말과 글로 표현하기까지 무려 35년이라는 긴 시간이 걸렸다. 그는 "네가 보는 것을 글로 적고, 네가 듣는 것을 말하라"라는 하늘의 음성을 여러 차례 듣고도 이를 바로 드러내거나 실행하지 못하고 마지막까지 미루다가 극심한 질병과 고통에 시달리기도 했다. 이러한 고통은 그가 하늘의 뜻에 복종할 때까지 계속되었고 그 뜻이 이루어진 후에야 비로소 사라졌다고 힐데가르트는 고백한다. 힐데가르트가 자신의 환상을 오랜 시간 비밀로 간직해왔던 것에 대해 거다 러너는 겸손, 자기 의심, 검열이나 조롱을 당할지 모른다는 두려움 때문이었다고 설명한다.[58]

　남성 사제들과 신학자들이 기독교의 진리를 해석하고 가르치고 설파하는 일을 독점했던 중세 교회는 평신도, 그중에서도 여성들이 기독교의 진리에 직접적으로 접근하지 못하도록 교육 과정에서부터 그들을 철저히 배제시켰다. 특히 여성은 공식 언어였던 라틴어를 배울 기회조차 허락되지 않았다. 반면에 라틴어 접근이 허용된 남성 사제들과 신학자들은 새롭게 출현한 대학을 중심으로 토론과 논쟁을 통해 신학적 사유를 발전시켜나갔다. 힐데가르트가 자신의 종교 체험에 대해 말하기에 앞서 스스로를 "교육받지 못한 무식

중세 대학에서 논쟁하는 학자들

한 여자"라고 반복해서 밝힌 이유도 바로 여기에 있다.

물론 힐데가르트의 자기 고백이 교육에서 배제되었던 여성들의 처지를 반영한 겸손의 표현일 수는 있어도 그가 지적 능력이 부족했다거나 교육의 부재로 인해 무지한 상태에 있었다는 것을 의미한 것은 결코 아니었다. 오히려 그의 표현과 반대로, 힐

힐데가르트가 본 '세계와 인간'

데가르트의 저술들은 그가 교부 문학, 성서 주해, 철학, 천문학, 자연과학, 음악, 심지어 동방의 의학까지 모두 섭렵하고 있었음을 보여준다. 그럼에도 불구하고 당시 여성은 '이성이 결여된 존재'로 간주되어 '온전한 이성을 가진 남성'을 통해 진리에 다다를 수 있다는 주장이 당연한 사실로 받아들여지는 사회였다. 따라서 여성이 자신의 개인적인 경험이나 독자적인 견해를 공개적으로 밝히고 기록한다는 것은 쉽게 용납되기 어려운 일이었다.

이에 힐데가르트는 자신이 교육으로부터 배제된 여성이라는 점을 역으로 활용하는 지혜를 발휘한다. 그는 스스로를 "신의 작은 나팔"로 소개하면서 자신이 전하는 말은 단순히 인간의 이성적 지식이나 철학적 사유에서 비롯된 것이 아니라 하늘이 직접 계시하고 깨닫게 해준 진리에 근거한 것임을 반복해서 주장한다. 후에 자신의 비서가 된 기베르트 Guibert of Gembloux에게 보낸 편지를 읽어 보자.

"이 환상에서 내가 무엇을 보고 무엇을 배웠든지 간에, 나는 오랫동안 그것을 기억에 담고 있어서 내가 그것을 보거나 들으면 다시 그것을 기억하여 보고 듣는 동시에 알게 되고, 마치 한순간인 양 내가 아는 것을 깨닫게 됩니다. … 나는 환상에서 보고 들은 것을 기록하고, 내가 들은 것 이외에 어떤 다른 단어들도 적지 않습니다. 내가 환상에서 들은 대로, 다듬어지지 않은 라틴어로 이러한 것들을 적은 까닭은 이 환상에서 나는 철학자처럼 기록하라는 가르침을 받지 않았기 때문입니다."

여성의 글이나 경험들이 하찮고 지극히 믿을 수 없는 감정적인 것으로 치부되던 상황에서 힐데가르트는 오히려 자신이 '교육받지 못한 무식한 여성'이라는 점을 독자들에게 인지시키며 역으로 자신의 말과 글이 신적 권위에서 비롯되었음을 강조했다. 가다 러너가 지적한 것처럼, 그는 소위 '겸손 토포스 humility topos'를 신적 권위를 강조하는 레토릭으로 활용했다.

가장 낮은 곳에서
고난받는 그리스도와 함께

힐데가르트가 원형이 된 신비주의 영성은 13세기를 거쳐 14세기에 꽃을 피운다. 수도원 전통과 교회의 권위로부터 벗어나 대학이라는 새로운 학문의 장에서 토론과 논쟁을 통해 스콜라 신학을 발전시켰던 남성들과 달리, 여성들은 일상에서 기도와 노동을 통해 하나님을 직접 체험하고 그 뜻을 실천하고자 애썼다. 특히 여성들의 종교적 실천은 다양한 형태로 이루어졌다. 힐데가르트처럼 수도원에서 평생을 거하며 수도 생활을 하는 경우도 있었지만, "제3의 수도회"나 "베긴회Beguinage" 등과 같이 수도원 밖에서 집단을 이루어 생활하면서 자기 비움을 실천한 여성들도 많았다. 이러한 수도 공동체들은 여성이 결혼과 가정이 부여하는 전통적 임무에서 벗어나 독립된 인격체로서 주체적으로 자신의 삶을 실현해갈 수 있었던 유일한 공간이었다.

결혼과 가정생활을 거부하고 종교적 삶에 몰두하고자 했던 여성들은 대부분 신과의 합일 체험을 갈망하며 그리스도와 한 몸이 되는 심오한 영적 경지로 나아가기를 원했다. 그리고 이를 위해 엄격한 금욕 생활은 물론 자학적 경건 훈련도 마다하지 않았다. 이러한 종교적 욕구들은 금욕적 관례나 기도, 수행, 고행, 명상 등 다양한 형태의 실천들로 표출되었고, 환상과 비전, 계시, 하늘의 음성, 신비한 향기, 고통과 상흔 등으로 응답되었다. 13세기 베긴회를 이끌며 수도원 밖에서 경건 생활을 실천했던 마그데부르크의 메크틸드Mechthild of Magdeburg, 1207-1282는 엄격한 회개와 자학적 훈련을 통해 심오한 카타르시스를 경험하게 되었으며 하나님 사랑 안에서 그리스도와 하나 되는 신비 체험을 했다. 또한 많은 여성들이 극단적인 단식에 참여했는데, 치명적일 만큼 심한 거식 증상을 보이는 경우도 있었다. 14세기에 활동했던 영성가 시에나의 카타리나Katharina of Siena, 1347-1380가 대표적인 경우다.[59] 그는 6살 때부터 환시를 보았으며 15세 전부터 식사로 빵과 생야채, 물만 먹었다. 그리고 20세 전후로는 완전히 식욕을 잃어 서른 세 살의 나이로 사망하기까지 성체 빵만으로 연명했다.

그러나 엄격한 금욕 생활과 경건 훈련을 수행하며 신과의 합일을 추구했다 하여 여성 영성가들이 현실을 도외시하거나 외면한 채 은둔 생활을 하면서 영적인 황홀경에만 몰입했던 것은 아니다. 오히려 노동과 기도를 통해 '성빈'을 수행하며 자기를 비우는 훈련과 이웃을 돌보는 삶을 동시에 실천하는 경우가 많았다. 특히 수도원 밖에서 거주했던 베긴들은 수녀원에서 생활한 여성들보다 비교적 자유로운 생활을 하면서 다양한 계층의 여성들과 어울리고 함께 노동하며 가난한 사람이나 병든 사람들을 돌보는 일에 헌신했다. 튀링엔의 엘리사벳Elisabeth of Thüringen, 1207-1231이 대표적이다. 그는 헝가리의 공주로 유복하게 태어나 14세에 결혼했지만, 스무 살에 남편을 잃고 싱글 맘으로 홀로 세 아이를 키웠다. 24세의 나이로 짧은 생을 마친 엘리사벳은 친구였던 클라라Clara와 함께 아시시의 프란시스Francis of Assisi에게 영향을 받고 프란시스회의 제3수도회 회원이 되어 성빈의 삶을 추구하며 가난한 자의 벗으로 살았다. 특히 그는 가난한 농부들이 착취당하는 경제 구조의 모순을 일찍이 깨닫고 불의하게 거두어진 음식을 거부하며 단식을 수행하는 등 높은 사회의식을 보여주었다.[60] 그러면서도 그는 넘기 어려운 현실의 벽 앞에서 변화에 대한 유연함과 자기 교만에 빠지지 않는 지혜를 갖추었다.

"폭우가 잦아들면 갈대는 잔잔하고 아름답게, 다시금 충만한 힘을 드러내면서 꼿꼿이 일어섭니다. 이와 마찬가지로 우리는 때때로 우리 자신을 굽히고 낮추어야 할 때가 있습니다. 하지만 그런 뒤에 우리는 반드시 잔잔하고 아름답게 다시금 똑바로 일어서야 합니다."

도미니크회의 제3수도회 회원이었던 시에나의 카타리나는 자신의 집에 거주하면서 침묵의 명상과 금식을 통해 자신의 내면세계를 깊이 통찰하는 동시에 가난하고 병든 이들을 돕는 방법으로 그리스도에 대한 자신의 헌신을 쌓아갔다. 그는 명상과 관조의 삶에만 머무르지 않고 이를 활동적 에너지로 바꾸어 현실의 문제에도 적극 참여했다. 여성이라는 한계에도 불구하고, 중세 말기 극심한 분열을 겪고 있던 교회를 위해 남성 지도자들에게 과감하게 조언하는 등 평화 운동에 관여하며 중요한 역할을 했다. 프랑스 아비뇽에서 70년간 망명생활을 하던 교황을 다시 로마로 돌아오게 한 것도 그였다. 깊은 명상 가운데 그리스도의 고난을 상징하는 성흔을 얻기도 했던 카타리나는 세상 죄와 교회 일치를 위해 그리스도에게 그녀 스스로 고통을 짊어질 수 있도록 기도했고, 자신의 간구대로 성찬 음식만을 먹으며 병상에서 기도하다가 생을 마감했다.

　14명의 자녀를 둔 문맹의 평범한 여성으로, 영국 여성으로서는 최초로 자서전을 남겼던 마저리 켐프Margery Kempe, 1373-1438는 수도원 안팎에서 공동체를 이루어 종교 생활에 전념했던 여성들과 달리 평범한 여성들이 걸어갈 수 있는 길을 걸었다.[61] 첫 아이를 출산한 후 그리스도가 자신에게 다가오는 환상을 보았다는 켐프는 오랜 시간에 걸쳐 남편을 설득한 후에 신의 명령에 따라 순례 생활을 시작했다. 그는 가족이나 남편의 동행 없이 순례 집단에 합류했는데, 가

힐데가르트가 본 '삼위일체'
하나님의 사랑을 보여준다.

는 곳마다 소리를 지르며 애달픈 눈물을 흘렸다. 특히 십자가 고행의 장면을 보거나 갈보리 산 등 성지에 올랐을 때, 그리고 동물이나 사람이 다치는 걸 볼 때 마다 그는 큰 울음을 터뜨렸다. 심지어는 하루에 일곱 번이나 발작을 일으키기도 했다. 독특한 자신의 기도 때문에 켐프는 주변 사람들로부터 악령이 들렸다는 의심과 더불어 이단으로 몰려 심문을 받는 등 여러 차례 공격을 당했지만, 자신의 의지로는 멈출 수가 없었다. 필경사를 통해 3인칭 화자의 관점으로 기록된 그의 자서전은 이 독특한 기도의 장면을 다음과 같이 전한다.

> "서 있을 수도 무릎을 꿇을 수도 없었기 때문에 그녀는 넘어져서 몸을 구르고 비틀고 양팔을 크게 벌리며 마치 가슴이 터지는 것처럼 큰 소리로 울었다."

시간이 흐르면서 그의 "성스러운 눈물"에 위로받는 사람들이 차차 생겨났다. 사람들은 그의 환상과 능력을 믿기 시작했다. 자신을 대신하여 아픈 사람들과 죽어가는 사람들을 위해 울어 달라는 사람들도 점점 늘어 갔다. 그가 눈물로 기도할 때 치유되는 기적을 바라는 이들도 있었다. 무엇보다 켐프가 고통받는 이들을 위해 끝없이 눈물을 흘렸던 14세기는 유럽이 재앙적 수준의 홍수, 지진, 만성적 식량 부족 등에 이어 흑사병까지 불어닥쳐 "고통의 세기"를 보내고 있었던 시기였다. 고통으로 가득 찬 사회는 고통당하는 하나님에 의해 제공되는 종교적 평화를 요구하고 있었고, 켐프는 기꺼이 '버림받은 순례자'가 되어 스스로 그들의 고난에 함께 했다.

조화와 상생의
아름다움을 노래하다

신비주의 영성은 학문의 영역에서 논의되거나 교회의 전통적 예배 안에서 형성된 것이 아니라 일상 안에서 일어나는 삶의 경험들을 바탕으로 꽃을 피웠다. 무엇보다 철학적 사유와 이성의 논리에 갇힌 신학적 개념이나 일방적으로 주어지는 고정화된 교리적 개념들을 거부하고, 깊은 사색과 명상, 자기 비움의 경건 훈련을 통해 몸으로 직접 기독교의 진리를 깨닫고 체험하고자 했다. 따라서 일상의 삶으로 자연스럽게 다가오는 작은 변화들에서부터 환상이나 계시 등의 초월적 체험에 이르기까지 그 경험의 폭과 내용도 다양할 수밖에 없었다. 그뿐만 아니라 기독교 진리를 받아들이고 이해하는 언어와 방식, 신학적 관심과 표현에 있어서도 이분법적 구조의 틀에서 크게 벗어나지 못했던 대학의 스콜라 신학이나 교회의 전통적 교리와 달랐다. 제도와 권력의 중심부에서 밀려나 있던 여성들은 자신들만의 방식으로 자기 비움의 신앙을 실천하면서 남성들과는 다른 신앙적 가치와 신학적 통찰력을 창조해 나갔다.

우선, 여성들은 '죄와 악으로 가득 찬 세상으로부터 어떻게 구원을 얻을 수 있을 것인가'라는 전통적 주제보다는 '어떻게 하나님의 사랑을 느끼고 고백할 것인가'에 더 큰 관심을 가졌다. 이를 성취해나가는 데 있어서도 이성적 논리로 이해하거나 설명하기보다는 관계 안에 존재하는 자연 세계의 상징들을 통해 자신들의 체험과 깨달음을 다양한 방법으로 표현했다. 여성 예언자로 다방면에 걸쳐 수많은 저술을 남겼던 힐데가르트는 창조 이야기를 인간의 죄와 타락을 강조했던 전통적 해석에서

벗어나 생명과 사랑의 관점에서 새롭게 통찰한다.[62]

"하나님이 아담을 창조하셨을 때, 아담은 하나님이 그에게 보내준 양을 대단히 사랑했다. 그리고 하나님이 남자의 사랑에 형태를 부여 하셨으므로 여성은 남성의 사랑이다. 왜냐하면 아담이 이브를 처음 으로 보았을 때, 그는 온전히 지혜로 가득 차 있어서 그녀가 그 자손 의 어머니가 됨을 알았기 때문이다. 그러나 이브가 아담을 보았을 때, 그녀는 마치 하늘을 바라보고 있는 것처럼 그를 바라보았다. … 남자에 대한 여자의 사랑은 마치 과실을 맺게 하는 태양빛의 적절한 온기와 같다."

힐데가르트는 죄와 타락의 아이콘으로 받아들여지던 이브를 '남성의 사랑'이요, '인류의 어머니'로 새롭게 부각시켰다. 그가 바라본 창조 세계는 손을 뻗으면 금방이라도 닿을 듯이 가까이에 살아 있다. 마치 느낌이 살아있는 한 폭의 그림을 보는 듯하다. 실제로 그는 자신이 본 환상을 그림으로 많이 표현했는데, 천지 창조에 관한 그림을 보면 아담은 낙원의 두 나무 위에 비스듬히 누워 있다. 그리고 그의 옆구리에서 조개가 별을 담고 있는 모습으로 "인류의 귀중한 진주"인 이브가 태어난다. 하

힐데가르트가 본 천지 창조(『Scivias』)

늘의 별들은 천사들을, 조개 안의 별들은 이브에게서 태어날 미래의 인류를 상징한다. 힐데가르트에게 있어 창조의 근원적인 힘은 하나님의 사랑이다. 그는 창조의 힘인 하나님의 사랑을 시로도 노래했다.

"땅은 모두의 어머니입니다.
모두의 씨앗들이 땅에 보듬겨 있기 때문입니다.
인류의 땅은 모든 촉촉함과 모든 푸르름과 모든 발아시키는 힘을 보듬고 있습니다.
땅은 너무도 다양하게 풍성한 결실을 냅니다.
이것은 정말이지, 단지 인류에게 기본이 되는 재원뿐만 아니라
하나님의 아들의 실체까지도 꼴 지어 줍니다."[63]

땅을 생명의 어머니로 노래한 것은 인간의 죄로 인한 인류의 타락과 속죄만을 강조하며 여성들의 영적 권위를 전혀 인정하지 않았던 당시의 흐름과 매우 대비되는 부분이다. 이러한 모습은 그 이후 여성들에게도 계승된다. 그리스도의 신부로 하나님과의 영적 합일을 체험했던 메크틸드는 하나님의 사랑을 "모든 것을 비추는 빛"과 "그칠 줄 모르고 어우러져 흐르는 강"에 비유한다.[64] 하나님의 사랑은 모든 만물이 그 안에 엮어져 살고 흐르는 "민네의 강"과 같다. 우주의 모든 요소들은 서로 대립하고 갈등하는 것이 아니라 조화를 이루며 서로 어우러져 존재한다. 시에나의 카타리나는 하나님의 사랑을 아이에게 젖을 먹이는 따뜻한 어머니의 모습으로 그려낸다.

"예수께서 당신 품에서 우리를 먹이시듯이, 우리의 어머니인 성령은 하나님의 품에서 우리를 기르시며 끝없는 하나님 사랑의 젖을 우리에게 먹이신다."

신학자 정미현은 카타리나가 젖을 먹이는 어머니의 상징을 통해 하나님의 보편적 구원과 생명의 포용성을 노래하고 있다고 설명한다. 영국에서 출생한 노리치의 줄리안Julian of Norwich, 1342-1417?도 죄와 악의 거대한 힘이 아닌 신의 위대한 사랑의 힘을 강조하면서 인류에 대한 그리스도의 사랑을 "자녀가 죽어가는 것을 내버려 두지 않는 참 어머니"라고 고백한다.[65] 남성들과는 삶의 자리가 달랐던 여성들은 자신들만의 방식으로 하나님을 경험하고 고백하면서 더 크게 다가오는 하나님의 사랑을 그리스도의 진리 안에서 몸으로 살아내고자 했다.

'하나의 교회, 하나의 진리'를 선포하며 절대 왕좌에 오른 중세 교회는 영토 확장에 대한 탐욕과 파워에 대한 끝없는 욕망에 사로잡혀 세속 권력까지 게걸스럽게 먹어치우고 있었다. '비움'과 '나눔'을 삶으로 실천했던 사도적 신앙은 이미 잊힌 지 오래였다. 새로운 학문의 장으로 떠오른 대학에서는 이해하기 힘든 신학적 개념과 추상적 논리로 하나님과 창조 세계에 대한 관계를 어떻게 설명해낼 것인지에 대해 토론하느라 여념이 없었다. 이에 그 어느 곳에서도 자신들의 자리를 찾을 수 없었던 여성들은 일상에서 사도들의 삶을 따라 자기 비움을 실천하면서 세상을 아름답게 창조한 하나님의 사랑을 스스로 깨닫고자 했다. 그리고 점차로 자연 세계 안에서 작동하는 힘으로써 함께 어우러져 조화롭게 상생하는 생명의 원리를 깨달을 수 있었다.

세속적 욕망과 헛된 망상, 공허한 관념으로부터 신앙의 본질을 지켜내고자 했던 여성들의 작은 몸부림은 때로 이단으로 고발되어 종교 재판에 회부되거나 마녀로 공격받아 화형에 처해지는 등 많은 탄압을 받기도 했다. 그러나 변방에서 일어난 여성들의 조용한 혁명은 끊어지지 않고 16세기로 이어져 거대한 변화를 몰고 왔던 종교 개혁의 중요한 동력이 되었다. 거룩함의 의미조차도 알아보지 못할 만큼 탐욕스럽고 잔인해진 시대에 가장 필요한 것은 중세 여성들이 보여준 '비움'의 용기임을 역사는 말해준다. 이들이야말로 시류에 휩쓸리지 않고 각자 자신의 자리에서 조용한 혁명을 시작한 인물들이었다.

성녀와 마녀의 경계를 품은
민중 여성들

　　중세 시대만큼 사회 전체가 "거룩함"이라는 이름에 집단적으로 매료되었던 시기도 없을 것이다. 새로운 학문의 장으로 떠올랐던 대학에서는 남성 수도사들을 중심으로 인간이 거룩하신 하나님을 어떻게 인식할 수 있는가에 대한 열띤 논쟁이 그치지 않았다. 종교 생활의 중심이 되고 있었던 교회에서는 하나님의 거룩성을 드러내는 장엄하고도 화려한 예배당과 예전을 마련하느라 사제들은 늘 분주했다.

　　하지만 생존을 위해 삶의 한복판에서 하루하루를 치열하게 살아야 했던 일반 대중들, 특히 여성들에게는 대학의 열띤 논쟁도 교회의 장엄한 예배도 힘이 되어 주지 못했다. 결국 대중들은 손에 닿지 않는 곳에 있는 천상의 거룩함이 아니라 일상 한가운데서 일상을 넘어설 수 있는 초자연적인 힘을 빌려 하나님의 거룩한 신성을 체험하고자 열망하게 되었다. 주기적으로 들이닥치는 자연재해, 만성화된 식량 부족, 죽음과 질병으로부터 오는 고통과 슬픔, 납치와 강간, 일상의 폭력 등을 온몸으로 겪어내야 했던 이들이 오로지 바랄 수 있었던 것은 하늘만이 베풀어줄 수 있는 "기적의 힘"이었다.

　대중들은 위엄을 갖춘 교회의 전통적 의식이나 교회에서 가르치는 정형화된 교리가 부각되면 될수록 일상과 친밀했던 민간 신앙에 더 의존했다. 특히 공적인 영역으로부터 철저히 배제된 채 가족들을 부양하며 살아야 했던 여성들은 교회로부터 일방적으로 주어지는 가르침에 전적으로 공감하기 어려웠다. 따라서 이를 그대로 따르기보다는 이미 자신들의 일상에 깊이 들어와 있었던 민간 신앙과 결합된 형태로 기독교 신앙을 경험하고 표현하고 직접 참여했다. 이는 수도원 안팎에서 수도적 경건을 실천했던 신비주의 영성가들의 종교적 체험과도 구분되는 것이었다. 지속적이고 집중적인 수련과 고행을 요구했던 신비주의적 체험은 대부분의 시간을 고된 노동과 가족 부양을 위해 보내야 했던 일반 대중 여성들에게는 멀기만 했다.

교회 전통으로 자리 잡은 성인 숭배 신앙

　교회가 권력의 중심에 서기 시작한 중세 초기부터 대중들 사이에서는 성인, 성상, 유골, 기적 등에 새로운 흥미를 느끼는 현상이 생겨났다. 이러한 현상은 시간이 흐르면서 초자연적인 힘에 의존하고자 하는 대중들의 종교적 갈망까지 더해져 새로운 형태의 민간 신앙으로 자리 잡게 되었다. 활발한 지적 활동이 필요했던 대학 교육이나 집중적인 수련과 성찰이 요구되던 수도적 경건에서 비켜나 있었던 중세 대중들에게 순교자나 성인만큼 가까이에서 하나님을 느끼게 해줄 수 있는 존재는 없었다. 특히 성인들을 통해 일어나는 기적은 하나님이 이 세상에서 직접 활동하고 계시다는 분명한 증거로 받아들여졌다.[66]

중세 대중들이 갖는 성인에 대한 관심은 기독교 전통에 있어 전혀 새로운 것이 아니었다. 순교자와 성인에 대한 공경은 계속되는 박해의 상황 속에서도 초기 신앙 공동체가 생존할 수 있었던 근본적인 힘이었다. 박해 시기 이들이 묻혀 있던 지하 무덤(카타콤)이 기독교 공동체의 중심이 되었던 것은 우연이 아니다. 하지만 여성들이 다수 포함된 순교자와 성인들을 공경하고 이들의 영적 권위를 존중하던 교회 전통은 남성들이 교회의 공식적인 리더십으로 자리 잡게 되면서 점차로 교회 밖으로 밀려나고 말았다. 대신에 일반 대중들 사이에서 민간 신앙으로 전해져 오던 이교적 전통인 여신 숭배와 자연스럽게 결합되었다. 각 지방에서 숭배하는 여신은 달랐지만 다산과 풍요를 상징하는 고대 대모신의 역할과 이미지를 그대로 이어 받았다.[67]

잦은 임신과 유산, 출산, 출산 중 사망, 아이들의 죽음 등으로 늘 두려움과 고통에 시달려야 했던 여성들은 다산과 풍요를 비는 민간 신앙에 쉽게 동화되었다. 거다 러너는 "기독교가 여성의 출산 능력을 인정하고 존중하되 그 창조력은 인정하지 않았던 반면, 초기 기독교 시대 내내 민담, 신화, 민간 신앙 등에서는 매우 강력한 성의 개념을 나타내는 대모신의 이미지가 계속 이어져 왔다"라고 설명한다.[68] 두 흐름은 자연스럽게 결합되어 기독교 전통의 한구석에 자리 잡게 되었는데, 그 대표적인 예가 바로 중세의 대중들에게 가장 널리 받아들여졌던 마리아 숭배 신앙이었다.[69] 예로부터 여신을 숭배해왔던 장소에 여러 신전과 교회들이 세워져 성모 마리아에게 봉헌되는가 하면, 이전에 게르만 여신 프레이아Freia에게 봉헌되었던 약초들이 중세 시대에는 '마리아의 약초'로 불리면서 성모 승천 축제에 쓰이기도 했다.

순교자와 성인을 공경했던 초기 전통은 유골에 대한 관심으로 이어지기도 했다. 5세기까지 성인들이나 순교자들의 유골을 보유한 성상들이 지방에 존재했다. 이 시기 이미 지방에서는 순교자와 성인들이 그리스도의 길을 걸어간 신앙의 모범을 넘어 가족과 마을 공동체를 지켜주는 수호성인의 의미로 받아들여지고 있었다. 6세기 말경에 이르자 성인들의 유골이 묻혀 있던 무덤과 성상들은 대중들의 주목을 받으며 종교 생활의 중심에 서기 시작했다. 주교들은 사람들이 교회보다 성상에 더 관심이 있다고 불평하면서 새로 짓는 교회의 재

마리아 영면교회. 4세기 말 무덤이 복구되어 처음 기념비가 세워지고, 534년 교회가 세워졌다.

단 아래 성인들의 뼈를 안치하는 새로운 전통을 세웠다. 대중들 사이에서 빠르게 퍼져나갔던 성인 숭배 신앙을 교회 안으로 끌어들인 것이다. 로마의 주교였던 그레고리우스는 서방 수도원에 보편적인 규율을 제공한 성 베네딕트St. Benedict of Nursia에 대하여 언급하면서 그가 보여준 놀라운 능력들, 즉 미래에 대한 예언, 죽은 사람도 살리는 치유와 기적, 악령을 쫓아내거나 복종시키는 능력 등을 찬양했다.[70] 그는 "거룩한 삶

성녀와 마녀의 경계를 품은 민중 여성들 **149**

을 살았던 성인들은 살아있는 몸을 통해서보다 죽음 이후 그들의 유골들을 통해 더 큰 권능을 행사한다"라고 말하기도 했다.

사람들은 사랑하는 사람이나 가족이 죽으면 성인의 유골이 안치된 교회와 가장 가까운 곳에 이들의 무덤을 만들려고 경쟁을 벌였다. 치유의 기적을 바라고 성인들의 유물과 성상을 숭배하는 종교 행위는 교회의 남성 지도자들까지 관심을 보이는 대중적이고 문화적인 종교 현상으로 발전했다. 대중들은 거룩함 그 자체로 기적을 일으킬 수 있다고 믿었다. 육체와 감각의 세계 안에서 활동하시는 하나님에 대한 관심이 대중들 사이에서는 성인들이 기적을 일으켜 자신과 자신의 가족들을 위험으로부터 지켜줄 것이라는 믿음으로 나타났던 것이다. 기적을 통해 하나님의 거룩함을 체험하려는 대중들의 열망은 곧 성인들의 영적 능력과 리더십이 대중들의 삶을 다시 지배하기 시작했다는 증거였으며 주교들이 중심이 된 교회의 권위가 성인들의 영적 권위로 옮겨가고 있음을 뜻하는 것이었다.

순례자들의 행렬

성인들과 이들의 유골에 대한 중세의 종교적 관심은 끝없는 성지 순례의 행진을 만들어냈다. 앞서 보았듯 성지 순례는 콘스탄티누스 황제의 어머니였던 헬레나가 노년의 나이에도 불구하고 위험을 무릅쓰고 예루살렘을 순례한 것이 인정이 되었다. 4세기 말쯤에는 수많은 기독교인들이 그리스도에 대한 자신의 헌신을 표현하고 새롭게 하기 위해 순례의 길에 올랐다. 성지 순례는 중세를 거치며 서방의 기독교인들이 가장 많이 참여한 종교적 실천으로 자리매김했으며, 성인들의 유골이나 순교자들의 성상을 보기 위한 목적이 가장 중요한 종교적 동기였다.[71]

인기가 높았던 성지 순례 장소는 성인들의 유골을 가장 많이 보유했던 로마, 예루살렘, 스페인 북부 지역의 야고보 성당 등이었다. 성지 순례에 참여하는 대중들이 점점 많아지자, 10세기 이후부터는 수도원들이 성지 순례자들을 돌보기 위해 병원을 개원하기 시작했다. 특히 여성 수도사들이 이들을 돌보는 일에 헌신했는데, 이러한 헌신을 통해 더 많은 여성들이 성인의 반열에 오를 수 있었다. 성지 순례는 14세기에 절정에 이르렀으나 15세기경 의문이 제기되면서 서방 전통에서는 급격히 약화되었다. 그러다가 다시 17세기 개신교 전통으로 이어져 기독교인의 생활을 강조하기 위한 메타포로 계승되었

중세의 순례자

다. 존 번연John Bunyan의 『천로역정 The Pilgrim's Progress』이 대표적인 예이다.[72]

중세 대중들이 성지 순례에 열정적으로 참여한 데는 또 하나의 강력한 동기가 작동했다. 성지 순례를 속죄를 위한 고행과 참회의 길로 여겼던 것이다. 집단 참회의 형태를 취했던 초기 공동체와 달리, 4–5세기경에는 참회의 개념이 지극히 개인적인 차원에서 죄를 고백하는 전통으로 변화해갔다. 기독교가 공인 종교로 인정받기 전에는 세례를 죽음 직전

으로 미루는 경우가 많았는데, 세례를 받은 이후에 지은 죄는 용서받을 수 없다는 믿음 때문이었다. 기독교를 로마의 공인 종교로 처음 인정했던 황제 콘스탄티누스도 죽음 직전에 세례를 받았다.

이후 기독교가 로마 제국의 국가 종교로 선포되고 서로마 멸망을 계기로 유럽인들이 대거 기독교로 개종하면서 엄격하게 진행되던 세례는 점차로 입교의 의미로 축소되어 기독교를 받아들이는 초기 과정으로 정착해갔다. 대신에 세례 이후에 지은 죄를 용서받기 위한 참회의 과정으로써 사제에게 개인의 죄를 고백하는 고해 성사 제도가 새롭게 등장했다. 5세기 이후에는 아일랜드와 잉글랜드의 참회 제도에 근거해 「참회 고행 지침서 *liber paenitentialis*」가 만들어지기도 했는데, 이러한 참회 고행 지침서들은 11세기까지 서유럽 전역에서 편찬되었다.[73] 중세 기독교인들은 자신에게 닥친 모든 재난과 불행은 자신이 지은 죄 때문이라고 여겼고, 이 모든 고통과 불행으로부터 벗어날 수 있는 길은 오직 자신의 죄를 참회하고 용서를 받는 길뿐이라고 믿었다.

특히 중세 대중들은 같은 이유로 11세기 후반부터 13세기에 걸쳐 일어났던 십자군 전쟁에도 적극 참여했다. 이들에게 있어 십자군 행진은 서로 죽고 죽이며 피를 흘려야 하는 인간들의 영토 전쟁이 아니라 자신의 죄를 참회하고 용서받을 수 있는 구원으로 가는 길이었다. 1095년, 교황 우르바노 2세의 선교로 시작된 십자군 전쟁에

'성전'聖戰을 위한 십자군을 촉구하는
교황 우르바노 2세(1095)

전투력을 갖춘 기사들만이 아니라 그 어떤 무기도 만져 본 적 없는 민중들이 적극 참여했던 이유도 바로 여기에 있었다. "성전"에 참여해줄 것을 호소했던 교황의 설교를 들어보자.

> "우리 주님께서 여러분 모두를 강권합니다. 여러분이 어떠한 신분을 가지고 있든지, 일반 군사든 아니면 기사든, 부자이거나 가난한 사람이든 상관없이 주위 모든 사람들에게 이를 알려서 즉각적으로 죽어가는 기독교인들을 구하고 우리 형제들의 영토로부터 사악한 인종들을 몰아내도록 합시다. … 그리스도가 이것을 행하도록 우리에게 요구하고 있습니다. … 이를 위해 애쓰다가 죽는 사람이 있으면, 그곳이 바다든지 아니면 육지에서든지, 혹은 이방인들과의 전투 중이든지, 즉시 모든 죄를 용서받게 될 것입니다. 내게 주어진 하나님의 능력을 의지하여 나는 이것을 보장합니다. 오, 그들이 얼마나 사악한 인종들인지, 마귀를 숭배하는 그들은 반드시 전능하신 하나님을 섬기는 성도들에 의해 파멸되고 말 것입니다."

교회는 더 큰 권력과 더 큰 영토를 얻기 위한 감추어진 탐욕을 "거룩한 전쟁"으로 선포하고 성지 순례에 대한 대중들의 종교적 열정을 십자군 전쟁의 에너지로 활용했다. 정식 십자군보다 한발 앞서 출발하는 열정을 보였던 민중 십자군은 은자 피에르가 이끌었는데 참여한 인원만도 5만에서 10만 명 정도에 이르렀을 것이라고 학자들은 추정한다. 그뿐만 아니라 그 구성원들도 농민이나 도시 하층민에 속하는 사람들이 대부분이었으며, 도둑 등 범죄자들은 물론 여성과 어린아이들까지 포함

중세의 십자군

되었다. 1202년에 일어난 제4차 십자군 전쟁에는 '어린이 십자군'까지 등장했다. 빈손으로 십자군 행렬에 참여한 민중들이 자신을 지킬 수 있는 유일한 무기로 몸에 지녔던 것은 승리의 상징이었던 성모 마리아상뿐이었다. 이들은 고통과 죽음이 복병처럼 기다리고 있을지 모르는 순례의 길에서 성모 마리아가 자신들을 특별히 보호해줄 것이라고 굳게 믿었다.

로사리오 기도와
십자가의 길 명상

성지 순례의 끊임없는 행렬을 만들어냈던 중세 대중들의 기적에 대한 관심은 12세기로 접어들면서 서서히 수그러들기 시작했다. 이 시기는 십자군 전쟁을 통해 동방으로부터 유입되기 시작한 아리스토텔레스의 자연 철학이 서방에 소개되면서 자연 세계에 대한 지적 관심과 새로운 지성적 흐름이 형성되고 있던 때였다. 주술적 신앙이나 마술, 기적 등에 대한 관심이 자연스럽게 약화되고, 대신에 보다 합리적인 방식으로 자연 세계와 기독교 신앙을 이해하려는 흐름이 생겨났다. 1299년, 교황 보니페이스 8세Boniface Ⅷ가 성인들의 사체를 나누고 분배하는 것을 "사탄적이고 혐오스러운 것"으로 규정하면서 시체 훼손을 금지시킨 것도 이러한 흐름이 반영된 것이다.[74] 어떤 이들은 초자연적인 힘에 대한 대중들의 갈망을 신과의 합일을 이루는 신비적 체험에 대한 관심으로 발전시키기도 했는데 이러한 경향은 특히 수도원의 여성들에게서 강하게 나타났다.

흑사병이 창궐하여 유럽 전체를 죽음의 도가니로 몰아넣었던 14세기에 들어서는 대중들 사이에서 새로운 형태의 종교적 실천들이 등장했는데, 묵주로 하는 로사리오 기도, 십자가의 길을 따르는 명상 등이 그것이다.[75] 사랑하는 가족과 가까운 이웃들의 죽음을 매일매일 지켜봐야 했던 대중들은 순간순간마다 고통받는 그리스도의 모습을 떠올리고 이를 명상하는 방식으로 자신들에게 닥친 이해할 수 없는 고통을 끌어안으려 했다. 세상의 모든 고통을 가슴에 품은 듯 죽은 아들을 끌어안고 있는 어머니 마리아의 표상(피에타)이 대중들 사이로 폭넓게 퍼져나간 것도 이 시기였다.

여성에게 금지된 것들

중세 교회가 민간 신앙의 형태를 띠고 대중들 사이에서 유행처럼 번져나갔던 종교적 행위나 표현들을 모두 교회 전통 안으로 끌어들인 것은 아니다. 여성들이 크게 의존했던 민간요법이나 주술적 행위들, 임신과 출산, 피임과 낙태 등과 관련된 것들에 대해서는 엄격히 금지시켰으며 다양한 방법으로 통제하려 했다. 특히 8세기 이후 여성과 관련된 주술적 행위들을 금지하는 규정들이 많이 생겨났는데, 모두 하나님을 모독하는 중대 범죄로 간주되어 처벌의 대상이 되었다. 차용구는 『중세 유

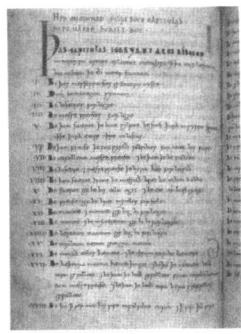
「참회 고행 지침서」

럽 여성의 발견』(한길사, 2011)에서 이를 자세히 소개해주고 있다.[76]

우선, 피, 생리혈, 정액 등 몸에서 나오는 분비물들을 부정한 것으로 인식하여 이를 활용하는 민간요법들을 일제히 금지시켰다. 「그레고리우스 참회 고행 지침서 Canones Gregorii」는 "병을 치료할 목적으로 남편의 피를 먹은 여인은 40일 동안 물과 빵만으로 참회해야 한다"라고 규정했다. 암암리에 전해져 오는 민간요법의 하나로 여성의 생리혈이나 남성의 정액을 사랑의 묘약으로 사용하는 경우도 종종 있었던 것으로 보인다. 「의사 테오도루스 참회 고행 지침서 Paenitentiable Pseudo-Theodori」에는 남편의 사랑을 얻으려고 그의 정액을 음식물에 넣는 여인은 7년 동안 참회해야 한다는 규정이 있었다.

「콜롬바누스 참회 고행 지침서 Paenitentiale Columbani」는 "여성들을 주술 행위에 끌어들이는 행위는 살인죄에 해당한다"라고 밝히며, 출산과 관련된 주술 행위들, 즉 낙태를 위한 주술이나 피임과 관련된 행위들을 엄격히 금지시켰다. 주술적인 방법으로 낙태를 도와준 자는 6년간 사순절 단식을 해야 한다고 규정했다. 가장 오래된 「지침서」 중의 하나인 「피니아누스 참회 고행 지침서 Paeniteniale Finniani」도 이미 낙태를 위한 주술들을 금지시키고 있었다. 낙태를 위한 행위들을 일종의 마법의 약물을 이용한 주술적 행위로 인식하여 낙태 시술자를 악마와 결탁한 자 *maleficus* 또는 독살자로 규정했다.

여성들의 피임도 주술적 행위로 간주하여 금지시켰다. 「베다 에그베

르투스 참회 고행 지침서*Paenitentiale mixtum Bedae-Egberti*」에는 고해 성사를 하는 여인에게 임신을 피하기 위해 마법의 물약이나 약초 등을 복용한 적이 있는지 사제가 묻고, 그 대답의 정도에 따라 3년이든 5년이든 7년이든 참회하도록 했다. 참회 고행 지침서들은 피임약을 약초, 악마의 약, 독약 등으로 표현했다. 최근 연구들은 고대로부터 사용되었던 약초들이 중세 초기에도 민간에서 애용되었다고 밝히고 있다. 특히 강간 등으로 원치 않는 임신을 하는 경우가 많았던 시대의 정황을 고려하면, 상당수의 약초들이 피임이나 낙태를 위해 민간요법의 형식을 띠고 여성들에게 공공연한 비밀로 전승되어 사용된 것으로 보인다. 금지된 약초나 약물들을 사용하다 발각된 여성들은 마녀로 의심받아 고발되었다.

그러나 교회의 강력한 금지 조치에도 불구하고 대부분의 여성들은 주술적 행위와 민간의학에 의존해오던 관습에서 쉽게 떠나지 못했다. 그 이유에 대하여 차용구는 "남성 중심의 위계질서로 자리 잡은 가부장적 사회 구조 속에서 그들이 할 수 있는 선택이 많지 않았기 때문"이라고 설명한다.[77] 여성들이 임신과 출산, 피임과 낙태 등과 관련된 주술 행위나 마법 행위에 깊이 관여되었던 것은 몸에 대한 다른 의학 지식이 전무했던 상황에서 자신의 몸과 가족들의 건강을 지키기 위해 선택할 수 있는 유일한 해결책이었기 때문이라는 것이다. 종교와 마술이 완전하게 구분되지 않았던 시기에 일반 여성들이 자신의 삶과 가족을 위해 선택할 수 있었던 것은 극히 제한적일 수밖에 없었다.

마녀로 고발된 여성들

주술적 행위나 민간 신앙에 크게 의존한 여성들의 선택은 모든 힘을 통제하고자 했던 교회에 위협적인 요소로 비추어졌다. 교회는 제도적인 힘이 닿지 않는 곳에서 보이지 않는 힘으로 대중들을 사로잡으며 이들의 삶을 지배했던 주술적 행위들을 그대로 방치할 수 없었다. 주술이나 마술이 이끌어내는 초자연적인 힘은 언제든 교회의 질서를 약화시키거나 붕괴시킬 수 있는 '위험한' 것이었고, 따라서 이를 잘 관리할 필요가 있었다. 이 과정에서 삶으로부터 얻은 다양한 경험적 지식으로 마을 여성들을 돕거나 영적 지도력을 발휘한 많은 여성들이 마녀로 고발되어 희생되었다. 중세의 대표적인 여성 영성가 마저리 켐프와 아빌라의 테레사Teresa of Avila 등도 마녀로 의심받거나 고발되는 등 어려움을 겪었다. 프랑스의 잔 다르크Jeanne Da Arc, 1412-1431도 이를 피해가지 못했다. 시골마을에서는 산파로, 민간치료사로 대중들에게 지도력을 인정받으며 존경 받았던 나이 든 여성들이 주로 탄압 대상이 되었다. 교회는 이들을 사탄과 내통한다는 명분으로 마녀로 지목하여 고문하고 화형에 처하기까지 했다.

중세 마녀들의 이미지

본래 마녀는 유럽의 오래된 민간전승으로 대중들 사이에 전해 내려온 전설 속의 존재였다. 9세기에 활동했던 교황 보니페이스 6세는

"마녀를 믿는 것은 비기독교적인 것"이라고 못 박았다. 교회법도 중세시대 내내 "마녀를 믿는 사람은 누구든 신앙심이 없는 사람이며 이교도"라고 밝혔다. 그러다가 1400년 이후 특히 흑사병 등 원인을 알 수 없는 전염병이 유럽 전역을 휩쓸게 되면서 전설 속의 마녀는 수많은 루머들을 만들어내며 사람들 입에 오르내렸다. 그리고 급기야는 제도적 질서에 위협이 되는 여성들을 사회에서 하나씩 제거해 나가는 인간 사냥의 도구로 활용되기 시작했다.

일단 마녀로 고발되면 이미 만들어진 매뉴얼에 따라 심문을 받아야 했다. 마녀는 확실한 증거가 없으면 유죄로 처형할 수 없게 되어 있었다. 하지만 심문 과정은 진실을 밝히기 위한 것이 아니라 자백을 받아내기 위한 과정이었기에 원하는 대답과 증거를 만들어낼 때까지 잔혹한 고문이 행해졌다.[78] 악마가 건네준 '비약'을 찾겠다는 명분으로 발가벗겨 신체 곳곳을 수색하는가 하면, 악마와 내통한 흔적을 찾아야 한다고 무통을 느끼는 곳을 찾을 때까지 온몸을 대바늘로 찌르기도 했다. 악마가 남긴 흔적이 있는 곳은 통증을 느끼지 못한다는 이론에 근거한 것이다.[79]

그러나 이러한 고통을 모두 참는다고 심문에서 벗어날 수 있었던 것은 아니었다. 아무런 통증을 느끼지 못하는 것이야말로 비정상적인 일로 마녀로 의심받기에 충분하다고 믿었다. 따라서 일단 마녀로 고발된 여성들은 대부분 화형에 처해질 수밖에 없었다. 남성들의 철저한 위계질서 속에서 움직여지던 교회는 자신의 힘이 미치지 못하는 곳에서 대중들을 매료시키며 이들의 삶에 깊이 관여한 여성들의 역량이 커지는 것을 두려워했다. 한마디로 마녀사냥은 실체를 알 수 없는 통제되지 않는 힘에 대한 교회의 두려움을 그대로 드러내 주었다.

교회는 정치권력뿐 아니라 대중들의 일상적인 종교 생활과 신앙 고백까지 그의 통제 아래 두고자 했다. 교회를 통하지 않고는 그 어떤 권력도 그 어떤 진리도 허용되지 않았다. 교회를 통해 선포된 권력과 진리만이 권력으로서의 기능과 참 진리로서의 의미를 가질 수 있었다. 그야말로 중세의 서구 유럽은 철저하게 기독교의 종교적 세계관이 지배하고 교회권력이 통제하는 사회였다. 하지만 사제를 중심으로 한 소수 특권 계층의 남성들이 권력을 장악한 중앙 집권적 구조와 진리에 대한 통제는 오히려 교회가 계승해왔던 전통적 신앙으로부터 다수 대중들을 멀어지게 만드는 결과를 초래하고 말았다.

PART 3

근대 편 | 시대에 저항하다

종교 개혁의 바람 앞에 선 여성들의 선택

 1517년 10월 끝자락, 독일 비텐베르크 대학에 나붙었던 대자보 하나가 세상을 바꾸어 놓으리라고는 아무도 상상하지 못했다. 한 시대를 고뇌했던 젊은 신학자의 펜 끝에서 나온 힘은 천 년을 지속해 온 견고한 성과도 같았던 중세 교회를 근본부터 흔들며, 순식간에 유럽 전체를 개혁의 소용돌이로 몰아넣었다. 종교 개혁의 아이콘이 된 마르틴 루터 Martin Luther의 이야기다.

 면죄부 남용을 정면으로 비판한 95개조 논제가 처음부터 교회를 개혁하겠다는 의도로 쓰인 것은 아니다. 자신의 사목 활동에서 제기된 문제들을 대학의 동료 교수들과 학생들이 참여하는 공개 토론의 논제로 삼고자 라틴어로 정리한 글이었다. 하지만 일은 전혀 의도하지 않은 방향으로 흘러갔다. 그 해가 저물어갈 무렵, 신학자들이나 관심할 것 같았던 루터의 95개조 논제는 독일어로 번역되었고, 새롭게 발명된 인쇄

술에 힘입어 독일 전역으로 퍼져나 갔다. 교회 개혁을 요구한 루터의 사상과 신학적 견해들도 팸플릿으로 인쇄되어 지식인들은 물론이요, 일반 대중들에게까지 빠르게 퍼져 나갔다. 여성들도 유럽 전역에 휘몰아친 종교 개혁의 바람을 피해 갈 수는 없었다. 심지어 루터의 개혁 사상은 세속의 삶에서 물러나 수도원의 규율에 복종하며 종교 생활에만 전념한 여성들에게까지 파고들었다.

비텐베르크 대학에 붙었던 마르틴 루터의 95개 논제

"사도 시대로 돌아가자"라고 외치며 교회 개혁을 요구한 루터의 주장이 그리 새로운 것은 아니었다. 14-15세기에도 교황의 절대 권력과 교회의 부패를 비판하며 사도 시대의 순수하고 소박했던 신앙 공동체로 돌아가야 한다는 외침이 끊이지 않았다. 교회가 아닌 성서를 통한 신의 임재를 주장하고 직접 성서를 대중들이 읽을 수 있도록 영어로 처음 번역을 시도한 존 위클리프John Wycliffe, 1330-1384가 대표적이다. 그에게 영향을 받아 보헤미아 종교개혁의 깃발을 들어 올린 얀 후스Jan Hus, 1372-1415도 빼놓을 수 없다. 그러나 이들의 개혁은 성공하지 못했고 오히려 이단으로 내몰렸다. 위클리프는 파문당했고 후스는 화형으로 생을 마감했다.

초대교회의 복음을 실천하고자 한 움직임은 그 이전으로 거슬러 올라간다. 사제들에게 특별한 권한과 지위를 부여하기 시작한 그레고리 개혁Gregorian reform 직후인 12세기부터 본격적으로 등장했다. 부패한 사제나 부와 권력에 취한 교회와 다른 행보를 보인 기독교 공동체들이 있었다. "선한 그리스도인들"Good Christians을 내세운 카타리파Cathars와 "겸손한 사람들" 혹은 "가난한 사람들"the poor로 불렸던 발도파 Valdes가 대표적이다. 이들은 철저한 금욕생활과 검소하고 절제하는 삶을 실천했다. 특히 발도파의 리더 페트루스 발데스Petrus Valdes는 리용의 부유한 상인이었으나 복음서의 말씀을 듣고 회심한 인물이었다. 예수의 가르침대로 가진 재산을 모두 팔아 가난한 이들에게 나누어주고 사도적 삶을 실천해, 많은 이들을 새로운 삶으로 이끌었다. 그러나 이들도 교회의 가르침에 어긋난다는 이유로 이단으로 파문당했고 잔인한 박해가 이어졌다. 특히 이들은 여성들에게도 가르치고 설교할 수 있는 권한을 허용했는데, 이는 교회가 철저히 금하는 것들이었다. 이들의 활동은 14-15세기까지도 이어졌다.

 루터가 깃발을 들어 올린 16세기 종교개혁은 같은 역사를 반복하지 않고 개신교의 탄생으로 이어졌다. 하지만 또 한편으로는 하나의 몸으로 존재했던 교회가 둘로 나누어지는 과정에서 엄청난 피를 흘려야 했다. 특히 1618년부터 1648년까지 유럽 전체가 교리를 두고 벌였던 30년 전쟁은 신앙의 이름으로 인간의 삶이 얼마나 잔인하게 파괴될 수 있는지 종교 전쟁의 끝을 적나라하게 보여주었다. 이런 소용돌이 속에서 여성들은 종교 개혁을 어떻게 경험하고 또 어떤 선택을 할 수 있었은까?

수도원을 떠나 가정을 선택한
프로테스탄트 여성들

　프로테스탄트 종교 개혁가들이 개혁의 주요 대상으로 삼았던 곳 중 하나가 수도원이었다. 1523년 4월 4일에도 부활절을 하루 앞두고 아홉 명의 수녀들이 수도원을 도망쳤다. 이들은 루터의 글을 몰래 접한 후 수녀원을 떠날 계획을 세웠다. 루터가 이들의 탈출을 적극 도왔다. 그리고 이들 중 한 명이 후에 루터의 아내가 되었다. 카타리나 폰 보라Katarina von Bora, 1499-1552의 이야기다. 이들은 강요된 순결과 계율적 독신주의를 강하게 비판하며 결혼이야말로 "하나님이 주신 좋은 선물"이라고 주장한 루터의 새 신앙 즉 '신사상'을 따라 수도원 탈출을 감행했다. 결혼은 "성스러운 질서"요, 가정은 교회 공동체의 가장 기초적인 토대라고 가르친 루터의 주장은 수도원에서 평생 독신으로 살아야 하는 여성들의 마음을 흔들어 놓기에 충분했다. 루터는 같은 이유로 독신여성보다 가정부인을 더 높이 평가했다.

　수도원에는 성인이 되어 스스로의 의지로 수도 생활을 시작하거나 가정을 꾸렸다가 남편을 잃고 혼자되어 수도원에 들어온 이들도 있었지만, 어린 시절 가족들의 일방적인 결정으로 수녀원에 들어와 성장기를 보낸 여성들도 많았다. 카타리나와 함께 수녀원을 탈출한 여성들 또한 귀족 가문의 딸들로 태어났으나 자신들의 의사와 상관없이 가족들의 결정에 따라 어린 시절부터 가정이 아닌 수녀원에서 성장기를 보낸 이들이 대부분이었다. 카타리나도 귀족 가문에서 출생했으나 8살에 어머니를 여의고 아버지가 재혼하면서 수도원으로 보내졌다.

수녀원을 탈출한 여성들은 루터의 가르침대로 가정으로 돌아가거나 루터의 개혁을 도모하던 이들과 결혼하여 프로테스탄트 신앙에 기반을 둔 새로운 가정을 이루었다. 카타리나는 수녀원을 탈출한 지 2년이 지난 1525년 6월 13일, 자신과 함께 했던 여성들 중 가장 늦깎이로 루터와 결혼했다. 독신 서약을 파계한 수녀와 수사가 결혼한다는 사실 자체만으로도 이들의 결혼이 큰 화제가 되었음은 물론이다. 하지만 이들의 결혼이 보다 중요하게 받아들여졌던 이유는 따로 있었다. 출산과 육아만이 여성에게 의무로 주어졌던 전통적 가정과 달리, 남성과 여성의 협력 관계와 역할 분담이 조화를 이룬 새로운 형태의 가정 모델을 탄생시켰기 때문이다.

카타리나에 대해서는 거의 알려진 것이 없다. 수도원 탈출 후 숙식을 제공하며 그를 지켜주었던 루카스 크라나흐Lucas Cranach, 1472-1553가 그려준 초상화 하나가 전해질 뿐이다. 그나마 다행인 것은 독일의 유명 작가인 아스타 샤이프Asta Scheib가 어렵게 자료를 수집하여 1996년 루터와 함께 한 시간을 카타리나의 관점으로 재구성한 전기 소설을 세상에 내놓았다. 이 책은 『불순종의 아이들Die Liebesgeschichte des Martin Luther und der Katharina von Bora』이라는 제목으로 번역되어 국내에도 소개되었다.[80] 이 작품은 전기 소설이라는 장르에도 불구하고 그동안 알려지지 않았던 카타리나의 삶에 조금 더 가까이 다가갈 수

마르틴 루터와 결혼한 카타리나 폰 보라

있는 길잡이가 되어준다.

　카타리나는 루터가 "나의 여주인"이요, "비텐베르크의 샛별"이라고 고백할 만큼 종교 개혁가 루터를 헌신적으로 내조하며 프로테스탄트 종교 개혁에 힘을 보탠 인물이다. 결혼과 동시에 이들의 보금자리가 된 아우구스티누스 수도회 건물은 가정이라기보다는 사실상 프로테스탄트 종교 개혁의 센터 역할을 했다. 멀리서 루터를 찾아온 친척들과 손님들로 항상 분주했고, 그의 제자들은 물론 종교 개혁에 동참하고자 여러 곳에서 도망 온 이주자들 또한 끊이지 않았다. 이들의 식사와 잠자리, 건강을 돌보고 집안을 두루 살피는 일은 모두 카타리나의 몫이었다. 충분한 식수의 공급을 위해 정원에 우물을 파는 일부터 많은 식솔들의 먹거리를 확보하고 요리하는 일까지 카타리나의 손을 거치지 않으면 안 되었다. 이를 해결하기 위해 카타리나는 이른 새벽부터 일어나 밭작물을 재배하고 가축을 키웠다. 또한 루터와의 사이에서 난 자신의 아이들뿐만 아니라 맡겨진 조카들까지 양육하며 경제관념이라고는 전혀 찾아볼 수 없었던 루터를 대신하여 큰살림까지 도맡아 했다.

　그러나 카타리나에게서 남편 루터에게 의존하거나 무조건 따르는 수동적인 모습을 찾아보기는 어렵다.[81] 그의 초상화가 표현해주고 있듯이, 카타리나는 개성과 의지가 강하고 자신의 주장을 분명히 했던 주체적인 성격의 소유자로 알려져 있다. 루터의 사상을 접하고는 수도원 탈출을 계획할 만큼 대범한 선택을 했고, 탈출 후에는 사랑하는 남자를 만나 뜨거운 사랑을 했으며, 도망친 수녀라는 신분 때문에 반대에 부딪쳐 결혼에 실패하게 되자 루터가 주선해 준 다른 남자들을 마다하고 직접 루터에게 청혼할 만큼 적극적인 여성이었다. 결혼 이후에도 큰살림을 도맡아 하면서 자신의 능력을 발휘하여 농장을 관리하고 가축을 키우고 맥주 양조장을 운영하며 자신의 가족뿐 아니라 루터의 개혁을 도모하는 이들의 생활까지 돌보아 루터가 이끄는 개혁 운동에 힘을 보탰다. 비텐베르크에 페스트가 퍼졌을 때는 모두 떠난 그곳에 남아 병자들을 돌보는 의연함까지 보여주었다. 또한 카타리나는 자신의 집을 드나드는 개혁적 지식인들과의 토론에 참여하며 자신의 의견을 적극적으로 개진하기도 했다. 수도원을 나와 가정을 선택했지만, 카타리나는 어릴 때부터 수도원에서 몸으로 익혔던 자립 능력과 절제 있는 삶을 바탕으로 여러 사람이 함께 지내는 공동체의 질서를 세워나갔으며 자신의 능력과 경험을 활용하여 큰살림을 이끌어가는 수완을 발휘했다.

자신의 선택에 충실했던 카타리나의 모습은 루터의 사상까지 바꾸어 놓았다. 결혼 전 루터는 결혼을 사랑보다는 쾌락의 삶을 막아주는 영적 훈련의 개념으로 이해하며 상당히 이성적인 태도를 보였다.[82] 그가 결혼을 적극 권장하면서도 정작 자신은 결혼할 수 없다고 믿었던 이유도 언제 이단으로 몰려 화형에 처해질지 모르는 자신의 상황에 대한 이성적 판단 때문이었다. 물론 루터는 차츰 생각이 바뀌어 하루 속히 아름다운 가정을 꾸려 하나님의 질서를 회복하는 모습을 보여주어야 한다고 결단하고 카타리나의 청혼을 받아들여 다른 이들보다 늦게 결혼했다. 결혼 초에도 결혼을 영적 훈련의 개념으로 이해했던 루터의 생각에는 크게 변함이 없었다. 하지만 카타리나와 가정을 이루어 함께 지내면서 그의 생각은 많이 달라졌다. 루터의 고백이다.[83]

"부부가 서로 평화적으로 단합된 모습으로 살아간다면, 결혼보다 더 사랑스럽고 친밀하며 참으로 친절한 친화성, 공동체성, 사회성을 가진 관계는 없다."

카타리나가 아들 마르틴을 품에 안고 젖을 먹이는 모습을 바라보면서, 루터는 하나님에 대한 새로운 이해도 갖게 되었다. 그는 "하나님이, 나의 케티[카타리나]가 어린 마르틴에게 말하는 것보다 훨씬 사랑스럽게 나에게 말씀하고 있음을 확신하게 된다"라고 고백했다. 심지어 루터는 "그리스도보다 카타리나에게 더 큰 신뢰를 주고 있는 자신의 모습"을 발견하며 스스로를 꾸짖을 때도 있었다. 프로테스탄트 신앙에 경도되어 수도원 대신 가정을 선택했지만 카타리나는 단순히 출산과 육아라는 전통적 역할에만 머무르지 않았다. 오히려 카타리나는 한 남자의 아내를 넘어 프로테스탄트 공동체의 안주인으로서 자신의 독립된 영역을 구축해 나갔다. 그 역할의 중요성은 개혁을 앞에서 진두지휘했던 루터 못지않았다.

프로테스탄트 사제였던 마태우스 젤Matthias Zell과 결혼한 카타리나 슈츠 젤Katarina Schutz Zell도 새로운 역할을 맡은 인물이었다.[94] 그는 사제의 결혼이 성서에 근거한 것인가에 대한 논란이 일자, 사제인 남편을 옹호하는 글을 썼다. 또한 남편을 찾아오는 손님과 개혁 사상으로 인해 쫓겨 온 사람들을 헌신적으로 돌보았다. 때로는 그의 가정에서 함께 머무는 인원이 50-60명, 최고 많을 때는 80여 명에 이르기도 했다. 1525년 농민 전쟁이 시작되었을 때는 피난민을 돌보는 일까지 도맡았다.

그러나 스스로의 삶을 선택한 자립성과 적극성에도 불구하고, 가정이라는 전통적 틀 안에서 이루어진 역할의 확대는 여성들의 삶의 무게를 더해주는 역기능을 낳기도 했다. 출산과 양육이라는 전통적 역할에 남편을 위한 조용하면서도 적극적인 내조와 돌봄까지 추가되어 이후 개신교의 이상적 여성상의 한 모델로 자리 잡은 것이다. 어떤 직책이나 권리도 공식적으로 주어지지 않으면서 모든 것을 현명하게 돌보고 책임져야 하는 오늘날 한국 개신교의 목회자 부인들에게 요구되는 역할도 이에서 크게 벗어나지 않는다.

남성개혁가들과 불화한 프로테스탄트 여성들

프로테스탄트 종교개혁 진영에 합류한 여성들이 모두 같은 길을 걸었던 것은 아니다. 마리 당티에르Marie Dentiére, 1495-1561는 행보를 달리한 대표적인 인물이다. 한걸음 물러나 개혁가 남편을 도왔던 방식이 아니라 스스로 독자적인 목소리를 내고 시대의 변화에 당당히 몸을 실었다. 프랑스 지역의 한 귀족 가문에서 태어난 마리는 20대 중반인 1521년 아우구스티누스 수도회에 발을 들여놓았다가 루터의 글에 매료되어 3년 만에 그곳을 나왔다. 프로테스탄트 신앙을 선택했다는 이유로 집과 교회에서 내쫓긴 마리는 1528년 전직 사제였던 시몽 로베르Simon Robert와 결혼해 스트라스부르Strasbourg에서 활동했다. 그리고 5년 만에 남편이 사망하자 5명의 아이들을 데리고 재혼한 후 활동근거지를 제네바Geneva로 옮겼다. 개혁가의 아내가 아닌 제네바 개혁가이자 저술가로 프로테스탄트 종교개혁에 앞장섰던 마리는 여성의 말할 권리를 당당히 외치고, 이를 공개적으로 밝히는데 주저함이 없었다. 프랑스 왕의 누이이자 인문주의자들과 종교개혁가들의 후원자였던 왕비 마르가리타Marguerita de Navarra에게 제네바의 상황을 상세히 전하며 보낸 편지다.[85]

"하나님께서 당신에게 주신 것과 우리 여성들에게 계시해 주신 것들을 남자들보다 우리가 더 감추고 땅에 묻어야 할 필요는 없습니다. 그리고 비록 우리가 모임과 교회에서 공개적으로 설교하도록 허용되고 있지 않다고 하더라도, 우리가 사랑 안에서 서로를 권고하고 글을 쓰는 것까지 금해진 것은 아닙니다. 제가 이 편지를 쓰는 것은 사랑하는 당신을 위한 것일 뿐 아니라 억눌린 삶을 살고 있는 다른 여성들에게 용기를 주어, 그들이 하나님의 말씀을 위해 고국에서 추방당해 친척과 친구들로부터 멀어지는 것을 두려워하지 않게 하기 위함이기도 합니다."

같은 시대를 산다고 모든 사람이 같은 눈으로 세상을 보고 모두가 같은 방식으로 삶을 사는 것은 아니다. 중세교회는 강력한 라이벌로 떠오른 이슬람에게 초기 기독교의 거점들을 내주며 많은 영토를 잃었다. 대신에 서구유럽에 강력한 기독교제국Christendom을 구축하는데 성공했다. 교황의 절대 권력을 기반으로 지배체제를 갖추고 기독교가 통치하

마리 당띠에르

는 '하나된 세계'를 실현하는데 몰두했다. 서방교회의 종교적 야망은 서구유럽을 통째로 집어 삼킬 만큼 강력한 것이었다. 이를 가능케 한 것은 다름 아닌 진리를 독점하여 권력을 만들어내고 세계를 지배하는 '진리의 정치'였다. 교회에서 공표된 진리 외에 그 어떤 것도 진리로 허용하지 않았고, 진리에 대한 판단은 오로지 소수 남성들 즉 사제들과 신학자들에게만 허용되었다. 천년을 넘게 여성들은 진리로부터 원천배제 되었고, 진리의 근간으로 자리 잡은 성서에 대한 접근도 허용되지 않았다. 성서에 대한 해석도 물론 교회가 독점했다. 프로테스탄트 종교개혁이 성서를 무기로 교회의 절대 권력에 맞선 것은 결코 우연한 일이 아니다. 중세유럽에서 성서는 종교적 경전을 넘어 지식권력은 물론이요 신적 권위를 훔치는 도구로 활용되었다. 한마디로 성서를 손에 넣는 사람이 세상을 지배하고 역사를 지배했다.

당대 보기 드물게 히브리어를 읽을 줄 알았던 마리는 이를 거부했다. 스스로 성서를 읽고 해석하며, 여성도 성서의 진리에 직접 접근할 수 있어야 한다고 과감한 주장을 펼쳤다. 왕비 마르카르타에게 보낸 편지를 계속 읽어보자.

> "지금까지 성서는 그들에게 숨겨져 있었습니다. 그 누구도 감히 그것에 대해 한마디도 하지 못했으며, 여성들이 성서 안에 있는 무엇이라도 읽거나 들어서는 안 되는 것처럼 여겨져 왔습니다. 바로 이 사실이 제 마음을 움직여, 이제부터는 여성이 옛날처럼 그렇게 모멸을 당하지 않게 되기를 하나님 안에서 바라면서 당신에게 이 글을 쓰게 되었습니다."

여성들의 말할 권리와 성서의 진리를 추구할 권리를 주장하고 교회의 부패와 폭력 그리고 종교적 위선까지 날카롭게 비판했던 마리는 남성개혁가들에게도 불편한 존재였다. 장 칼뱅John Calvin, 또는 존 칼빈의 동료였던 파렐은 마리가 자기 남편을 망치고 있다고 비난했으며, 칼뱅은 그를 이단이라고 정죄하며 공개적으로 조롱했다.[86] 마리는 여성들에게 요구되었던 오랜 금기를 깨고 공개적으로 칼뱅의 개혁을 지지했지만, 칼뱅은 마리를 "제 멋대로 구는" 여성으로 비하하면서 자신이 지지한 사람들로부터도 따돌림을 당하는, 그야말로 경멸밖에 받을 수 없는 여성이라고 인신공격을 마다하지 않았다.[87] 남성개혁가들은 이른 새벽부터 늦은 밤까지 쉬지 않고 개혁가들의 뒷바라지를 하고 이들을 조용히 그러나 적극적으로 도왔던 여성들에겐 아낌없는 찬사를 보냈다. 하지만 가정에 갇히지 않고 공개적으로 활동하고 발언한 마리와 같은 여성개혁가들에겐 지지나 연대가 아닌 비난과 조롱으로 응대했다. 마리를 통해 드러난 남성개혁가들의 한계는 곧 16세기 프로테스탄트 종교개혁의 시대적 한계를 고스란히 보여주는 것이었다.

수도원 전통을 지킨
가톨릭 여성들

프로테스탄트 개혁가들이 교회 개혁에만 몰두했던 것은 아니다. 수도원의 여성들에게 독신 서약을 파기하고 가정에서 기독교 신앙을 가르치며 훈련하는 아내요, 어머니로 살기를 강권했다. 하지만 수도원의 모든 여성들이 프로테스탄트의 등장을 "자유의 복음"과 "해방의 메시지"로 환영한 것은 아니다. 오히려 프로테스탄트 개혁가들의 결혼 요구를 물리치고 여성들의 독립적인 삶이 유일하게 가능했던 수도원을 지켜내고자 온 힘을 기울인 여성들이 적지 않았다. 이들 역시 귀족 집안 출신들이 많았다. 그러나 가족의 일방적인 결정에 따라 어린 시절 수도원으로 보내진 앞에서 살펴본 여성들과 달리, 어린 시절을 가정에서 보내다가 성인이 되어 자발적으로 수도원에 들어온 경우가 많았다. 스페인 지역에서 활동한 아빌라의 테레사Teresa of Avila, 1515-1582와 제네바에서 활동한 쟌 드 쥐씨Jeanne de Jussie, 1503-1561가 대표적이다. 또한 결혼했지만 남편과 사별한 후 홀로 생활하기 어려워 뒤늦게 수도원에 들어온 나이 든 여성들도 수도원에 남기를 바랐다.

 아빌라의 테레사는 기독교로 개종한 유태인 가정에서 자랐는데, 어릴 때부터 수도 생활을 강하게 동경했다. 스무 살이 되자, 테레사는 아버지의 반대를 무릅쓰고 성육신 가르멜 수도원에 들어가 수도 생활을 시작했다. 무엇보다 테레사는 수도 생활을 통해 가정에서 접하기 어려운 수많은 서적들을 읽을 수 있었는데, 어거스틴의『고백록Confessions』과 같은 고전부터 당시 지성인들을 사로잡으며 새로운 학문의 흐름을 주도한 인문주의자 에라스무스Desiderius Erasmus의 저서들까지 섭렵했다. 또한 경건 서적들을 탐독하는 데서 만족하지 않고 스스로 경건 생활에 집중하며 신비적 체험들을 경험하고 이를 수많은 작품으로 남기기도 했다.

 테레사는 그리스도와의 영적 혼인을 체험할 만큼 깊은 영성을 지니고 있었는데, 이로 인해 부도덕한 이단으로 의심을 받아 종교 재판에 고발되기도 했다. 가톨릭의 힘이 여전히 막강했던 스페인에서는 개인의 기도에 바탕을 둔 영성과 신비주의적 체험을 당시 이단으로 간주되던 프로테스탄트적인 것으로 받아들인 까닭이다. 하지만 "기도의 스승"으로 불리던 테레사는 내적인 영성을 강조하며 묵상 기도를 포기하지 않았다.

테레사가 내적인 영성을 강조했다 하여 개인의 종교적 세계에만 갇혀 있었던 것은 아니다. 오히려 그는 명상을 통한 내적인 성찰이 거룩한 삶의 실천으로 나아가도록 노력을 게을리하지 않았다. 자신이 속한 가르멜 수도원의 개혁을 적극 시도하고 나선 것도 바로 이러한 노력의 한 부분이다. 그는 타락해가는 교회와 수도원을 회복하기 위해 느슨해진 수도원의 규율을 바로잡고자 힘썼다. 또한 여성과 남성을 함께 수용하는 맨발의 가르멜 수도회를 설립하고 보다 엄격한 규율을 실천하는 수도회로 이끌었다. 테레사가 이끌었던 맨발의 가르멜 수도회는 단순한 은둔 생활이 아닌 은둔적 공동생활을 지향하면서, 이그나시우스 로욜라 Ignatius Loyola가 창설한 예수회와 함께 기존의 수도원과 교회에 새로운 변화의 바람을 일으키며 가톨릭 종교 개혁에 앞장섰다. 규율의 엄격함에 불만을 가진 수녀들에게 한 테레사의 충고다.

> "하나님은 참회보다 건강과 복종을 더 좋아하신다. 충분히 먹고 충분히 잠을 자라. 고행의 핵심이 무엇인가? 고행의 진정한 핵심은 하나님의 사랑이다."

테레사가 여성으로서 탁월한 지도력을 인정받기까지 순탄한 길을 걸

없던 것은 아니다. 1578년 교황 대사인 세가Sega가 성서에 근거하여 자중할 것을 권고하고 나서는 일까지 있었다.[88] 하지만 테레사는 이에 굴복하지 않았다. 오히려 자신은 직접 체험한 "환상을 통해 계시된 그리스도의 사명을 행하는 것뿐"이라고 용감히 맞섰다.

"그들에게 가서 몇 개의 성서 구절에 얽매이지 말고,
다른 것을 포괄적으로 염두에 두라고 말하라.
그리고 그들이 나의 손을 묶어버릴 수 있다고 생각지 말라고 전하라."

가톨릭 종교 개혁에 앞장섰던 아빌라의 테레사는 그의 공을 인정받아 14세기 신비주의 영성가 시에나의 카타리나와 함께 1970년, 교황 바오로 6세에 의해 가톨릭교회로부터 공식적으로 "교회 박사Doctor of the Church"라는 칭호를 수여받았다.

프로테스탄트의 손에 넘어간 지역에서도 가톨릭 전통과 수도원을 지키고자 하는 여성들의 노력이 끊이지 않았다. 잔 드 주시는 제네바에서 수도원을 지키기 위해 온 힘을 기울였다. 이곳은 취리히의 종교 개혁가 츠빙글리Huldreich Zwingli의 영향을 강하게 받았던 지역이었다. 잔 드 주시는 가톨릭 신앙과 수도원을 사수하기 위해 프로테스탄트 진영의 마리 당티에르와 독설도 마다하지 않고 강하게 충돌했던 인물이다.[89] 그는 18세에 성 클라라 수녀원에서 수도 생활을 시작했는데, 그 역시 제네바의 귀족 가문 출신으로 일찍이 학교 교육을 받으며 어린 시절을 가정에서 보냈다. 사가에서 학교 교육을 받고 수도원에 들어온 덕분에 어린 나이에도 불구하고 수녀원 일지를 기록하는 중책을 맡을 수 있었으며, 가톨릭 신앙에 충실한 여성들의 행적을 글로 많이 남겼다. 가톨릭 신앙을 포기하지 않아 프로테스탄트 신앙을

수도원 사수에 나선 잔 드 주시(1535, 제네바)

받아들인 남편에게 학대받은 여성들에 관하여도 보고했다. 종교 개혁 당시 그가 속했던 클라라 수도원을 포함하여 제네바에 있던 수도원들은 프로테스탄트들의 주요 공격 대상이 되었다. 시당국에 구원 요청을 했지만 그들은 움직이지 않았다. 점점 사태가 심각해지자 수도원의 여성들이 직접 무기를 들어야 하는 상황까지 이르렀다. 이에 가정으로 돌아가야 한다는 측과 끝까지 수도원을 지켜야 한다는 측으로 의견이 팽팽하게 나뉘어 내부 갈등을 겪기도 했다. 결국 제네바 외곽에 새로운 터전이 마련되어 이전하기까지 클라라 수도원은 무장한 남자들의 감시 하에 놓이게 되었고 방문객이나 편지 왕래조차 엄격히 금지되었다. 수녀들이 수녀원을 떠나면서 보물과 재산을 가지고 나가는 것을 막기 위한 조처였다.

   수도원의 여성들이 가톨릭 신앙과 수도원을 지키기 위해 안간힘을 썼지만 아이러니하게도 가톨릭교회는 트렌트 공의회The Council of Trent, 1545-1563의 종교 개혁을 계기 삼아 여성들에 대한 남성들의 통제를 시작했다.[90] 1566년 교황 칙서를 내려, 모든 여성 종교 공동체를 포위하고, 해체하라는 1563년 법령을 강화했다. 그러나 여성들은 가정으

로 돌아가지 않는 경우가 많았다. 상당수의 여성들이 가정 대신 수도 공동체 밖에서 생활하면서 기도와 타인에 대한 봉사를 결합한 새로운 형태의 종교 생활을 유지해 나갔다. 특히 프랑스에서는 소위 "교회의 여성화"가 이루어지며 교회 안에서 여성들의 새로운 역할들이 생겨나기도 했다.[91] 예를 들면, 교리 교육, 교회와 관련된 봉사와 자선 단체, 병원, 감옥, 빈민가에서 가난한 자들을 돕는 사회 활동이 생겨났다.

이러한 활동은 1600년 세속 정부가 가난한 자들에 대한 책임을 맡을 때까지 지속되었다. 특히 수도원 밖에서 자선과 봉사 활동을 통해 경건의 생활을 이어간 여성들은 봉사에 방해가 될 만한 예배나 명상, 금욕적 실천들을 지양했다. 대신에 교육, 병자와 가난한 자를 돌보는 일, 선교 활동에 더 열중했다. 교육과 자선에 초점이 맞추어진 새로운 경건의 실천은 근대 가톨릭의 한 특징으로 자리 잡는 동시에, 세속적 권위를 가진 국가에 잘 훈련되고 교육된 근대 사회의 기반을 제공하는 역할을 했다.

프로테스탄트와 가톨릭의 협공 속에 희생된 이름 없는 여성들

중세에서 근대로 넘어가는 종교 개혁의 길목에서 '마녀'라는 이름으로 희생된 여성들도 적지 않았다. '초기 근대'라는 이름이 무색하리만큼 마녀사냥의 광기는 암흑기라 여겨진 중세가 아닌 종교 개혁과 때를 같이 했다. 1570년에서 1630년까지가 절정기였다. 종교사학자인 제프리 러셀Jeffrey Burton Russell은 마녀사냥을 르네상스와 종교 개혁의 산물이라고 단언한다.[92] 악마적인 마술의 존재를 누구보다 강하게 주장한 사람은 르네상스 지식인들과 종교 개혁의 지휘자들이라는 것이다. 그리고 이 시기 서유럽에서 화형에 처해진 마녀의 숫자

마녀로 몰려 교수형에 처해진 여성들

는 30만에서 50만으로 추정되고 있다. 정확한 숫자를 말하기는 쉽지 않다는 것이 학자들의 공통된 의견이지만, 그중에도 가장 신뢰할 만한 통계에 따르면 1400년부터 1700년 사이에 최소 70만에서 최대 200만 명이 마녀로 희생되었는데 그중 80%가 여성이었다.[93] 대부분의 희생자들이 여성이었다는 점은 구체적인 통계를 들지 않더라도 상상하기 어렵지 않다. 사탄과 내통했다는 의심을 받은 이들 중에는 남성들도 적지 않게 포함되었음에도 불구하고 남성명사를 대명사로 쓰는 것이 당연시되었던 시대에 예외적으로 "마녀"라는 여성명사가 대명사로 쓰이고 있지 않은가.

마녀는 본래 어른들이 아이들에게 재미있게 들려주곤 했던 옛이야기에 자주 등장하던 주제였다. 민담으로 전해오는 마녀들의 이야기가 실제로 악마와 계약을 맺고 사람들 사이에서 활동하는 살아있는 존재로 여겨지게 된 데는 중세 학자들이 쏟아낸 악마에 관한 연구서들이 결정적인 역할을 했다. 당대 최고 지성이요 스콜라 신학자로 추앙받았던 토마스 아퀴나스Thomas Aquinas, 1225-1273가 대표적이다. 그는 악마와의 계약은 명기된 것이든 암묵적인 것이든 모두 기독교 신앙을 버리는 것

과 같다고 주장하며 마녀의 존재를 학문적 담론 안으로 끌어들였다.[94]

토마스 아퀴나스가 『신학대전 the Summa Theologiae』을 집필하는 등 왕성한 저작활동을 벌인 13세기에 악마학이 등장했다는 사실에 주목할 필요가 있다. 이때는 아리스토텔레스Aristotle의 자연철학이 동방으로부터 유입되면서 기독교 전통의 신화적 세계관과 과학적 세계관의 어설픈 결합이 진행되었던 시기다. 한마디로 '신화'가 '과학'으로 읽히기 시작했다는 말이다. 이에 따라 신화적 세계관 안에서 민담으로 전해지던 이야기 속 마녀도 과학적 세계관의 등장과 함께 살아 있는 존재로 등극하게 되었다. 마치 만화 속 인물이 갑자기 책을 찢고 나와 현실에서 돌아다니는 것과 같은 효과랄까. 토마스 아퀴나스가 결정적 역할을 한 악마학의 등장이 바로 이런 것이었다. 실제로 그는 마녀에 대하여 "악마와 계약을 맺고 사람들 사이에서 활동하는 살아있는 존재"라고 주장했다. 당대 최고 지성의 말은 그 자체로 진리였다.

이런 글들을 바탕으로 13세기에 종교 재판관을 위한 지침서가 등장했다. 그리고 이 지침서의 매뉴얼에 따라 수많은 여성들이 마녀가 되었다. 15세기에 출판되어 가장 악명 높았던 책, 『마녀의 망치 Malleus Maleficarum』는 성적 차별을 적나라하게 드러낸다. 여성은 남성보다 약하고 어리석어서 미신에 곧잘 휘둘리고 남자보다 변덕이 심하며 경솔한 데다 관능적이기 때문에 여성이 마녀일 가능성이 크다고 주장했다. 따라서 모든 마녀는 남녀를 불문하고 고발하고, 체포하며, 유죄 판결을 내려 처형해야만 한다는 것이다. 이는 죄와 벌의 아이콘이 된 아담과 이브의 오랜 신화를 연상케 한다. 『마녀의 망치』는 두 신학자가 협력하여 만들어낸 상상력의 산물을 교황이 승인해 1486년 세상에 내놓은 작품이다. 1520년까지 14쇄, 1669년까지 28쇄의 증쇄를 거듭할 만큼 인기를 누리며 대중들에게 널리 퍼져나갔다. 지금은 어린 아이도 믿지 않을 내용이지만 당시엔 엄청난 죽음 불렀다.

> "마녀는 원래 사악하기 때문에 눈물이 없다. 지금 모든 눈물을 닦아 주었던 하나님 앞에 결백하고 순결하다면 너는 네 눈에서 눈물을 쏟아야 한다. 만약에 죄가 있다면 결코 눈물을 흘리지 못할 것이다. '성부와 성자와 성신의 이름으로 아멘'이라는 예문을 읽는 동안 눈물을 흘리지 않는다면 마녀로 단정해도 좋다." (「마녀의 망치」)

인쇄술의 발달로 가장 큰 수혜를 입은 것은 루터만이 아니었다. 마녀에 대한 집단적 공포는 16세기를 거치며 광기로 발전했고, 프로테스탄트 가정이나 가톨릭의 수도원 그 어디에서도 보호받을 수 없었던 힘없는 여성들은 그 희생양이 되어 잔혹하게 고문 속에서 화형대에 오를 수밖에 없었다.

마녀의 망치(1669, 28쇄)

마녀사냥에 있어서는 프로테스탄트 개혁가들도 가톨릭에 뒤지지 않았다. 한 세기를 넘기며 전쟁을 할 만큼 두 그룹은 서로 적대 관계에 있었으나 마녀 탄압에 있어서는 입장이 별반 다르지 않았다. 프로테스탄트 종교 개혁의 목적은 계속해서 추가되던 중세의 교리들을 없애고 사도 시대의 단순한 복음으로 돌아가자는 것이었지만, 마녀에 대한 교리는 결코 포기하지 않았다.

루터는 "마녀들이 어떤 해도 끼치지 않았다 할지라도 악마와 연결되어 있다는 것만으로도 불에 태워져야 한다"라며 단호한 입장을 보였다. 특히 그는 자신이 가톨릭교회에 의해 이단으로 정죄된 경험이 있음에도 불구하고, 가톨릭교회와 급진적 종교 개혁 그룹들 모두를 공격하며 "모든 마녀는 이단이며, 모든 이단과 잘못된 성서 해석은 마녀의 소행"이라고 몰아붙여 마녀의 범위를 확대시켰다. 루터는 중세교회를 향해 '변화와 개혁'을 요구했지만, 정작 자신도 중세의 신화적 세계관에 철저히 사로잡혀 단 한발자국도 나아가지 못했다.

"마녀는 살려두어서는 안 된다. 마귀와 교접한 자는 반드시 죽여야 한다. 다른 신들에게 제사하는 자도 죽여야 한다. 제사는 야훼에게만 드려야 한다."(1526년 설교)

"여름에 차가운 강물에서 목욕하지 말라. 하더라도 조심스럽게 하라. 마귀는 숲에서만이 아니라 강에서도 살기 때문이다."(1529년 설교)

마녀에 대한 루터의 인식은 종교 재판이 더욱 기승을 부린 17세기에도 그대로 계승되었다. 갈릴레이Galileo Galilei, 1564-1642와 함께 근대 과학의 초석이 된 독일의 천재 천문학자 케플러Johannes Kepler, 1571-1630도 그 칼날 아래 이모를 잃었고 어머니도 모진 고초를 당했다. 그는 마지막까지 루터란Lutheran 신앙을 고수했지만 성서의 내용과 배치되는 이론을 주장한다는 이유로 루터란 교회로부터 박해를 받았으며 그의 어머니도 이웃에 의해 마녀로 고발되었다.

2세대 프로테스탄트 종교 개혁가로 꼽히는 장 칼뱅도 마녀사냥에 잔인한 칼날을 들이대기는 마찬가지였다. 그는 "성서는 우리에게 마녀가 존재하며 이들을 죽이라고 가르친다"라고 거침없이 말했다. 루터와 칼뱅 등 세속 정부의 정치적, 경제적 후원을 받았던 프로테스탄트 종교 개혁가들 중 츠빙글리만이 마녀에 대한 그 어떤 언급도 하지 않았다.[95]

마솔리노의 〈아담과 이브의 타락〉(1425) 여성의 얼굴을 가진 뱀이 이브 뒤에 있다.

루터가 쏘아 올린 개혁의 신호탄을 시작으로 중세 교회의 절대적 권위는 무너졌지만 그 어느 곳에서도 피난처를 찾지 못했던 여성들은 개혁의 명분 아래 더욱 잔인해진 시대와 대면해야 했다. 가톨릭과 프로테스탄트의 협공 속에서 언제든 마녀로 고발될 수 있었던 여성들은 18세기 근대 과학이 새로운 빛을 비추어주기까지 마녀사냥이라는 잔인한 역사의 굴레로부터 자유로울 수 없었다. 명확한 근거도 없이 서구 유럽의 여성들을 몇 세기 동안이나 공포와 죽음으로 내몰았던 마녀사냥은 1717년, 미국 메사추세츠에서 이루어진 재판을 마지막으로 공식적인 마침표를 찍게 된다. 이렇듯 종교 개혁은 개신교의 탄생을 가져오기도 했지만 신의 이름으로 야만적 폭력을 정당화하며 수많은 희생양을 낳기도 했다.

이브의 귀환,
여성 혐오에 반격을 가하다

천 년을 견고하게 지켜온 거대한 기독교 제국은 한 세기 전부터 심상치 않은 조짐을 보이더니 16세기 종교 개혁의 파고 속에서 침몰하기 시작했다. 동시에 중세 시대도 서서히 막을 내렸다. 권력에 탐닉해 있던 교회와 성직자들의 타락이 스스로 몰락의 길을 자초했다. 이를 걱정스럽게 바라보던 당대의 지성인들은 "*Ad Fontes*(근본으로 돌아가자)"를 외치며 종교의 본질적 가치의 회복과 새로운 시대를 향한 열망을 더 이상 숨기려 들지 않았다.

중세 교회가
침몰하게 된 이유

교회의 부패와 성직자들의 타락은 교황의 절대 권력화에서 비롯되었다고 해도 과언이 아니다. 이는 11세기 그레고리 개혁Gregorian reform으로 거슬러 올라간다. 교황 그레고리 7세가 시동을 건 이 운동은 초대 교회의 회복을 교회 개혁의 명분으로 삼았다. 하지만 그 의도는 목회적 효과를 개선하기 위함이라기보다는 평신도로부터 사제를 성별하여 성직자의 권위를 세우고 이를 통해 교황의 권력을 강화하기 위한 것이었다. 4-5세기부터 꾸준히 이어지던 수도원의 발달이 교회에서 평신도 귀족들의 역할 확대로 이어지자, 교황은 자신의 종교적 권력을 강화하기 위해 이들의 힘을 제어할 필요가 있었다.

그레고리 7세가 가장 먼저 착수한 것은 사제들을 '세속적 봉사', '돈', '여자'로부터 분리해내는 작업이었다. 이들에게 예전적 구원의 채널인 예전 집행만을 수행케 하는 방식으로 평신도 귀족들로부터 분리시키고, 대신에 교회의 리더십 아래 교회가 하나 되어야 한다는 점을 내세워 이들을 교황권 아래 복속시켰다. 이때부터 독신 서약은 서방 교회에서 사제들의 필수 조건으로 자리 잡았고, 이들의 종교적 권위도 높아져 교황의 절대 권력을 뒷받침하는 막강한 토대가 되었다. 그뿐만 아니라 이를 기반으로 교회에 대한 수도원의 관여도 제한할 수 있었다.

그레고리 개혁 이후 서방 제국은 교황의 지휘 아래 놓이게 되었고 11세기 후반부터 13세기까지 교황의 권력은 절정에 이르게 된다. 교황이 직접 이끌어 낸 십자군 전쟁이야말로 이를 상징적으로 보여주는 사건이었다. 물론 십자군 전쟁이 실패하면서 교황의 권력은 점차로 힘을 잃기 시작했지만 참회를 통한 구원을 갈망하던 평신도들에게 성례전과 고해 성사를 주관하는 사제들의 종교적 권위는 여전히 막강했다. 그러나 견제 받지 않는 권력은 부패하기 마련이라는 것을 증명이라도 하듯이,

비덴베르크교회 제단화(루터와 종교개혁가들의 성찬)

14-15세기부터 교황의 절대 권력과 중세 교회의 부패에 대한 본격적인 비판이 시작되었고 마침내 16세기 종교 개혁으로 이어졌다.

흥미로운 것은 교황의 절대 권력의 토대가 되었던 중세 교회의 계급 구조가 여성에 대한 오랜 편견과 여성 혐오에 기초하고 있었다는 점이다. 이런 측면에서 중세 교회의 침몰은 중세 여성관의 새로운 변화를 의미하는 것이기도 했다. 무엇보다 독신 생활에 영적 우월성을 부여해왔던 로마 교회와 달리, 결혼을 권유하고 가정의 중요성을 강조했던 프로테스탄트 교회들을 중심으로 여성들의 교육적 기능을 인정하는 분위기가 형성되었다. 물론 이러한 변화가 처음부터 프로테스탄트 종교 개혁가들의 계획 안에 포함되어 있었던 것은 아니다. 새로운 시대의 변화는 이들보다 한 세기나 앞서 살았던 한 여성의 손끝에서 이미 시작되고 있었다.

성서에 묻다: 하나님은 왜 여자를 남자의 갈비뼈로 만드셨는가?

프로테스탄트 종교 개혁 과정에서 가장 중요한 핵심적 권위로 떠오른 것이 성서다. 종교 개혁을 주장하고 나섰던 이들은 모두 로마 교회의 권위에 정면으로 반기를 들며 가장 효과적인 무기로 성서를 사용했다. 지나치게 비대화된 교회의 제도적 권위에 제동을 거는 데 성서의 권위만큼 효과적인 수단은 없었다. 14세기 영국에서 먼저 종교 개혁의 깃발을 들어 올렸던 존 위클리프는 성서를 영어로 번역하는 작업을 시도했다. 이를 시작으로 그는 '성서의 시대'로 가는 길을 열었는데, 그를 따르던 롤라드들Lollards은 100년 이상의 박해를 견디며 16세기 종교 개혁을 견인하는 역할을 했다. 또한 그의 영향을 받은 얀 후스는 보헤미아 종교 개혁의 선구자가 되었다. 16세기 독일에서 종교 개혁의 신호탄을 쏘아 올린 마르틴 루터도 성서학자였다. 그는 자신을 후원한 독일 삭소니의 영주 프레데릭Frederick the Wise의 보호를 피난처 삼아 성서의 독일어 번역을 완성했다. 이에 앞서 인문주의의 아버지로 알려진 에라스무스도 로렌초 발라의 『신약 성서 주석』을 발견하여 그 이듬해인 1505년 편집 출간했다. 마르틴 루터는 비텐베르크 대학에서 강의하면서 이를 텍스트로 사용했다. 스위스 취리히에서 종교 개혁을 이끌었던 츠빙글리도 성서를 읽으면서 개혁가로 변모했다.

그러나 로마 가톨릭교회만을 개혁 대상으로 삼았던 남성 개혁가들과 달리, 교회를 넘어 중세 사회 전체에 뿌리 깊게 자리한 가부장적 편견에 반기를 들며 성서를 새롭게 읽어낸 여성이 있었다. 존 위클리프와 같은 세기에 태어나고 얀 후스와 동시대를 살았던 크리스틴 드 피장Christine de Pizan, 1364-1430년경이 그 주인공이다.

크리스틴은 베네치아의 학자 집안에서 태어나고 파리에서 자랐다. 그가 본격적으로 글을 쓰기 시작한 것은 인생의 새로운 전환기가 되었던 스물다섯 살 때부터다. 결혼한 지 10년이 되던 해, 자신을 누구보다 인정해주고 격려해주던 남편이 전염병으로 갑자기 사망했다. "재산보다 덕이 뛰어난" 사람을 사윗감으로 찾던 그의 아버지가 직접 맺어준 남편이었다. "내가 골랐더라도 그보다 나은 배필을 고를 수 없었을 것"이라고 크리스틴 자신이 고백할 만큼 여성의 가치를 존중해 주던 사람이었

크리스틴 드 피장

다. 하루아침에 남편과 사별한 크리스틴은 남겨진 세 아이와 어머니 그리고 자신의 손에 맡겨진 조카딸까지 홀로 부양해야 하는 처지에 놓였다. 여성에게 독립적인 경제 활동이 거의 허용되지 않았던 시대에 그가 할 수 있는 일은 그리 많지 않았다. 그런 가운데 간신히 구한 일이 필경이었고 이것이 글을 쓰는 일의 시작이 되었다. 남편이 남겨준 것은 부채밖에 없었지만 다행히 의사이자 학자였던 아버지 덕분에 필경사 일을 구할 수 있었다.

그녀의 아버지는 어머니의 반대에도 불구하고 어릴 때부터 뛰어난 교육을 받게 해 주었다. 그 덕분에 크리스틴은 당시 여성으로서는 드물게 읽기와 쓰기 그리고 기본적인 라틴어까지 알고 있었다. 무엇보다 프랑스 왕궁에서 왕의 자문관을 지냈던 아버지의 인맥으로 그는 루브르궁 안에 있는 왕의 장서관에 드나들며 일반인들이 접하기 어려웠던 책들을 비교적 쉽게 구해볼 수 있었다. 아버지와 남편으로부터 들었던 "라틴어의 기초와 학문의 아름다운 언어와 다양한 경구들, 우아한 수사학"도 큰 도움이 되었다. 덕분에 크리스틴은 가정부인이 생계를 위해 글을

쓰기 시작한 보기 드문 이력으로, 직업적으로 글을 쓰는 서양 최초의 여성 문필가라는 이름을 얻었다.

1405년에 크리스틴이 쓴 『여성들의 도시 Le Livre de la Cité des dames』는 여성 옹호론의 효시로 꼽히고 있다. 이 작품은 크리스틴 자신이 1인칭 화자의 주인공으로 질문을 던지고, "이성", "정직", "정의"라는 하늘이 보낸 가상의 세 여성이 반론과 변론을 펼쳐나가는 대담 형식으로 꾸며졌

여성들의 도시(1405)

다. 오랫동안 남성다움의 상징으로 간주되었던 이성, 정직, 정의의 개념들을 여성 캐릭터로 등장시킨 것은 그의 탁월한 문학적 상상력과 통찰력을 보여준다. "하나님은 왜 여자를 남자의 갈비뼈로 만드셨는가?" 크리스틴이 첫 포문을 연 질문이다.

> "크리스틴, … 하나님께서는 아담을 잠들게 하시고 그의 갈빗대 하나로 여자를 만드셨으니, 그것은 여자가 그의 곁에서 반려가 되라는 뜻이지 그의 발치에서 하녀가 되라는 뜻이 아니란다. 또한 남자가 여자를 제 몸처럼 사랑하라는 뜻이기도 하지. 지고의 창조주께서 여자의 몸을 만드신 것을 수치로 여기시지 않거늘, 어찌 자연이 수치스러워한다는 말이냐? 아, 그따위 언설의 어리석음이라니… 하나님께서는 영혼을 창조하시고 남자의 몸에나 여자의 몸에나 똑같이 고상하고 선한 영혼을 넣어 주셨지. 몸의 창조에 대해 다시 말하거니와 여자도 지고의 창조주에 의해 만들어졌단다. … 그리고

만일 누가 인간이 낙원에서 추방된 것이 이브 탓이니 여자 때문이라고 말하려 한다면, 나는 인간이 이브를 통해 잃은 것보다 훨씬 더 높은 지위를 마리아를 통해 얻었다고 대답하겠다."(「여성들의 도시」 I. 9)[96]

남자에게 있어 여자는 "발치의 하녀"가 아니라 "사랑해야 할 반려"다. 그리고 하나님이 불어 넣은 영혼은 남자나 여자나 똑같다. 이것이 그가 성서에서 찾은 답이었다. 크리스틴은 여성을 남성보다 열등한 존재로 취급하며 이를 수천 년 동안 당연한 자연의 '질서'로 수용해왔던 사회에 반론을 제기했다. 오늘의 시각에서 보면 "가장 고귀한 요소"인 남자의 몸으로 여자가 만들어졌다는 전제를 그대로 받아들이는 크리스틴의 입장이 다소 불편하게 느껴질 수도 있다. 그러나 이에 대하여 거다 러너는 표면적으로 "남성의 우월성을 그대로 인정하는 것 같지만 들여다보면 아담이 먼저 만들어졌기에 우월하다는 당시 남성들의 주장을 보기 좋게 뒤엎는 것"이라고 명쾌하게 설명한다.[97] 남자가 먼저 창조되었기에 고귀한 것이라면, 이브는 고귀한 남자의 몸으로 만들어졌기에 더 고귀하다는 결론에 이르게 된다.

성서와 교회를 양손에 든
토마스 아퀴나스

당시 가장 권위 있는 학자로 추앙받았던 토마스 아퀴나스는 성서의 창조 기사를 근거로 내세우며 여성은 "어딘가 모자라는 잘못 만들어진 존재"라고 단언했다.⁹⁸ 어떤 때는 완전한 남자가 태어나지만 또 어떤 때는 '잘못 만들어진 남자'가 태어난다는 것이다. 그는 같은 이유로 여성의 사제 서품 역시 허용될 수 없을 뿐만 아니라 효력도 없다고 주장했다.

토마스 아퀴나스는 중세 신학을 발전시키는 데 크게 공헌한 인물이다. 중세 교회를 지배한 어거스틴의 신학에 동방으로부터 새로 유입되어 다시 주목받기 시작한 아리스토텔레스의 자연 철학을 통합한 그의 저작『신학 대전』은 기념비적인 작품으로 꼽힌다. 그러나 그는 아무런 의심과 주저 없이 남성 중심적 인간론을 옹호하고 주장했던 어거스틴과 아리스토텔레스의 공통점에서 한 치도 벗어나지 못했다는 것이 한스 큉Hans Kung의 평가다.⁹⁹ 아리스토텔레스는 일찍이 여성을 인간보다 못한 존재라는 자리에 위치시키면서 여성이란 "손상된 남성"이라고 규정했다. 어떤 이는 지배하도록 타고나고 또 어떤 이는 지배당하도록 타고난다는 것이 그의 확고한 논리이다. 이러한 관계는 영혼과 육체, 주인과 노예, 남성과 여성의 관계를 설명하는 데 효과적으로 적용되었다.

> "어떤 사람들은 본래 자유롭고, 어떤 이들은 본래 노예이므로 노예로 태어난 자들에게는 노예 제도가 편리하면서도 정당하다."
> "남성은 본래 우월하고 여성은 열등하다. 그러므로 남성은 다스리고 여성은 다스림을 받는다. 당연히 이 원칙이 모든 인류에 해당된다."
> (Aristotle, *Politica*, I. 2)

아리스토텔레스가 여성에 대한 남성의 우월적 지위와 지배를 자연의 질서로 설명했다면, 중세 기독교의 신학적 기틀을 마련한 어거스틴은 이를 하나님의 창조 질서로 풀어냈다. 어거스틴은 창조 이야기를 근거로 제시하며 여성도 남성과 마찬가지로 하나님의 형상으로 창조되었다고 초기 교부들보다 다소 진보된 의견을 내놓았다. 그러나 그 역시 앞서 살펴보았듯이 여성은 "고등한 이성"을 따라 살기에는 너무 "약한 지성"을 지녔기에 "남성의 통치와 관리 아래서만 점진적으로" 하나님의 은혜를 성취할 수 있다는 주장을 폈다.

당대 지성인들의 견해에 정면 배치되는 여성들을 위한 크리스틴의 반론과 변론은 성서 해석에만 그치지 않는다. 그는 성서의 창조 기사를 시작으로 사람들 사이에 아무렇지도 않게 회자되는 여성 비하 담론을 공론의 장으로 끌어냈다. 가령, '여자는 입이 헤프다', '여자가 치장하는 것은 남자를 유혹하기 위한 것이다', '여자의 말에 귀 기울이는 남자는 한심한 작자다', '여자는 공부 머리도 없고 할 필요도 없다', 심지어 '여자는 겁탈당하고 싶어 한다'라는 등의 속설들을 언급했다. 크리스틴은 이런 말도 안 되는 속설들이 진실 아닌 진실로 받아들여지는 것에 분노했다. 그는 묻는다.

> "학식 있는 사람들을 비롯하여 그토록 수많은 남자들이, 기나긴 명단으로 이어질 그 많은 철학자·시인·도덕론자들이 어찌하여 그 많은 논문과 저작들에서 여성을 사악한 존재로 여기고 여성의 행동을 비난하는가?" (I. 1)

그의 질문은 스스로를 이성적 존재로 믿어 의심치 않는 남성들의 지성적 허구에 날카로운 '한 방'을 날린다. 크리스틴이 『여성들의 도시』를 쓰게 된 것도 이전 세기에 쓰인 『장미 이야기』를 두고 벌어진 일종의 문학 논쟁이 직접적인 계기가 되었다.[100] "장미 논쟁"으로 불리며 논쟁에 불을 지핀 이 화제의 책은 오로지 한 여성을 정복하기 위해 온갖 술수와 모략을 동원하는 이야기를 테마로 삼아 여성을 악하고 생각이 없는 비루한 존재로 묘사했다. 여성을 비하하는 속설들이 사실인 양 책에 담겨 퍼져나가자, 크리스틴이 이를 공개적으로 반박하고 나선 것이다. 여성에게 가해졌던 수많은 종류의 비난들 중 그가 가장 참을 수 없었던 것은 "여자는 정숙하기 어렵다"라는 것과 "여자는 지성이 없다"라는 통설이었다. 크리스틴은 "이성 부인"이라는 가상 인물을 등장시켜 이에 조목조목 반박했다.

> "만일 소녀들을 학교에 보내 소년들처럼 학문을 가르친다면, 그들만큼이나 온갖 어려운 기술과 학문을 이해하게 될 거야. … 여자들은 남자들보다 더 섬세한 몸을 가지고 있어서 어떤 일에는 더 약하고 덜 적합하지만, 열심을 기울이는 어떤 일에는 더 명민하고 예리한 지성을 발휘한단다."(I. 27)[101]

여성에게 부족한 것이 있다면 그것은 이성적 능력을 타고나지 못했기 때문이 아니라 교육의 기회가 주어지지 않았기 때문이라는 것이 크리스틴의 반론이다. 그 근거로 크리스틴은 성서뿐만 아니라 성인전과 역사서 등을 총동원하여 여성들의 다양한 사례들을 제시하고 이를 통해 당시 대중들을 지배했던 여성 비하 담론이 얼마나 근거 없는 것이었는지 드러내고자 했다. 이성이 결핍된 존재, 미성숙하고 감정적인 존재로 비난받으며 수천 년을 살아오면서도 반론 한번 제대로 펴지 못했던 여성들을 위해 여성 스스로 여성들을 위한 변론에 나서기 시작한 것이다. 남성들의 지성적 허구를 한 큐에 뒤집는 논리적 반격은 16세기 여성종교개혁가 마리 당티에르가 바통을 이어받는다.

> "비록 모든 여성이 다 결점을 지니고 있지만, 남성이라고 해서 여기서 제외된 적은 없습니다. 어떤 여성도 예수를 팔거나 배반한 적이 없고 유다라는 이름의 남자가 그랬는데도, 왜 여성들이 그토록 비난을 받아야 합니까? 이 땅에 그토록 많은 의식, 이단, 그리고 그릇된 교리를 지어내고 고안한 자들이 남성들이 아니라면 누구입니까? 그리고 그들이 가련한 여성들을 꾀어냈습니다. 여성이 거짓 선지자였던 적은 한 번도 보이지 않고, 여성들이 그들에 의해 잘못 인도되었던 것입니다." [102]

마리는 수천 년간 여성들이 머리에 이고 살았던 '이브의 저주'까지 통쾌하게 날려버린다. 거짓 진리로 세상을 농락하고 그릇된 교리로 연약한 자를 잘못된 길로 인도한 것은 침묵과 복종만을 강요당한 여성이 아니라 말과 글과 지식을 홀로 독점한 남성들이었다는 사실을 명쾌하게 끄집어낸다. 이는 교회가 절대 진리로 숭상해온 초대교부들의 가르침을 정면으로 뒤집는 것이었다.

여성 교육 없이
국가의 미래도 없다

　여성의 이성적 능력과 교육의 필요성을 제기한 크리스틴의 반론이 그르지 않았다는 것은 한 세기가 넘어서 증명되었다. 이는 프로테스탄트 공동체 안에서 여성들이 자녀 교육, 특히 신앙 교육을 담당하게 되면서 자연스럽게 이루어졌다. 교육의 대상과 범위가 대단히 제한적이었지만, 프로테스탄트 교회가 여성을 교육의 한 주체로서 인정한 것은 출산과 자녀 양육의 역할로만 여성들의 존재 이유를 인정했던 이전의 시대와는 확연히 구별되는 것이었다. 전통적 개념에서 교육은 이성의 담지자로 간주된 "남성들에 의한, 남성들을 위한, 남성들의" 영역이었다. 따라서 자녀 교육을 여성에게 맡긴다는 것은 이미 여성들에게 이성적 능력이 있음을 인정한다는 의미를 갖는다. 이는 자연스럽게 여성 교육의 필요성과 중요성에 대한 공감으로 이어졌다. 여성의 가치가 재발견되는 순간이었다.

　이러한 변화는 어머니로서 여성의 역할이 얼마나 중요한지 강조하며 이를 위해 장차 어머니가 될 소녀들의 교육이 필요하다고 역설한 루터의 주장에서 이미 예견된 일이기도 했다.[103] "나는 여성들에게 적대적인 사람들을 특별히 증오한다"라는 말로 루터는 여성들 위에 군림하고자 하는 남성들의 모습을 경계하였다. 필요하다면 남자가 밤에 아이를 잠재우고 기저귀를 빨아 주고 부인을 도울 수 있어야 한다는 것이 그의 주장이다. 그에게 있어 여성은 남편과 자녀들 모두에게 대화 파트너의 역할을 할 수 있는 그런 존재였다. 문제는 여성들을 위한 교육이 가정과 자녀라는 여성들의 전통적 영역에 제한되었다는 점이다.

> "소년과 소녀를 위하여 가장 좋은 학교를 모든 곳에 세워야 한다. … 남자들은 나라와 사람들을 잘 다스리고, 여자들은 집안 살림살이를 잘 하고 애들과 손님 접대 잘하도록 하기 위함이다. 그러므로 소녀는 하루에 한 시간씩 학교에 갈 시간이 있다."

루터에게 있어 여성과 남성의 공간은 철저히 구분되었다. 공적인 영역은 남성의 공간이요, 사적인 영역으로 간주되던 가정은 여성의 공간이다. 이는 교회 공동체와 가정에서의 남녀 역할이 다름을 의미했다. 사제들에게 절대적 권한이 주어진 성직주의에 반기를 들며 "만인 사제론"을 주장한 루터는 여성에게도 설교할 수 있는 권한이 있음을 인정했다. 단지 교회에서의 설교는 남성, 가정에서의 설교는 여성이 맡아야 한다며 영역의 차이에 분명한 선을 그었다.

> "보통 가정에서 가장이 그 집의 주교라 한다면, 부인은 여주교이다. 그러므로 그대 여성들은 우리 남자들이 교회에서 설교직을 감당하듯 그대들의 집에서 이 일을 감당하라."

만인 사제설의 "만인"에 여성을 포함시키는 진보된 입장을 취하면서도 동시에 여성의 실질적인 권한은 "가정"이라는 전통적 영역으로 제한을 둔 루터의 현실적 선택이 21세기를 살아가는 현대인들의 눈에는 다소 한계가 있어 보이는 것이 사실이다. 그러나 신학자인 정미현은 "여성의 말씀 선포 영역을 사적 공간에 제한시킨 점은 문제이지만 당시의 시대 상황에서는 앞서나간 시도였고 이러한 과정들이 이후 진행된 여성 사제직의 도약대가 되었다"라고 의미 있는 평가를 내린다.[104]

 루터의 개혁사상이 현실적 한계를 지니고 있었음에도 불구하고, 여성을 교육의 한 주체로 인정한 것은 이후 여성들의 활동 영역을 넓히는 데도 적지 않은 역할을 했다. 무엇보다 여성에 대한 루터의 새로운 인식을 발판으로 프로테스탄트 여성들은 스스로 자신들의 교육적 가치를 증명하고 사회적 역량을 키워갈 수 있는 기회를 얻었다. 루터의 가르침에 근거한 프로테스탄트 교리에 따르면 가족 구성원들의 종교 교육은 가정에서 책임져야 한다. 특히 여성은 가정에서 성서를 읽고 자녀들에게 초보적인 읽기와 쓰기, 종교적 지식을 가르칠 수 있어야 한다. 이러한 교리의 새로운 요구는 자연스럽게 교육자로서의 어머니(여성)의 역할 증대로 이어졌다.[105]

 프로테스탄트 교회들이 특별히 교육을 강조하고 나섰던 데에는 로마 가톨릭교회와 대치하고 있었던 상황에서 자신들의 신앙 공동체를 더욱 공고히 하기 위한 현실적 요구가 크게 작용했다. 자신들의 신앙 고백과 교리를 지키고 세력을 확장해 나가기 위해서는 교회 구성원들의 교리 교육은 물론 다음 세대를 이어갈 자녀들의 기초 교육과 신앙 교육이 무엇보다 절실했다. 프로테스탄트 신앙을 받아들인 도시에 학교가 세워지고 남학생뿐만 아니라 여학생들에게도 똑같이 기초 교육과 더불어 통일된 교리 교육이 이루어지게 된 것도 이러한 동기가 크게 작용했다. 학교라는 시스템 안에서 통일된 기초 교육을 실시한 프로테스탄트 교육은 이후 근대 교육의 근간이 되었다.

여성이 교육을 받을 수 있는 기회와 교육할 수 있는 권한은 자녀들의 신앙 교육에 제한되었다. 하지만 여성들은 합법적으로 인정받은 자녀 교육을 위한 모성의 권위를 적절히 활용하여 자신들의 목소리를 내는 지혜를 발휘했다. 15세에 결혼하여 9명의 자녀를 낳은 안나 오베나 호이어스Anna Ovena Hoyers, 1584-1655는 아이 교육을 담당하는 어머니라는 권위를 내세워 기본 교리에 대한 자신의 신학적 견해를 「진정한 기독 정신에 대한 어머니와 아이의 영적 대화」라는 글로 발표했다. 유태계 독일인으로 14세에 결혼하여 14명의 아이를 낳은 글뤼켈Gluckel, 1646-1724은 아이들에게 말하는 일기 형식의 회상록을 통해 자신이 직접 경험한 30년 전쟁(1618-1648)의 상처를 생생히 증언했다. 18세에 결혼하여 14명의 아이를 낳은 마카레타 수잔나 본 쿤트쉬Margaretha Susanna von Kuntsch, 1651-1717는 아이들의 죽음을 경험하면서 겪었던 어머니로서의 슬픔을 수많은 시로 남겼다. 여성들은 단순히 자신들의 교육적 역량을 자녀들을 위한 신앙 교육에만 쏟아붓는 것이 아니라 다양한 방식의 글쓰기를 통해 자신들의 경험과 생각, 신학적 견해까지도 밝히는 데 주저하지 않았다.

모성의 권위를 내세워 자신들의 목소리를 내기 시작한 여성들의 반격은 17-18세기로 이어지며 근대 여성 교육의 활로를 열었다.[106] 시민 혁명을 거치며 공화국의 시대가 도래하자, 여성들은 모성적 가치를 국가라는 집단적 개념으로 연결시키며 "공화국의 어머니"를 자임하고 나섰다. 근대 시대의 도래는 중세의 침몰로 거저 주어진 반사의 역사가 결코 아니었다.

시민 사회를 향한 여성들의 인간 선언

근대 역사의 가장 중요한 특징 중 하나는 시민 사회의 등장일 것이다. 유럽에서는 1789년 프랑스 혁명이 그 시작을 알렸다. 시민이 역사의 주인이요, 권력의 주체가 되는 새로운 시대의 도래!

신의 이름으로 소수의 특권층이 절대 권력을 누리던 중세의 왕정 시대가 막을 내리고 시민이면 누구나 참여할 수 있는 시민 광장이 활짝 열렸다. 시대를 앞서가는 지식인이라면 누구나 천부인권을 이야기하고, 자유와 평등과 박애를 외쳤다. 타고난 귀족이 아니어도 의회에 나아갈 수 있으며 새로운 시대에 걸맞은 법질서와 정책들을 논할 수 있었다. 이러한 시대의 변화는 저절로 이루어지지 않았다.

시민 사회의 등장,
누구를 위한 광장인가?

종교 개혁을 시작으로 유럽은 200년이 넘는 긴 시간 동안 엄청난 피의 대가를 치렀다. 종교 개혁의 후폭풍을 거치며 중세 유럽을 떠받쳐 온 기독교는 그 중심에서 결정적인 타격을 입지 않을 수 없었다. 고착화된 교리에 갇혀 무자비한 박해가 이루어지고 이것이 시민전쟁으로 이어지면서 교리에 대한 불신과 회의는 삶 곳곳을 파고들었다. 가톨릭과 프로테스탄트 간의 갈등으로 시작되어 유럽 전역을 전쟁의 도가니로 몰아넣었던 30년 전쟁은 치명적이었다. 보헤미아 인구가 5분의 1로 감소하였고, 독일 인구 1600만 중 최대 5분의 3이 사망했다는 통계는 교리를 진리로 받들었던 종교 전쟁이 유럽 사회를 얼마나 피폐하게 만들었는지 단적으로 보여주는 예다.[107]

유럽인들은 교리 전쟁에 대한 극도의 피로감을 드러내며 기독교에 대한 깊은 회의에 점점 빠져들었다. 더욱이 코페르니쿠스Nicolaus Copernicus와 갈릴레이 이후 급진전된 과학의 발달로 유럽 사회는 인간의 모든 삶을 신의 섭리로 설명해왔던 중세의 세계관으로부터 빠르게 벗어나기 시작했다. 동시에 합리적인 방식으로 삶을 이해하려는 흐름들이 급속도로 퍼져나가면서 그 자리를 대신해갔다. 중세적 세계관에 바탕을 둔 기독교의 전통적 교리는 더욱 설 자리를 잃어갔고, 진리에 대한 갈증은 '공공의 선'을 향한 인류의 보편적 가치와 사회적 책임에 대한 담론으로 자연스럽게 옮겨갔다.

하지만 인류의 보편 가치를 추구하는 시민 사회가 등장했다 하여 누구나 시민이 될 수 있었던 것은 아니다. 통계에 따르면, 1830년 당시 프랑스의 3,500만 인구 중 단 20만 명만이 선거에 참여할 수 있었다.[108] 새로 열린 시민 광장은 교육받은 남성들에겐 한없이 관대했지만, 시민의 자격이 원천적으로 봉쇄된 이들, 특히 여성들에겐 여전히 금지된 땅이었다. 창밖의 풍경은 빠르게 바뀌어갔으나 가정에서 이를 바라만 보아야 했던 여성들의 삶은 크게 달라진 것이 없었다. 아니, 보다 넓어지고 밝아진 광장의 빛 때문이었을까? 시민 사회의 중요성이 부각될수록 여성들의 존재감은 오히려 가정에 갇히고, 광장이 만들어낸 새로운 빛에 가려 희미해졌으며, 보이지 않는 곳에서 조용히 시민 사회의 주인이 된 남성들을 시중들도록 요구받았다. 한마디로 18세기 유럽에서 시민 사회의 등장은 반쪽만을 위한 것이었다. 이에 여성들은 남성과 동등한 이성과 인간으로서의 권리를 가지고 태어났음을 선언하면서 스스로 이를 증명해야 하는 숙제를 안게 되었고, 이것이 근대 여성 운동의 출발이 되었다.

이성의 시대,
진보인가? 퇴보인가?

시민 사회가 등장하면서 가장 중요한 의제로 떠오른 것은 교육이었다. 소수의 특권층이 교육을 독점하며 자신들의 지배 권력을 공고히 했던 이전 시대와 달리, 시민 사회에서는 합리적 공공성을 지속적으로 담아낼 수 있는 시민 교육이 절실하게 필요했다. 프랑스 혁명이 일어난 지 2년 후인 1791년, 프랑스 의회에 「공교육에 관한 보고서」가 제출되었

 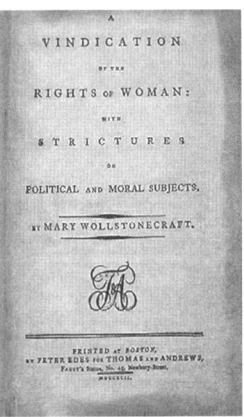

근대 페미니즘의 선구자로 알려진 메리 울스턴크래프트

울스턴크래프트의 저작, 『여성의 권리 옹호』 (1792)

다. 이를 작성한 이는 격변기의 프랑스 외교를 오랫동안 주도해 온 외교관이자 삼부회 회원이던 탈레랑이었다. 이 보고서에는 소년들을 위한 국민 교육이 필요하다는 제안과 함께 여성 교육은 오로지 가사 교육에 국한되어야 한다는 주장이 담겨 있었다. 탈레랑의 교육 법안이 공개되자, 이에 정면으로 반박하는 글이 영국에서 먼저 나왔다. 문필가이자 프랑스 혁명의 지지자였던 메리 울스턴크래프트Mary Wollstonecraft, 1759-1797가 6주 만에 『여성의 권리 옹호 A Vindication of the Rights of Woman』(1792)를 발표했다.[109]

울스턴크래프트는 개인의 단순한 의견이 아닌 "여성 전체를 위한 사심 없는 논의"임을 전제로 남녀동등 교육론을 들고 나왔다. 더 나은 사회로 나아가기 위해서는 남성과 여성 모두에게 똑같이 시민 교육이 필요하다고 반박하며 여성의 동등 권리를 주장했다. 소년들뿐 아니라 소녀들도 국민 교육의 대상에 포함되어야 하며, 남녀평등과 교육을 위한 기회균등이야말로 사회 개선과 도덕성 향상을 위해 반드시 필요한 것이라고 목소리를 높였다.

"여성의 권리에 대한 여러 논의의 핵심은 바로 여성이 교육을 통해 남자의 동반자가 되지 않으면 그들은 지식과 미덕의 진보를 막게 될 것이라는 단순한 원칙에 기초합니다. 남녀 모두 같은 지식을 익히지 않으면 사회 전체의 습속을 고치기 어렵기 때문입니다. … 엄마가 조국을 사랑해야 아이도 애국심의 진정한 원리를 배우게 될 것이고 인류의 도덕적 사회적 이익을 이해해야만 모든 미덕의 원천인 인류애도 생길 것입니다. 그런데 현재 여성이 받는 교육과 그들이 처해 있는 생활 환경에는 그런 생각을 할 여지가 없습니다."[110]

여성에게 교육이 필요한 이유는 여성이 "공화국의 어머니"가 되어 자녀들을 잘 양육하고 좋은 시민으로 가르쳐 국가에 봉사하도록 할 것이기 때문이라는 것이 그녀의 주장이다. 울스턴크래프트는 근대 시민 국가로 나아가는 데 있어 "여성이 제대로 교육을 받는 것은 가정을 위해서나, 민주적이고 합리적으로 행동하는 시민들로 이루어진 사회의 형성을 위해서나 필수적으로 요청되는 일"[111]이라고 믿었다.

훗날 이러한 여성 교육론은 신생 국가로 출발한 미대륙에서 근대의 이상적 여성관으로 큰 호응을 받게 된다. 그리고 세계 질서의 재편 속에서 근대 국가 건설을 숙제로 안게 된 아시아 대륙에서도 "여성을 이성적 존재"로 만들면 "그들은 곧 양처현모가 될 것"이라는, 이른바 '공화국 어머니'를 부각시킨 여성 교육론이 상당히 설득력 있게 받아들여진다.

울스턴크래프트가 여성 교육의 필요성을 언급하며 이를 자녀 교육이라는 모성적 책임으로 연결시킨 부분은 오늘의 페미니즘적 시각에서 보면 다소 진부하게 느껴지거나 심지어 실망스러운 것일 수도 있다. 그러나 그가 이 글을 썼던 18세기 영국, 특히 여성들의 상황을 먼저 이해할 필요가 있다. 계몽주의라는 시대정신이 말해주듯이, 당시 유럽은 그 어느 때보다 강렬하게 인류의 진보를 꿈꾸며 그 사상적 기반과 물적 토대를 마련해가고 있었다. 하지만 유럽 여성들의 사회 경제적 지위는 이러한 시대의 흐름과 함께 하지 못했다. 오히려 퇴보했다는 것이 일반적인 평가이다.

특히 산업 혁명이 일어난 영국에서는 가정에서 이루어지던 가내 수공업이 가정과 분리된 공장으로 옮겨가면서 여성들은 자연스레 경제 활동에서 물러나 가정에 머물게 되었다. 그리고 공장 중심의 생산 활동이 활발해지면서 생산력이 증가하자, 경제 활동은 공적인 영역으로 구분되어 남성들의 공간이 되었고 가정은 여성들이 가족을 돌보고 남편의 공적 활동을 내조하는 사적인 영역으로 자리 잡아갔다. 아이러니하게도 공공의 선이 이상 사회의 합리적 가치로 떠오르면서 공공의 영역은 곧 이성을 담지한 남성들에게 적합한 영역으로 간주되고, 여성에 대한 사회적 배제는 자연이 부여한 사회 질서로 더욱 공고하게 자리 잡아갔다. 그 어떤 종교적 교리보다 보편성과 합리성을 신뢰한 시민 사회가 도래했지만 여성들은 여전히 새 시대의

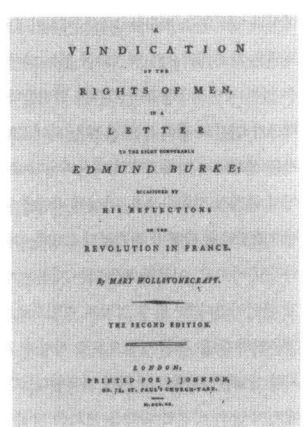

1790년에 출간된 울스턴크래프트의 저작, 『인간 권리의 옹호』.

주체로 인정받지 못했다.

　성에 따른 노동의 분화는 가정에서의 여성의 역할도 바꾸어 놓았다. 가사 활동과 자녀 양육은 물론 경제 활동에 참여하는 남성들의 사회적 피로감까지 떠맡아야 했다. 낮에는 집안을 깨끗이 정돈하고 자녀들을 잘 훈육하며 저녁에는 퇴근하는 남편을 따뜻한 미소로 맞아들이는 것이 여성들의 당연한 의무가 되었다. 이러한 역할 변화 속에서 여성에게 요구되는 미덕도 남성의 기쁨이 될 수 있는 상냥함과 고분고분함으로 바뀌어갔다. 여성에게 허용된 교육도 자녀 양육을 위한 기초 교육과 가정으로 돌아온 남편이 편히 쉴 수 있도록 도움을 주는 가사 교육으로 제한되었다. 한마디로 여성은 남성을 위한 인형이 되어야 했다.

　반면에 공공의 영역에서 사회적 가치를 창출해야 할 책임이 맡겨진 남성들에게는 감정에 따라 행동하는 미성숙한 모습에서 벗어나 합리적으로 사유하고 판단하는 성숙한 단계의 인격을 갖추도록 요구되었다. 남성의 미덕으로 이성에 기초한 자비심, 신의, 관용 등을 가르쳤다. 울스턴크래프트는 이러한 상황에 대하여 "여자들은, 애완견 같은 애정이야말로 여성의 주요한 미덕이라고 하는 권고를 끊임없이 받는다"라고 분노했다.[112]

　성별에 따른 사회적 미덕과 교육의 양분화는 새로운 문제들을 야기했다. 우선 '남성적'인 미덕은 공적인 영역에서의 활동을 위한 것이었을 뿐, 남성들은 가정에서 백성들 위에 군림하는 전제 군주처럼 가족들의 시중을 받으며 이들 위에 군림하는 것을 당연한 권리로 받아들였다. 물론 정반대의 모습도 있었다. 순종과 고분고분함을 여성의 미덕으로 찬양하고 이를 행하는 여성들을 아름답다고 칭찬하며 이들을 여왕처럼 떠받들기도 했다. 이러한 경우는 울스턴크래프트가 지적한 대로 여성들이 자신의 즐거움을 위해 봉사해 주기를 바라는 남성들의 기대에서 벗어나지 않는 범위 내에 있을 때이다.

반면에 여성들은 독립적인 지성을 갖출 교육을 받지 못한 채 남자를 즐겁게 해주는 일에서만 행복을 찾아야 한다고 배워온 까닭에, 성숙한 인간이 되려 하기보다는 남성의 사랑을 얻기 위해 경쟁하거나 매력적인 여성이 되는 일에만 관심을 가졌다. 이러한 왜곡된 관계 때문에 어머니는 딸에게 좋은 모범이 되거나 딸의 친구가 되어주지 못하고 오히려 여성적 매력을 놓고 딸과 경쟁하는 경우까지 생겨났다.[113] 또는 결혼이 개인의 선택보다는 재산 보호 차원이나 재산 상속의 개념에서 이루어지는 경우가 많다 보니 혼외 관계에서 진정한 사랑을 찾는 여성들이 생겨나 도덕적 일탈로 이어지기도 했다. 이로 인해 자녀들이 방치되는 경우도 많았다.

이러한 풍경은 울스턴크래프트가 경험한 삶에서도 그대로 드러난다. 어린 시절 그의 가정은 비단 직조 장인으로 성공한 할아버지로부터 상당한 재산을 물려받은 덕분에 비교적 부유한 소시민의 삶을 유지할 수 있었다. 하지만 시대의 변화에 제대로 적응하지 못했던 아버지의 무능은 반복되는 사업 실패로 이어졌고, 그 대가는 고스란히 가족들의 몫으로 돌아와 늘 생활고에 시달렸다. 더욱이 그의 아버지는 갈수록 가장이라는 권위로 가족들에게 자주 폭력을 휘둘렀다. "나는 아버지가 없었다"라고 고백할 만큼 울스턴크래프트에게는 아버지에 대한 기억이 큰 상처였다. 그의 어머니는 항상 남편의 어이없는 폭력과 횡포에도 아무 말 없이 복종하며 그의 시중을 들었다. 이러한 어머니의 모습은 나약하고 무력한 모습으로 비쳐 어린 딸의 마음 깊은 곳에 또 다른 분노와 좌절을 심어주었다.[114] 이런 일이 반복되는 환경 속에서 울스턴크래프트는 장녀라는 책임감으로 아버지의 폭력으로부터 어머니와 동생들을 지키려 안간힘을 썼다. 하지만 이를 아는지 모르는지 그녀의 어머니는 그녀에게 늘 냉담했고, 아버지와 똑같이 맏아들인 오빠만 편애하는 모습을 보였다. 훗날 오빠는 큰아들이라는 이유로 아버지의 남겨진 재산을 모두 물려받았지만 여동생들을 전혀 돌보지 않는 무책임으로 일관했다. 결국 울스턴크래프트는 빈털터리로 집을 나와야 했고 여유 있는 집안을 전전하며 가정교사 생활로 생계를 꾸려갈 수밖에 없었다. 그녀에게 주어진 길은 결코 평탄한 여정이 아니었다.

하지만 울스턴크래프트는 삶의 우여곡절을 겪으며 비로소 여성들의 왜곡된 문화와 뒤틀린 삶에 눈뜨게 되었고 이를 날카롭게 통찰할 수 있었다. 그의 대표작인 『여성의 권리 옹호』도 이러한 축적된 경험들이 바탕이 되어 탄생했다.

여성으로 태어나는 것이 아니라
여성으로 만들어지는 것이다

불과 얼마 전까지 당연한 사실로 받아들여진 공식이 있었다. 남성은 합리적으로 사유할 줄 아는 독립적이고 이성적인 존재요, 여성은 감정에 따라 움직이는 나약하고 의존적인 존재라는 인식이 바로 그것이다. 이는 이성을 중시했지만 전혀 이성적이지 않았던 사회의 모순 구조 속에서 탄생된, 계몽주의 시대가 낳은 관념적 산물이었다. 특히 이러한 공

『에밀』의 저자, 장 자크 루소

식은 당대의 권위 있는 남성 지식인들의 펜 끝을 통해 자연이 인간에게 부여한 합리적인 사회 질서로 설파되었다. 여성 교육에 관한 책으로 널리 읽혔던 포다이스James Fordyce목사의 『젊은 여성들을 위한 설교집』이나 그레고리John Gregory의 『아버지가 딸에게 남기는 유훈』 등이 여성을 나약하고 남성에게 의존적인 존재로 각인시키는 데 크게 공헌했다.[115] 대표적인 계몽주의 철학자로서 모든 시민의 평등을 누구보다 강하게 주장했던 장 자크 루소 Jean-Jaques Rousseau의 저작인 『에밀』도 빼놓을 수 없다.

"여성 교육이 늘 남자와 관계를 염두에 두고 이루어져야 하는 건 바로 그 때문이다. 우리를 즐겁게 하고, 우리에게 유용한 존재가 되고, 우리가 그들을 사랑하고 존경하게 만들고, 우리가 어릴 때는 우리를 가르치고, 우리가 어느 정도 자랐을 때는 돌봐주고, 조언을 해주고, 위로하고, 우리의 일상을 편안하고 즐겁게 만들어 주는 것, 이것이 바로 여자들의 영원한 의무다. 그리고 어린 소녀들은 바로 이런 것을 배워야 한다. 여기서 벗어난다면 교육의 목표 자체에서 빗나가는 것이고 그런 교육은 여자들이나 우리 행복에 전혀 도움이 안 될 것이다."[116]

『에밀』은 루소의 대표적인 저작일 뿐만 아니라 당대 가장 영향력 있는 교육 지침서 중 하나였다. 이 책에서 루소는 에밀이라 불리는 남성 주체를 내세워 남성에게는 자연의 순리에 가장 적합하고 고상한 교육 이념에 바탕을 둔 교육이, 그의 짝이 될 처녀 소피아를 내세워 여성에게는 '여성적 기질'을 키워줄 수 있는 별도의 교육 원칙이 필요하다는 주장을 폈다. 여성은 소심하고 약하므로 자기 보존이라는 기본적인 충동에 따라 남성에게 애교를 부리게 되며, 여성이 애교를 부릴 때 남성은 덜 폭력적이 된다는 것이 루소의 견해였다.

> "만약 여성이 애교를 부리고 복종하도록 만들어졌다면, 여성은 남성을 화나게 하지 말고 남성에게 상냥해야만 한다. 여성의 힘은 그녀의 매력에 있다. … 바로 이런 점에서 공격과 방어, 남성의 대담함과 여성의 유약함, 그리고 마지막으로 강자를 노예화하기 위해서 자연이 약자에게 부여한 겸양과 부끄러움이 발생하는 것이다."[117]

불평등한 사회적 모순을 날카롭게 파고들었던 루소. 그러나 시민 사회의 진정한 기초자로 알려진 모습과는 사뭇 낯설다. 루소는 지적이고 학식 있는 여성을 지극히 혐오했으며, 반대로 겸손과 수줍음을 여성의 가장 자연스러운 특징으로 보았다. 이러한 루소의 여성관은 그가 당대 최고의 지성인으로 활동하면서도 교육이라고는 한 번도 받아본 적이 없는 하녀를 애인으로 삼아 아이들을 다섯이나 낳게 한 것에서도 잘 드러난다. 더욱 놀라운 점은 최고의 교육 지침서를 써낸 그가 자신의 아이들은 모두 태어나자마자 악명 높았던 기아보호소에 보냈다는 점이다. 아이들이 집에서보다 거기서 더 나은 보살핌을 받을 것이라는 것이 이유였다.

울스턴크래프트는 루소의 여성관을 신랄하게 비판했다. 그는 여자가 여성적 자질을 타고나는 것이 아니라 여성적 자질을 강요받음으로써 여자로 만들어지는 것이라고 반박했다. 여성이 약하고 어리석은 존재로 살아가는 것은 여성에 대한 억압 때문이며, 여성을 의존적이고 비주체적인 존재로 만들어 억압하는 것이 여성을 타락으로 이끈다고 주장했다. 계몽주의 시대정신에 공감하며 프랑스 혁명을 지켜보았던 울스턴크래프트는 여성도 남성과 똑같이 이성을 가진 존재로 태어난다는 것을 분명히 했다.

> "감정의 문제에서 남녀의 차이가 없다는 데는 다들 동의하는 것 같다. 하지만 지성의 문제에서는 누구나 남자가 여자보다 우월하다고 본다. 여성은 "절대적으로 아름답지만" 지성은 거의 없는 것으로 간주되는 것이다. … 이성은 개인에 따라 정도의 차이는 있겠지만, 그 본질이 신성의 발현 또는 피조물과 창조주를 이어주는 끈이라면 그것은 누구에게나 동일할 것이다. 인간의 영혼이 스스로 이성을 발휘해 완성에 이르는 존재가 아니라면 왜 신의 이미지를 받고 태어났겠는가?"[118]

여성들을 위한 단순한 변론에 그쳤던 이전 시대와 달리, 울스턴크래프트는 성별에 따른 불평등을 날카롭게 지적하며 이성에 근거한 남녀동등론을 적극적으로 펴나갔다. 그러나 그가 주장하고 싶었던 것은 단순히 여성적 가치의 회복이 아니었다. 먼저 여성도 남성과 동등한 이성을 가지고 태어난 존재라는 것을 인정하라는 것이다. 그는 이성의 시대의 딸답게 인간은 이성적 존재라는 명제에서 모든 논의를 시작한다. 그에게 있어 이성은 성서가 품고 있는 진리와 상충되는 것이 아니라 신이 모든 인간에게 동일하게 부여한 힘이었다.

> "나는 내 이성의 가르침이 신에게 누가 된다고 생각할 수 없다. 그리고 내게는 악마에 대한 두려움이 없기에 우리 나약한 여성을 최초로 유혹한 자, 즉 악마의 어깨 위에 내 나약함을 의지하는 대신, 감히 이를 내 이성의 가르침이라고 부르려고 한다."[119]

모든 인간이 동등하게 받아들여져야 하는 이유는 바로 신으로부터 똑같은 이성을 가지고 태어나기 때문이다. 울스턴크래프트는 오늘날 근대 페미니즘의 선구자로 주로 알려져 있지만 남성 못지않은 계몽주의 시대의 진보적 사상가이기도 했다. 영국 근대 보수주의의 원조로 알려진 에드먼드 버크Edmund Burke가 프랑스 혁명을 비판하며 『프랑스 혁명에 대한 성찰』을 출간하자, 이에 반론을 제기하며 『인간 권리의 옹호 A Vindication of the Rights of Man』(1790)를 발표했다. 이는 버크에 대한 반론으로 당대 가장 큰 인기를 누렸던 토마스 페인Thomas Paine의 『인간의 권리 Rights of Man』(1791)보다 1년 앞선 것이다.

그렇다고 울스턴크래프트가 냉철한 이성을 지닌 소유자로서 평탄한 삶을 살았던 것은 아니다. "여성이여, 사랑에 매달리지 말고 존경받는 여성이 되라"라고 결연하게 외쳤던 모습과 달리, 정작 자신은 사랑 때문에 두 번이나 자살을 시도하게 되는 삶의 모순에 빠지기도 했다. 그

18세기 상류 사회의 일상이 된 파티

의 시련은 짧은 생을 마감한 후에도 끝나지 않았다. 아니 더욱 혹독해졌다. 그녀의 두 번째 남편이자 마지막 사랑이 된 진보 지식인 윌리엄 고드윈William Godwin, 1756-1836이 그를 추모하여 쓴, 그의 첫 번째 전기가 의도와는 전혀 다르게 알려지지 않았던 사생활을 만천하에 드러내는 결과를 초래하고 만 것이다. 이로 인해 그녀는 20세기에 이르기까지 자신의 사상을 제대로 평가받지 못하고 도덕적으로 문란한 여인으로 낙인찍혀 보수적인 남성들의 조롱과 비난을 한 몸에 받는 수모를 겪어야 했다.

앞에서 살펴보았듯이 울스턴크래프트의 사상은 한 여성 지식인이 책상에 앉아 잘 다듬은 지적 생산물이 아니었다. 어린 시절부터 뼈아프게 경험했던 불합리한 관습과 성차별적 제도에 대한 저항과 분노에 깊이 바탕을 둔 것이었다. 물론 그가 보았던 여성은 가족의 부양을 위해 밤낮으로 노동에 시달려야 했던 대중 여성들이 아니라 남편의 경제 활동의 열매를 가정에서 누리고 살 수 있었던 중산층 여성들이었음은 부인할 수 없다. 그러나 고달픈 삶을 통해 여성도 인간이라고 선언했던 그의 고뇌는 한마디로 잘라 말하기 어려운 부분이다. 그의 삶은 당대에 받아들여지지 못했지만 그의 사상은 19세기 빅토리아 시대의 여성 운동을 이끈 남성 지성인 존 스튜어트 밀John Stuart Mill 등을 통해 계승되었다.

사회적 금기에 도전한 '경건주의' 여성들

영국에는 울스턴크래프트의 경우처럼 여성도 이성을 가진 인간임을 선언하며 대중 지성들을 합리적으로 설득하고자 했던 지성인들도 있었지만, 경건주의 전통 안에서 조용히 여성들의 영적 도덕적 리더십을 구체적으로 실천했던 이들도 있었다. 존 웨슬리John Wesley, 1703-1791와 함께 영국에서 사회적 경건을 실천하며 감리교 운동을 펼쳐나간 여성들이 대표적이다.

18세기 공장에서 일하는 여성들

감리교의 탄생은 산업 혁명이 몰고 온 변화의 한 가운데서 이루어졌다. 18세기 프랑스 혁명이 봉건 사회의 한 축을 무너뜨리고 근대 시민 사회를 등장시켰다면, 영국은 급격한 산업 발전을 통해 근대 산업 사회의 본격적인 도래를 알렸다. 특히 소수의 지식인들이 중심축이 되어 정치와 철학의 진보를 이루었던 프랑스와 달리, 영국의 산업 혁명은 몇 백 년 동안 한곳에 머물며 조상 대대로 땅을 일구고 살아온 지방 농부들의 생활 방식까지 바꾸어놓을 만큼 사회 전방위로 실질적인 영향을 미쳤다. 생산성 높은 방적기 등 새로운 기계들의 연이은 등장은 수많은 상품들을 쏟아내며 이전에는 상상할 수도 없었던 풍경들을 만들어냈다. 광산업이 발달하면서 새로운 도시들이 생겨나고 편리한 교통망이 갖추어졌으며 곳곳에 세련된 상점들도 들어섰다. 많은 사람들이 함께 손을 맞추어 일하는 대규모 공장들은 이전에 보지 못했던 것들이었다.

하지만 영국 사회 전체가 산업 혁명의 수혜자가 되지는 못했다. 오히려 가진 것 없는 이들에겐 정든 고향마저 등지게 만드는 냉혹한 현실이 주어졌다. 사람 손보다 빠르고 정확한 기계들에 맥없이 밀려난 이들, 새로운 일자리를 찾아 도시로 꾸역꾸역 몰려드는 젊은이들, 이들이 형성한 지저분한 빈민가, 힘겨운 노동에 지쳐 심신을 술로 달래는 공장 노동자들, 더 싼값의 노동력으로 더 많은 이윤을 창출하려는 공장주들의 탐욕과 생존의 덫에 걸려 꼼짝달싹 못하게 된 아동들과 여성들. 거리는 촌스러움을 벗어던지고 화려한 도시로 변모해갔지만 이들이 설 자리는 어디에도 없었다. 영국 국교회 사제였던 존 웨슬리는 이러한 현실을 그대로 두고만 볼 수 없었다.

웨슬리는 본래 "규칙주의자 *Methodist*"라는 별명이 따라붙을 만큼 누구보다 원칙과 전통을 중시했던 인물이었다. 하지만 동료인 조지 휫필드 George Whitefield, 1714-1770의 강력한 요청으로 거리에 내몰린 광부들의 눈물과 절박한 삶을 직접 목격하고는 거리의 대중들을 품지 못하는 전통적 교구 시스템의 한계를 절감하게 되었다. '제2의 회심'을 가져다준 이 사건을 계기로 웨슬리는 "세계가 나의 교회(교구)"라는 명언을 만들어 내며, 제도 안에 갇힌 교회가 아닌 거리의 가난한 이들을 향한 새로운 발걸음을 시작했다. 위엄을 갖춘 교회에 남는 대신 거리로 내몰린 수많은 가난한 대중들을 찾아 나선 것이다. 이것이 감리교 운동의 첫걸음이 되었다.

하지만 웨슬리가 탄생시킨 감리교 운동도 여성들의 적극적인 참여 없이는 상상하기 어려운 것이었다. 대중의 마음을 파고들며 영혼을 흔드는 그의 메시지에 감동을 받은 여성들은 가정부인으로만 머무르지 않고 하나둘씩 그의 성실한 동역자가 되어 소그룹의 리더로, 순회 설교자로, 후원자로, 재소자나 아픈 이들을 방문하는 심방자로, 상담자로 활동하기 시작했다. 이들은 탁월한 리더십과 삶의 다양한 경험들을 바탕 삼아 고향을 떠나온 후 사회적 관계의 해체로 고립되어가던 대중들을 섬세하게 끌어안으며 세밀한 방식으로 새롭게 엮어내기 시작했다. 교회에서조차 여성들의 발언을 허용하지 않았던 사회적 규율을 과감히 깨고 웨슬리는 여성들에게 공동체를 이끌 수 있는 리더십과 대중 앞에서 설교할 수 있는 권한을 부여했다.

> "여러분 모두는 여러분이 지닌 능력 안에서 자연의 하나님께서 여러분에게 주신 권리를 주장하여야 합니다. 더 이상 그 지독한 속박에 굴복하지 마십시오! 남성들뿐만 아니라 여러분들도 합리적인 존재로 창조함을 입은 사람들입니다. 여러분들도 남성들처럼 하나님의 형상으로 만들어졌습니다. 여러분들도 동등하게 영생을 얻을 수 있는 사람들입니다. 여러분들도 시간이 주어졌을 때 모든 사람들에게 선을 행하도록 하나님의 부르심을 받았습니다."[120]

웨슬리가 처음부터 여성들을 공동체의 리더로 세우거나 이들에게 설교할 수 있는 권한을 허락했던 것은 아니다. 오히려 초기에는 사회적 관습에 따라 "여자는 일체 순종함으로 조용히 배우라(「디모데전서」 2장 11절)"라는 사도 바울의 전통적 가르침을 근거로 "대중을 가르치는 것"은 여성의 일이 아니라고 못 박았다. 그러던 그가 1761년을 기점으로 기존의 입장을 바꿔 여성들의 영적 도덕적 역량을 인정하고 수용하게 된다. 가난한 한 여성이 자신의 이야기를 풀어내는 집회에 참석했다가 감동을 받은 후, 신은 인간의 마음을 움직이는 데 여성도 사용하신다는 것을 깨닫게 된 것이 계기가 되었다. 웨슬리의 고백이다.

"한 가난한 여인이 마음의 충만함으로 소박한 몇 마디 말을 하는 동안 그것을 듣던 거의 모든 사람의 마음을 통해… 불꽃이 일어났다. 하나님께서 일하고자 하시면 그 도구가 얼마나 약한지 혹은 얼마나 천한지는 문제가 되지 않는다."[121]

용기 있게 대중 앞에 선 어느 이름 모를 가난한 여인이 웨슬리의 오랜 사회적 통념을 깬 것이다. 물론 이에 앞서 웨슬리가 여성들에게 쉽게 열린 마음을 가질 수 있었던 것은 후에 "감리교의 어머니"로 존경받은 그의 어머니, 수산나 웨슬리 Susanna Wesley, 1669-1742가 있었기에 가능한 일이었다.

수산나 웨슬리와
여성 리더십의 등장

수산나 웨슬리는 비국교도인 장로교 목사의 딸로 태어나 청교도적 경건을 몸으로 익히며 성장했다. 덕분에 그는 어릴 때부터 근면, 검소, 정직과 성실이 삶에 배어 있었다. 또한 당대의 대표적인 계몽주의 철학자 존 로크John Locke, 1632-1704의 교육 철학에 영향을 받아 교육에 대한 열정과 엄격함을 갖추었다. 알려진 대로 로크는 종교적 열정주의를 배격하고 종교 안에 이성을 중시하는 합리주의자였다. 수산나는 자신이 배운 신앙적 가치관과 교육 철학을 자녀 교육에 그대로 실천했다. 학교에서 하듯 매일 시간표를 정해놓고 직접 자녀들을 가르쳤다. 규칙적인 생활과 예절을

수산나 웨슬리의 초상

엄격하게 가르치고, 매일 일정한 시간에 기도하게 했으며, 성서와 고전을 읽도록 했다. 특히 그는 교육에 있어 남녀의 차별을 두지 않았다. 딸들에게도 성서와 고전을 읽을 수 있을 때까지 바느질 등 다른 집안일을 시키지 않았다. 웨슬리가 회상하는 어머니의 모습이다.

"그녀는 대가족 집안일을 마치 기차 시간표와 같이 정확하고 빈틈없이 처리했는데 그것은 스스로가 계획하고 실천한 생활 규율에 의해서였다."[122]

신앙 교육에 있어 엄격했다 하여 그가 배타적인 신앙을 가졌다는 의미는 결코 아니다. 경건의 삶과 교육에 있어서는 엄격함을 유지하면서도 새로운 변화나 타인에 대한 이해에 있어서는 상당히 합리적이고 포용적인 태도를 견지했다는 것이 학자들의 평가다.

수산나는 사회적 통념이나 관습에 과감히 도전하는 모습을 보였다. 대표적인 예로 1712년에 남편 사무엘 웨슬리가 연회 참석차 오랜 기간 집을 비워 부사제인 인맨Inman이 그의 자리를 대신하게 되었다. 이

때 인맨이 사목에 성실하게 임하지 않자, 여성은 예배 인도를 할 수 없다는 교회법을 어기고 수산나는 매주 오후 어린 자녀들을 데리고 가정에서 저녁 예배를 인도했다. 그가 인도하는 예배에는 신도들도 함께 참석했는데, 그 수가 점점 늘어 주일 낮에 인맨이 인도하는 예배 인원보다 많았다. 수산나는 이 모임을 '신도회Society'라고 부르며 남편에게 보고했다. 사무엘 웨슬리는 불법 집회를 허용할 수 없다며 당장 그만둘 것을 권고했고, 이로 인해 두 사람이 불화를 겪었다.

당대의 다른 남성 성직자들과 달리 존 웨슬리가 여성 리더십에 의심을 품지 않았던 것도 어릴 때부터 지켜본 어머니가 보여준 목회적 자질과 리더십이 크게 작용한 것으로 보인다. 웨슬리는 그의 어머니를 "의의 설교자Preacher of righteousness"로 늘 존경했다. 수산나는 존 웨슬리가 조지 휫필드와 예정론으로 논쟁할 때 글로 웨슬리 신학을 변호할 만큼 신학적 통찰력도 뛰어났다.

파운더리 예배당, 수산나 웨슬리가 마지막 생애를 보낸 곳
1744년 감리교의 첫 총회도 이곳에서 열렸다.

중요한 결단의 순간마다 존 웨슬리의 멘토 역할도 했다. 1741년, 처음으로 토마스 맥스필드T. Maxfield를 평신도 설교자로 세우는 문제를 두고 고민할 때도 수산나의 조언이 결정적인 역할을 했다. 웨슬리는 영국 국교회의 전통을 존중하며 평신도 설교가를 허용하는 것에 대하여 꺼렸다. 이때 수산나는 그의 설교를 직접 들어볼 것을 권유하며 조언했다.

"당신과 함께 일하는 청년들을 존경하십시오. 당신이 하나님으로부터 부르심을 받은 것처럼 그들도 똑같이 하나님의 부르심을 받았습니다."[123]

수산나의 조언은 여성 리더십을 세우고 여성에게 설교할 수 있는 권한을 허락하는 데에도 영향을 끼쳤을 것이라는 것은 쉽게 짐작할 수 있다. 무엇보다 수산나의 조언은 웨슬리가 여성에 대한 사회적 편견이나 전통적 관념에 갇히지 않고 여성들이 가진 재능과 능력을 있는 그대로 바라볼 수 있도록 하는 데 도움을 주었다.

동시에 그의 사역을 적극적으로 도왔던 여성들은 자신들의 능력과 리더십을 맘껏 발휘하며 여성도 남성과 동등하게 하나님께 부름을 받았음을 확인시켜 주었다. 단순하면서도 신령한 기도로 영적 리더십을 발휘한 사라 크로스비Sarah Crosby, 1729-1804, 여성도 특별한 소명을 가지고 있음을 증명하며 웨슬리의 변화를 이끌어낸 감리교 여성 설교가의 원형이 된 메리 보산켓 플레처Mary Bosanquet Pletcher, 1739-1815, 웨슬리로부터 여성 설교가로서의 공식적인 자격을 이끌어낸 사라 몰렛Sarah Mallet, 1764-1846, 감리교 여성 순회 설교자로 활동했던 앤 로우 로저스 Ann Roe Rogers of Hester, 1756-1794, 웨슬리의 영적 후원자였던 셀레나 헤이스팅스Selina Hastings, 1707-1791 등이 그들이다.[124] 이들은 웨슬리의 신학적 언어와 감리교 운동의 소통 능력까지 바꾸어 놓았다. 이는 웨슬리의 가르침에서도 그대로 묻어난다.

"낙농장에서 일하는 여자도 옥스퍼드 대학 강사만큼이나 그 말을 들었을 때 편안하게 느낄 수 있어야 한다. … 그럴 때 그 농장 여인도 속회에 와서 자신의 시골스러운 언어에 대해 부끄러워하지 않고 당황함도 없이 자신이 체험한 바를 이야기할 수 있게 될 것이다."[125]

귀족층이 누릴 수 있는 특권을 누리며 옥스퍼드 대학에서 공부한 웨슬리가 전혀 다른 삶들을 맞닥뜨리며 세상을 바라보는 눈이 크게 달라졌음을 짐작케 하는 대목이다. 울스턴크래프트가 글을 통해 여성에 대한 사회적 논의를 이끌어내고 여성의 이성적 능력과 인간에 대한 권리를 설득해 나갔다면, 수산나 웨슬리와 감리교 운동을 주도한 여성들은 자신들의 도덕적 역량과 영적 리더십을 보여줌으로써 여성도 남성과 동등한 자격으로 신에게 부르심을 받았다는 것을 증명해 보였다.

물론 웨슬리가 여성의 리더십을 처음 인정하고 실현한 인물은 아니다. 여성 리더십은 16세기 로마 가톨릭교회와 프로테스탄트 종교 개혁가들 양쪽으로부터 이단으로 탄압받았던 비주류 종교 개혁 공동체들을 통해, 17-18세기에는 필립 슈페너Philip Jacob Spener, 1635-1705와 모라비안 형제단Moravian Brethren 등 진젠도르프Nicholas Ludwig von Zinzendorf, 1700-1760가 이끌었던 경건주의 신앙 공동체들을 통해 계승되고 있었다. 하지만 당시 이들의 여성 리더십은 자신들의 신앙 공동체를 넘어서지 못했다. 여성 리더십이 종교 공동체에 갇히지 않고 사회적 차원으로 나아갈 수 있는 기반을 만들어낸 것은 감리교 운동을 통해서였다. 너도 나도 인류의 진보를 말하면서도 여성에게는 어떤 열린 공간도 허락하지 않았던 시대였지만, 사회의 관습과 교회의 오랜 전통에 갇히지 않고 새로운 변화에 조용히 그러나 열정적으로 응답했던 여성들의 역동성이 초기 감리교 운동을 성공적으로 이끈 힘이었다.

하지만 안타깝게도 초기 감리교 운동이 보여준 여성에 대한 열린 리더십과 역동성은 그리 오래가지 못했다. 웨슬리 사후 감리교 운동은 급속히 제도화되는 모습을 보여주었다. 영국 국교회로부터 정식 분리되어 감리교라는 독립 교회 체제를 갖추고, 정규 목회자들을 중심으로 한 교회 리더십을 세워 나갔다. 이 과정에서 정규 교육이 허락되지 않았던 여성들이 배제되기 시작했다. 영국에서 채 피어나지 못한 경건주의 전통의 여성 리더십과 도덕적 역량은 19세기 미국 개신교를 통해 새롭게 꽃피게 된다.

복음주의 여성 운동, 그 빛과 그림자

인류 역사가 시작된 이래 여성이 존재하지 않았던 적은 단 한 번도 없었다. 하지만 여성들이 공동체적인 각성을 통해 의미 있는 변화를 이끌어 내고 자신들의 존재감을 수면 위로 드러내기 시작한 것은 19세기에 들어서다.

"페미니즘*feminism*"이라는 단어의 등장이 이를 상징적으로 보여준다. 페미니즘은 페미니스트*feministe*라는 프랑스어에서 나왔다.[126] 오늘날과 달리 처음에는 여성적 특질을 비하하는 매우 부정적인 의미로 사용되었다. 19세기 중엽까지도 남성성이 부족한 여성화된 남성이나 남성처럼 행동하는 여성들을 경멸하여 부르는 이름이었다. 그러다가 1892년 프랑스 파리에서 열린 1차 국제여성회의를 전후로 흐름이 달라지기 시작했다. 여성 동등권을 옹호하는 신념 체계를 가리키는 말로 페미니즘이라는 단어를 사용하면서다. 19세기 말에서 20세기 초에는 영미권에서 여성 참정권 운동에 참여한 이들이 이 단어를 쓰기 시작했다. 하지만 그것만으로 페미니즘이라는 단어가 부정적 이미지를 온전히 벗을 수 있었던 것은 아니다.

페미니즘이라는 개념이 오늘날처럼 보다 적극적이고 포괄적인 의미로 통용되기 시작한 것은 1960년대 후반부터다. 구체적으로는 시몬 드 보부아르의 『제2의 성』이 발간된 이후다.[127] 영미권의 젊은 여성들이 베트남 전쟁으로 촉발된 반전 운동에 참여하고 이를 계기로 '제2의 페미니즘 물결'을 일으켰다. 이때 『제2의 성』에 언급된 페미니즘이라는 단어를 자신들의 활동을 표현하는 이름으로 사용하기 시작했다. 이것이 오늘날 새로운 의미를 갖춘 페미니즘의 출발점이 되었다.

물론 앞서 살펴보았듯이 19세기 이전에도 시대마다 자신들의 목소리를 내며 '금기'에 도전했던 여성들은 항상 있었다. 차이가 있다면, 이들의 용기 있는 선택은 동시대의 여성들과 공유되거나 다음 세대로 계승되지 못하고 고립된 채 같은 수고를 되풀이하는 과정이 반복되었다. 시대를 초월하여 가정에 머무르기를 요구받았던 여성들은 가부장제의 역사만큼이나 오래된 공통된 경험을 지니고 있었음에도 불구하고 함께 소통하며 힘을 축적할 수 있는 기회와 공간을 확보하지 못했다. 이로 인해 여성들의 도전과 노력은 하늘의 선택을 받은 특별한 사람들만의 개별적 성과로만 남겨지게 되었다. 19세기에 들어서서야 비로소 여성들이 함께 모여 소통할 수 있는 공간과 여건이 마련되었다. 어떻게 가능하게 되었는가?

여성들을 흔들어 깨운
영적 각성 운동

미국에서 열병처럼 빠르게 번져나간 부흥 운동Revival Movement에 답이 숨어 있다. 계몽주의 지식인들의 전유물로 인식되었던 여성 운동이 차가운 이성 대신 뜨거운 감성에 호소한 부흥 운동을 통해 대중화되리라고는 아무도 예상하지 못했다. '영적 각성 운동The Great Awakening'이라고도 불렸던 이 운동은 미국의 종교적 지형까지 바꾸어 놓으며 유럽에서는 일찍이 볼 수 없었던 새로운 소통의 공간과 채널을 만들어냈다.[128] 이를 계기로 가정이라는 구조에 매여, 있는 듯 없는 듯 그림자처럼 살아가던 여성들도 함께 모일 수 있는 공간과 소통할 수 있는 여건을 마련할 수 있었다.

미국의 여성 운동은 성차별에 대한 인식이나 가부장적 사회 구조에 대한 저항으로 시작되지 않았다. 기독교 복음 전파를 위해 여성과 남성이 똑같이 부름 받았다는 복음주의 신앙에 기초한 교회여성운동으로 출발했다. 현상적으로는 교회의 틀을 거부하고 계몽주의의 지적 흐름 속에서 여성의 권리문제를 이슈화했던 유럽과 정반대다. 자유와 평등이라는 계몽주의 사상에 영향을 받은 지성적 여성들이 선구적 역할을 했던 유럽의 경우와 다르게, 미국에서는 선교 열정으로 가득 찬 개신교 여성들이 19세기 여성 운동을 주도했다. 한마디로 유럽에서는 지성을 무기로 삼았다면, 미국에서는 열정을 도구로 삼았다.

미국 개신교가 선교에 적극적으로 관심 갖기 시작한 것은 19세기 초반이다. 18세기 영국의 존 웨슬리와 조지 휫필드가 이끈 감리교 운동이 대각성 운동의 기폭제가 되었다.[129] 두 사람은 옥스퍼드 대학 시절 만나 '홀리 클럽Holy Club'를 조직해 활동했을 만큼 일찍부터 종교에 대한 관심이 컸다. 차이가 있다면, 존 웨슬리는 영국 성공회에 몸담았고 조지 휫필드는 칼뱅주의 전통에 뿌리를 두었다. 이들의 종교적 배경은 훗날 신학적 차이로 이어져 결별의 결정적 원인이 되기도 했다. 웨슬리는 구원의 길이 모든 이들에게 열려 있다는 신의 보편 은총을 설파했고, 휫필드는 칼뱅주의의 핵심인 선택적 구원개념(예정론)을 고수했다.[130] 인간의 자유 의지를 신이 주신 은총으로 이해한 웨슬리는 참여와 책임을 강조했고, 휫필드는 절대 주권자인 신 앞에서 인간은 용서받을 수 없는 죄인으로 지극히 무력하고 나약한 존재임을 확신시키고자 했다. 두 사람 사이에는 계몽주의 시대의 18세기 세계관과 종교개혁을 탄생시킨 16세기 세계관이 격렬하게 부딪치고 있었다. 이는 신학적 충돌로 이어졌다. 종교의 역할과 책임을 사회적 차원으로 확장시킨 웨슬리는 감리교의 탄생을 가져왔고, 조지 휫필드는 청교도 진영에서 새바람을 일으켜 복음주의 운동의 선구자가 되었다. 물론 가장 중요한 것은 두 사람이 중심이 되어 시작된 새로운 종교 운동이 대각성 운동으로 이어져 교파를 초월한 대중 집회 문화를 탄생시키고, 미국의 전통적 종교 지형까지 바꾸어 놓았다는 점이다.

초기 청교도 전통은 죄로 가득한 세상으로부터 선택받은 자로서의 구별된 생활을 강조하고 개인의 성결과 경건 생활을 중시했다. 하지만 대각성 운동을 거치면서 점차로 개인의 철저한 회심 체험을 강조하는 복음주의 신앙으로 전환되었다. 이들에게 회심 체험은 죄 사함의 증거였고, 죄 사함을 받은 이들의 마지막 사명으로 선교가 핵심 이슈로 떠올랐다. 이러한 변화는 교파 간의 차이를 넘어선 초교파적인 신앙 운동으로 발전했다. 여기에 새로 조직된 감리교를 중심으로 퍼져나간 사회 개혁 운동이 더해지면서 미국 개신교는 대중이 주체가 된 기독교의 한 원형을 선보이게 되었다.

물론 새로운 변화에는 늘 관성의 법칙이 따르기 마련이다. 주류 기독교를 중심으로 각 교파마다 전통을 고수하고자 하는 기성세대old generation와의 충돌이 불가피했다. 그리고 급기야 전통 신앙을 계승하려는 "올드 라이트Old Light"와 새로운 복음주의 신앙을 따르고자 하는 "뉴 라이트New Light"로 나뉘어 갈등하게 되었다. 무엇보다 복음주의 신앙에 영향을 받은 이들은 공통적으로 선교에 대한 소명과 열정을 강하게 드러냈다. 종말의 시기에 유럽이 아닌 미국이라는 새로운 나라가 선택받은 것은 신의 섭리이며, 천년 왕국을 앞당기기 위해 "백인 남성들"이 특별한 부르심을 받았다고 믿었다. 이는 그리스도의 재림을 앞당기기 위한 기독교인의 사명과 미국이라는 신생 독립 국가의 선택 사상이 결합된 것으로 19세기를 "선교의 세기"로 만든 동력이 되었다. 나아가 미국 개신교의 국가적 정체성으로 자리 잡았다.

여성들이 선교 활동에 본격적으로 참여할 수 있게 된 것은 시민전쟁(남북 전쟁, 1861-1865)을 거치면서다. 19세기 초만 하더라도 선교 활동은 백인 남성들의 몫이었다. 여성들은 교회에서 그 어떤 공적 생활이나 리더십이 허용되지 않았기에 선교 활동에는 직접 참여하지 못했다. 그저 선교 기금을 마련하여 남성들의 선교 활동을 간접 지원하는 것으로 만족해야 했다. 그러다가 남북 전쟁이 발발하면서 남성들이 전쟁에 몰두하게 되자, 여성들이 그 공백을 메우게 된 것이다. 19세기 중반까지도 부흥 운동의 중심에 서 있었던 감리교와 침례교를 제외한 대부분의 교파들은 교회에서 여성들이 발언하는 것조차 허락하지 않았다. 교회는 남성들이 이끌어야 하는 공적 영역으로 간주되었기 때문이다. 그러나 교파를 초월한 영적 각성 운동을 거치면서 여성들은 자신들의 영적, 도덕적 역량과 역할을 새롭게 발견하게 되었고, 점차 기도회를 인도하거나 간증에 참여하고 설교할 수 있는 권리를 요구하는 등 교회 안에서의 여성 발언권을 주장하기에 이르렀다. 종교 공간인 교회가 여성들의 사회화 채널로 작동하기 시작한 것이다.

특히 19세기 부흥 운동을 주도했던 회중 교회 목사, 찰스 피니 Charles G. Finney, 1792-1875의 후천년설Post-Millennialism에 많은 여성들이 영향을 받았다. 후천년설은 천년 왕국의 마지막에 예수 그리스도의 재림이 이루어진다는 복음주의 종말론이다. 한발 앞서 조나단 에드워즈Jonathan Edwards, 1703-1758가 신학적으로 체계화했다.[131] 찰스 피니는 '완전한 성화Perfect Sanctification'의 가능성을 믿었다. 즉 기독교 선교를 통해 인류가 완전한 사회를 실현한 후에야 그리스도가 다시 오실 것이라고 설파하며 여성들도 적극적으로 선교 활동에 참여할 것을 독려했다.[132] 그의 설교는 기성교회들의 반발을 샀지만, 여성들이 오랜 세월 애써 눌러왔던 에너지를 한 순간에 폭발시켰다. 그의 가르침에 영감을 받은 여성들은 이후 교회를 발판으로 각기 다양한 형태의 여성 운동과 사회 개혁 운동을 추진해 나갔고, 새로운 역사를 여는 데 선구자 역할을 했다. 특히 이들의 자신감 넘치는 발걸음은 오랫동안 세상과 담을 쌓게 만들었던 '성/속' 프레임에 균열을 내고, 교회를 일반 사회로부터 철저하게 분리시킨 전통적 세계관을 폐기하게 만들었다. 한마디로

'세상 밖으로'를 외쳤던 이전의 메시지를 버리고 '세상 속으로'라는 새로운 메시지를 교회에 던졌다. 전국을 순회하는 형태로 이루어진 대중 집회와 해외 시장이 열리며 호황을 누리게 된 출판 산업의 발달로 이러한 메시지는 대중들의 삶으로 빠르게 스며들었다.

여성들이 쏟아내는 '말'과 '글'의 위력은 모든 곳에서 경험되었다. 마치 용암이 터져 나오듯 사방으로 뻗어나갔다. 때로는 개인이, 때로는 조직이, 때로는 네트워크가 가동되었다. 이 과정에서 다양한 여성리더십이 등장했다.

피비 파머Phoebe Palmer, 1807-1874는 대중설교가로 성결운동 Holiness Movement을 이끌었다.[133] 여성이 공공장소에서 발언하는 것 자체가 금지되어 있었으나, 설교의 권한은 성령Holy Spirit에 의해 주어지는 것이라며, 대중 앞에 섰다. 당시 공개적인 장소에서 대중들에게 설교할 수 있는 합법적인 권한은 오로지 신학을 공부한 남성 목회자에게만 주어졌다. 서구전통에서는 신학, 의학, 법학 세 분야가 남성들에게 허용된 최고지성의 상징이었다. 파머가 성령을 앞세워 설교한 이유다. 하지만 파머는 여성 목사안수 제도에 대해서는 관심을 두지 않았다. 대신에 개별적 차원에서 저작활동을 통해 자신의 신학적 견해를 피력했다. 의사였던 남편은 출판사를 사들여 직접 운영하며 그를 전폭적으로 지원했다.

이에 반해, 안토이네트 블랙웰Antoinette Brown Blackwell, 1825-1921은 일찍이 여성안수의 필요성을 자각한 인물로 1853년 이를 실현했다.[134] 주인공은 그 자신이었다. 1846년 목회자가 되겠다는 열망으로 가장 진보적인 오벌린 칼리지Oberlin College에 입학했고, 루시 스톤Lucy Stone과 함께 '금지된' 신학수업을 받았다. 물론 공식적인 자리에 서지 않겠다는 조건이 달려 있었다. 블랙웰은 노예폐지운동, 여성권리운동 등 사회개혁운동에도 적극 참여했다. 열린 사고를 가진 소수의 남성 목회자들이 연대했고, 이들의 도움을 받아 목회를 시작할 수 있었다. 그리고 1년 후 미국에서 목사 안수를 받은 첫 여성이 되었다. 그의 나이 28세였다. 그 후 여성에 목사 안수가 다시 베풀어지기까지 100년이 걸렸다.

1853년 미국에서 목사안수를 받은 첫 여성 안토이네트 블랙웰

프란시스 윌라드Francis Willard, 1839-1898는 절제(금주)운동금주운동의 선구자로 사회개혁운동을 이끌었다.[135] 1879년 여성기독교절제연합회WCTU 초대회장으로 선출되어 20여 년간 탁월한 지도력을 발휘했다. 전국조직을 구축한 데 이어 국제 네트워크까지 갖추어 가장 영향력 있는 여성 사회운동단체로 그 역량과 체급을 끌어올렸다. 윌라드는 전국을 순회하며 미국이 기독교의 도덕적 가치를 토대로 진정한 민주사회를 실현해야 하고, 여성들이야말로 이를 실현할 수 있는 가장 중요한 일꾼들이라고 설파했다. 그는 가는 곳마다 "Do Everything"을 외쳤다.

"건강한 (민주) 사회를 세우기 위해 여성들의 사회적 역할은 필수적이며 여성은 신앙이 돈독한 아내와 어머니가 되어 도덕적 타락과 사회의 부패로부터 가정을 지켜내야 할 책임이 있다."

한마디로 표현하면, '여성들이여, 공화국의 어머니가 되자'이다. 여성들이 먼저 사회적 책임의식을 가지고 기독교의 도덕적 가치가 실현된 민주공화국을 세우자는 것이다. 여성들의 절제운동이 금주운동에 머무르지 않고 여성참정권운동 등 정치적 이슈로 그 활동의 지평이 확대된 데에는 윌라드의 공이 적지 않았다. 다만 그가 주창한 여성참정권운동은 시민 권리 차원이 아니라 자녀들의 도덕적 타락을 막기 위한 금주법 제정에 제한된 것이었다.

엘리자베스 스탠턴 Elizabeth Cady Stanton, 1815-1902은 진보진영에서 여성운동을 이끌었다. 노예폐지론자와 결혼하고 신혼여행으로 남편과 함께 영국에서 열린 노예제반대 국제대회에 참석할 만큼 처음에는 노예제 폐지운동에 적극 참여했던 인물이다. 하지만 진보적 시각을 가진 남성지식인들이 적극 참여하는 사회개혁운동 진영에서조차 여성이라는 이유로 여성대표들의 발언권이 거부되는 것을 여러 차례 경험하면서, 본격적으로 젠더 이슈에 관심을 갖기 시작했다. 그 후 수잔 안토니 Susan B. Anthony, 머틸다 게이지 Matilda J. Gage 등과 연대해 여성참정권운동에 적극 나섰다.

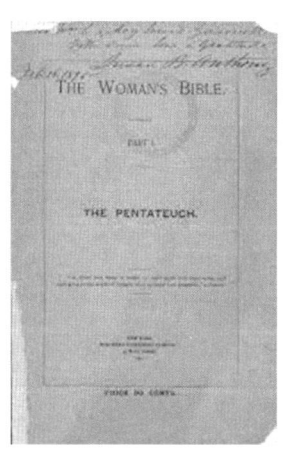
여성의 성서(Woman's Bible, 1895-98)

특히 뛰어난 이론가요, 작가였던 스탠턴은 활발한 저술 활동을 통해 여성의 권리 운동을 적극 펼쳐나갔다. 그중에서도 그가 게이지와 함께 펴낸 『여성의 성서 The Woman's Bible』는 여성과 관련된 성서 본문을 여성적 관점에서 비판적으로 읽어낸 최초의 성서 주석서로 알려지고 있다. 20명이 넘는 여성들이 함께 참여하여 집단 지성의 면모를 보여준 이 책은 1895년부터 1898년까지 3년에 걸쳐 두 권으로 발간되었다. 활동 초기의 스탠턴은 여성의 활동을 가로막는 법적인 규제들을 가장 큰 문제로 받아들였으나, 19세기 말에 이르면서 종교, 구체적으로 말하면 "성경과 정통교회"가 여성의 진보를 가로막는 가장 큰 걸림돌이라고 인식하게 되었다.[136]

성역으로 간주되는 교회와 성서 전통에 근본적인 문제를 제기하고 나선 대가는 컸다. 때론 이단으로, 때론 과격한 무신론자로 공격받았다. 하지만 스탠턴이 성서의 가르침을 모두 거부한 것은 아니었다. 그는 성서 자체를 거부한 것이 아니라 성서 저자들이 의존했던 신적 권위에 문제를 제기한 것이었다. 단적인 예로, 예수가 보여준 모범과 가르침은 그대로 받아들였지만 여성을 비하하고 비난하는 성서 본문은 단호히 거부했다. 그는 성서의 진리가 19세기 미국인들에게 여전히 유효한 것은 성서 자체가 갖는 신적인 권위 때문이 아니라 자연법에 합치하기 때문이라는 주장을 폈다. 성서에 대한 이러한 견해는 과학의 발달, 성서 비평, 자유사상 등 계몽주의를 계승한 지적 흐름에 맞닿아 있는 것으로, 복음주의 신앙을 충실히 따르며 여성의 동등 권리를 주장했던 윌라드의 입장과는 다소 차이가 있었다. 수많은 교회 여성들의 지지를 받았던 윌라드와 달리, 스탠턴이 들어설 자리는 교회 안에 없었다.

이렇듯 19세기 미국을 강타한 복음주의 열풍은 사회적 제약에 갇혀 자신을 잃어버리고 살았던 여성들을 사정없이 흔들어 깨웠다. 이에 영감을 받은 여성들은 다양한 스펙트럼을 형성하고 촘촘한 네트워크를 구축하며 자신들의 사회적 역량과 리더십을 확장해나갔다.

여성권리 선언과 사회개혁운동

미국에서 여성들이 남녀동등 권리를 처음 공식화하고 나선 것은 1848년 7월 14일에 열린 여성 권리 대회에서였다. 이 대회는 뉴욕 세네카 폴즈 웨슬리안 감리교회에서 개최되었는데, 지역 이름을 따 '세네카 폴즈 회의'라고도 불린다. 이 대회에서 「여성 권리 선언」이 발표되었다.

> "우리는 모든 남성과 여성이 평등하게 창조되었고, 창조주로부터 양도할 수 없는 몇 가지 권리를 부여받았으며, 그 가운데 생명·자유·행복 추구에 대한 권리가 있다는 것을 자명한 진리로 선언한다."(「여성 권리 선언」)

이 문구는 서구 역사에서 의미 있게 기억되는 두 가지 선언문을 떠올리게 한다. 하나는 토마스 제퍼슨Thomas Jefferson이 기초한 「미국 독립 선언문」이다. 다만 "all men"이라는 표현을 "all men and women"으로 바꾼 것이 눈에 띈다. 다른 하나는 프랑스 혁명 초창기에 발표된 올랭프 드 구즈Olympe de Gouges, 1748-1793의 「여성과 시민의 권리 선언」(1791)이다. 라파예트가 기초한 「인간과 시민의 권리 선언」을 수정한 것이다. 올랭프 드 구즈는 프랑스에서 여성 참정권을 주장하다 처형당한 인물이다. "여성이 단두대에 올라야 한다면, 연단에 오를 권리도 있다"라는 말을 남기기도 했다. 그에게 영향을 받은 울스턴 크래프트는 영국에서 『여성의 권리 옹호』(1792)를 발표했다. 미국 여성들이 〈여성권리 선언〉의 날로 7월 14일을 선택한 것도 눈에 띄는 대목이다. 미국의 독립운동과 프랑스혁명의 역사를 계승한다는 상징적 의미를 담으려 했음을 짐작케 한다.[137]

세네카 폴즈 여성 권리 대회가 열린 1848년은 여성도 재산권을 직접 행사할 수 있다는 법안이 미국에서 처음 통과된 해였다. 뉴욕 주에서 이 법안이 발의된 지 10년 만에 이룬 쾌거였다. 이를 계기로 여성들은 자신들의 법적 권리에 대하여 구체적으로 논의를 시작하게 되었고, 처음으로 사회적 권리, 시민적 권리, 종교적 권리를 토의하기 위한 대회를 개최한 것이다. 퀘이커교의 대표적인 여성 설교가 루크레티아 모트 Lucretia Mott, 1793-1880와 장로교에서 성장한 엘리자베스 스탠턴이 의기투합하여 이를 주도했다. 두 사람은 일찍부터 노예제 반대 운동에 참여했던 인물들로 1840년, 노예제 반대 국제 대회에 참석하기 위해 영국으로 향하는 배에 올랐다가 우연히 처음 만나 동지가 되었다.

퀘이커교는 주류 개신교회들로부터 이단 종파로 폄하되고 외면당했으나, 영국에서부터 반인륜적이고 반인권적인 노예 제도의 끔찍한 실상을 폭로하는 등 일찍이 노예제 폐지 운동을 주도했던 기독교 평화주의자들이었다. 모든 인간은 하나님의 거룩한 신성을 나누어 가졌으며 남녀노소 누구나 평등하다는 믿음을 가장 중요한 종교적 가치로 실천했다. 이들은 어느 종교든 그 근본은 다르지 않으며, 누구나 신이 주신 양심에 따라 자신의 종교적 신념을 선택할 수 있다고 믿었다. 이들이 견지한 종교적 관용과 평화 사상은 미국으로 이어졌고, 이들이 개척한 펜실베이니아주는 진보적 가치의 본산지가 되었다. 미국이 독립 전쟁을 치를 때 펜실베이니아의 필라델피아가 임시 수도가 된 것은 우연이 아니다. 노예제 폐지 운동의 구심점 역할을 한 펜실베이니아는 1780년, 미국에서 처음으로 노예제를 금지시킨 주라는 기록을 갖고 있으며, 여성 참정권에 관한 논의가 가장 활발했던 곳이기도 하다. 유럽 각지에서 종교적 신념으로 박해를 받던 이들이 펜실베이니아주로 몰려든 것은 당연한 일이었다.

세네카 폴즈 대회에서 「여성 권리 선언」이 발표된 지 2년 만인 1850년, 루크레티아 모트는 퀘이커 동료들과 함께 펜실베이니아 여자 의과 대학을 설립했다. 미국은 물론이려니와 세계 역사를 통틀어 처음 탄생한 여성 의사 전문 양성 기관이었다. 당시 미국 의과 대학들은 100여 년의 역사를 지녔지만, 어느 대학도 여성 입학을 허용하지 않았다. 대표적인 여성 교육학자 캐서린 비처Catherine Beecher가 지적했듯이, 서구 전통에서 의학은 신학, 법학과 함께 예부터 남성 고유의 전문 영역으로 간주되었다. 펜실베이니아 여자 의과 대학은 이러한 전통을 과감히 깨고 여성도 의료 전문가로 설 수 있는 고등 교육의 길을 열었다. 이들은 남녀동등 권리에 대한 선언으로만 머물지 않고 이를 실현할 수 있는 구체적인 시스템과 국내외 네트워크를 구축했다.

특히 남녀평등과 인류 평화의 가치를 국내뿐 아니라 국제 사회로 널리 전파하는 데 선구자 역할을 했다. "여성이 여성에게"라는 슬로건 아래 해외 곳곳에 졸업생들을 의료 선교사로 파견해 남성 의사들에게 몸을 보일 수 없는 여성들을 돕도록 했다. 국내에서는 여성 의사들이 어렵게 배출되어도 일 할 공간과 기회가 거의 주어지지 않았다. 펜실베이니아 여자 의과 대학은 말 그대로 유리 천장이 있는 공간에서 바늘구멍보다 좁은 가능성을 두고 절대다수를 차지하는 남성들과 경쟁하기보다는 다른 선택을 했다. 이민자들이 몰려 사는 빈민가의 무료 진료소나 의사의 손길을 누구보다 절실히 필요로 하는 해외로 그 지평을 넓혔다.

미국에서 '1호' 여성 의료 선교사로 감리교가 인도에 파견한 클라라 스웨인Clara Swain도 이 학교 졸업생이었다. 그는 1870년, 인도에 동양 최초로 여성 병원을 설립했는데, 대부분의 동양 여성들이 그랬듯이 인도 여성들도 남성에게 몸을 보여서는 안 된다는 오랜 관습에 묶여 있었다. 스웨인은 해외 졸업생들에게 좋은 롤모델이 되었다. 세계 곳곳에서 의료 활동에 참여했던 졸업생들은 해외 선교지 여성들을 모교로 보내 본토 여성 의료인 양성에도 적극 나섰다. 제 민족이 제 민족을 돕게 하고, 여성이 여성을 치료하게 하기 위함이었다. 인도의 아난디 조쉬Anandi Gopal Joshi, 일본의 케이 오카미Kei Okami, 시리아의 타밧 이슬람불리Tabat M. Islambooly 등이 모두 펜실베이니아 여자 의과 대학에서 공부하고 자국으로 돌아가 첫 여의사가 되어 여성 의료의 길을 열었다.[138]

여성들은 고등 교육의 기회를 만들어내는데 그치지 않았다. 교육 공동체뿐만 아니라 돌봄 공동체를 조직해 여성 개개인의 역량과 경제적 자립 기반을 마련하고, 지역 사회를 도울 수 있는 사회적 동력을 만들어내기도 했다. 대중 속으로 들어가 생활 밀착형 사회 개혁 운동을 주도하며 여성이 여성을 도울 수 있는 방법을 찾아내 촘촘한 네트워크를 형성했다.

'디커니스 운동Deaconess Movement'이 대표적이다.[139] 이는 고등교육을 받은 전문직 여성들이 생겨나면서 등장한 사회종교운동이었다. 고등 교육의 기회가 주어진 신세대들은 부모 세대와 다른 삶을 꿈꾸기 시작했다. 고등 교육을 통해 독립된 자의식을 갖게 되자, 가정이 아닌 사회를 위해, 한 남자의 아내가 아닌 한 사회의 일원으로 당당히 서고자 했다. 소위 '전문직' 여성들의 출현이었다. 특히 사회적 실천과 참여를 기독교의 핵심 가치로 인식한 여성들이 적극 참여했다. 이들은 한 가정을 돌보는 일에 만족하기보다는 사회적 책임 의식을 가지고 공공의 가치를 실현하는 삶을 살고자 했다. 이들은 결혼 대신 독신의 삶을 선택했고, 여성들이 함께 생활하는 공동체를 조직해 전문인으로서 더 나은 사회를 만드는 일에 함께 협력하고자 했다. 가정과 교회라는 작은 울타리를 넘어 더 큰 공동체인 사회와 세계 인류를 위해 봉사하는 삶이야말로 이 시대 여성들에게 새롭게 부여된 신의 소명이라는 여성들의 각성이 있었기에 가능했다.

종교라고 해서 종교적 역할만 하는 것은 아니다. 어느 종교를 막론하고 모든 종교는 사회를 떠나 존재할 수 없고, 사회를 위해 봉사해야 할 의무를 가진다. 기독교도 예외는 아니다. 종교의 사회적 역할을 강조한 디커니스 운동은 기독교 초기 역사를 원형으로 삼았다. '디커니스 deaconess'는 결혼하여 가정을 이루는 대신 종교적 신념에 따라 살기로 결단한 미혼 또는 독신 여성들을 통칭해서 부르는 개념이었다. 결혼만이 유일한 답이었던 시대에 여성이 가정에 종속되지 않고 독립된 삶을 살 수 있는 길은 종교에 헌신하는 길뿐이었다. 종교 공동체 안에서는 배움이 허용되었고 어려움에 저한 이웃들을 돌보고 공동체를 위해 봉사하는 일이 가능했다. 초기 기독교 공동체는 가정 밖의 '큰 가정'으로 역할을 하며 독립된 삶을 꿈꾸는 여성들에게 든든한 사회적 울타리가 되어주었다. 여기에서 착안된 디커니스 홈Deaconess Home도 가정 대신 사회를 선택한 신세대 여성들이 안전하게 사회로 진출하고 안착할 수 있도록 삶의 보금자리와 체계적인 교육 프로그램을 동시에 제공한 풀뿌리 공동체 운동이었다. 종교의 사회적 역할과 책임의식을 각성한 여성들이 탄생시킨 그야말로 "여성을 위한, 여성에 의한, 여성의 운동"이었다.

당시 미국은 남북전쟁 이후 본격적인 산업화 시대로 들어섰는데, 이로 인해 세계 각국에서 일자리를 찾는 이민자들이 대거 유입되기 시작했다. 이는 종교와 정치적 자유를 찾아 유럽 대륙에서 건너온 초기 이민자들과 성격을 달리하는 것이었다. 산업화 시대의 이민자들은 언어와 인종과 문화적 스펙트럼이 더욱 다양해진 집단들로 구성되어 군락을 이루며 도시 빈민으로 정착했다. 이들은 늘 고위험군 일자리와 열악한 생활 환경에 노출되었다. 언어의 장벽과 문화적 차이로 새로운 정보로부터 차단되었고 사회로부터 고립된 삶을 이어갔다. 밀집된 형태의 주거 환경과 위생 시설이 제대로 갖추어지지 않은 생활 공간은 질병에 가장 취약할 수밖에 없었으며 가장 큰 고통의 몫은 여성과 아동에게 돌아갔다. 특히 이들은 빈민가에서 자주 발생하는 가정 폭력의 가장 큰 희생자가 되기도 했다. 사회의 취약 계층으로 떠오른 이들에게 가장 시급하게 필요했던 것은 이들의 삶과 건강을 지켜줄 의료 체계였지만, 도심 거리에 속속히 들어서는 병원은 그림에 떡일 수밖에 없었다.

종교적 신념을 가진 여성들은 자신들의 법적 권리를 위한 연대뿐 아니라 사회의 취약 계층을 돌보는 일에 함께 협력했다. 특히 교육과 의료 봉사는 남성들과 경쟁하지 않고 용이하게 전문인으로서 인정받을 수 있는 분야였다. 여성에게 고등 교육의 기회가 확대되었다고는 하지만 선택지는 지극히 제한적인 상황이었다. 전통적으로 가정에서 아동을 가르치고 가족의 건강을 돌보는 것은 여성의 의무였듯이, 사회에서도 여성이 선택할 수 있는 전문 분야는 주로 교사나 간호사 등으로 제한되었다. 여성의 역할이 사회적 차원으로 확대되었을 뿐, 미국 사회는 여전히 '여성다운' 일을 요구했다. 하지만 여성들은 이를 기회로 대중들과의 사회적 연대를 구축하고 자신들의 사회적 역량을 확대해 나갔다.

해외 선교 열풍으로 이어지다

미국 개신교 여성들의 사회 참여는 해외 선교에 대한 열망으로도 타올랐다. '세계 복음화'라는 종교적 열정과 이교도 여성들을 구원하겠다는 여성적 관심이 합쳐진 결과였다. 남북 전쟁을 계기로 남성들이 주도했던 해외 선교에 공백이 발생하자, 그 틈을 놓치지 않았다. 해외 활동을 체계적으로 진행할 여성들만의 선교 조직이 필요하다는 공감대가 이루어졌고, 각 교파별로 여성 선교 단체들이 빠르게 구성되었다. 당시는 노예 제도에 대한 입장 차이로 감리교, 장로교, 침례교 등 대부분의 교회들이 남과 북으로 분열된 상태였다.

여성들이 본격적으로 해외로 눈을 돌리기 시작한 것은 1880년대다. YWCA나 여성절제회연합회 등 교파를 초월한 여성 사회 운동 단체들도 국내뿐 아니라 국제적 네트워크를 갖추어가기 시작했다. "여성이 여성에게"라는 슬로건 아래, 미국 개신교 여성들이 공통적으로 힘썼던 일은 여성들의 해외 활동을 널리 알리고 효과적으로 돕기 위한 선교 저널들을 적극적으로 발행한 일이다. 이는 단순한 정보 공유의 차원을 넘어 지역, 인종, 교파의 경계를 초월해 널리 소통할 수 있는 채널이 되었고 유례없는 집단 지성의 공간으로 작동했다. 북부 감리교 여성들이 발행한 *Heathen Woman's Friend*(1869-1896), *Woman's Missionary Friend*(1897-1940), 남부 감리교 여성들의 *Woman's Missionary Advocate*(1888-1910), 북부 장로교 여성들의 *Woman's Work for Woman, Women and Missions*(1905-1946) 등이 대표적인 저널들이다. *Woman's Work for Woman*의 경우, 1905년에서 1911년 사이에 구독자가 10,000명에서 26,000명으로 늘어났으며 1920년대 중반에는 35,000명에 이를 만큼 인기가 있었다. 여성들은 다양한 지역을 아우르는 선교 저널들을 통해 각 선교지에서 진행되는 활동과 상황은 물론이요, 자신들의 비전도 함께 공유하는 장으로 활용했다. 이는 선교지의 절박한 요구로 더욱 분명한 명분을 얻을 수 있었고, 상당한 성공을 거두게 된다.

각 교파의 경계를 뛰어넘어 진행된 개신교 복음주의 여성 운동은 몇 가지 특징을 보여준다. 첫째, 출발부터 가부장적 사회 구조에 저항하기보다는 가정을 통해 기독교적 가치를 실현함으로써 여성들의 활동

여성십자군으로 불린 미국 개신교 여성들의 금주운동(1874 카툰, 미국 국회도서관)

역량을 높여가고자 했다. 여성들을 억압하고 소외시켜 온 사회적 관습이나 가부장적 질서는 처음부터 이들의 우선적인 관심사가 아니었다. 이들에게 있어 가장 중요한 관심사는 이상적인 기독교 가치를 실현하는 기독교 가정, 기독교 사회를 이루는 것이었다. 개신교 여성들은 기독교 신앙에 바탕을 둔 가정과 사회를 건설하는 것이 여성의 역할이라고 믿었다. 또한 '모성'에 기초한 여성들의 사회적 역할을 강하게 주문했다. '어머니의 마음'으로 불신앙과 부도덕으로부터 남성과 아이들을 지키는 것이 여성들이 감당해야 할 가장 우선적인 사명이요, 여성들이 남성과 동등한 권리를 가져야 하는 이유라고 생각했다. 동시에 "이교도 어머니들"을 기독교로 개종하게 하여 기독교 여성으로서 참된 기독교 가정을 세워 새로운 삶을 살 수 있도록 인도하는 것이 자신들의 마지막 사명이라 여겼다.

둘째, 백인 중산층 운동으로 출발했다. 개신교 여성들이 추구했던 여성 운동, 사회 개혁 운동, 그리고 해외 선교 운동은 철저히 중산층 가정에서 요구되는 가치와 이상을 반영하는 것이었다. 이들이 꿈꾸었던 이상적인 여성상은 가정 경제와 국가 경제를 책임지고 있는 남성들이 크리스천 사업가로 성공할 수 있도록 신앙적으로 잘 내조하는 동시에 가정을 통해 아이들이 기독교 신앙 안에서 영적으로, 도덕적으로 잘 성장할 수 있도록 가르치고 이끌어주는 '기도하는 어머니 Praying mother'였다.

한마디로 빅토리아 시대부터 여성의 미덕으로 여겨져 왔던 "경건 Piety"과 "순결 Purity"을 그대로 물려받았다. 중산층 여성들은 남편을 내조하고 아이들을 양육하는 어머니로서의 역할을 그대로 유지한 채, 모성적 역할을 가정에서 사회로 확장시키고자 했다. 이는 산업화로 인해 남성이 경제 활동을 전담하게 되고 여성이 가정과 아이 양육을 책임져야 하는 사회 구조로 바뀌면서 자연스럽게 남성과 여성의 노동 분화로 이어졌다. 동시에 도덕과 종교교육은 여성의 영역이요, 정치와 경제 활동은 남성의 영역이라는 인식이 널리 퍼져나갔다.

무엇보다 중요한 것은 미국 사회가 여러 차례에 걸쳐 일어난 영적 각성 운동을 계기로 중산층 여성들이 국내·외 선교 등 종교 활동에 적극 참여하게 되면서, 남성의 영역으로 치부되어 왔던 종교가 여성의 영역으로 바뀌어가는 지형의 변화를 경험하고 있었다는 점이다. 이제 여성들은 왕성한 경제 활동으로 인해 종교로부터 멀어져 가는 남성들을 신앙으로 안내하는 인도자 역할까지 도맡았다. 그들의 적극적이고 열정적인 신앙은 남성들, 그중에서도 중산층 자본가들에게 많은 영향을 주어 해외 선교에 적극적으로 뛰어들게 만들었다. 복음주의의 영향을 받은 개신교 남성들은 기독교 국가를 세우는 데 있어 여성들의 종교적 도덕적 우위를 인정할 수밖에 없었다. 따라서 남성들의 영역으로 간주되어 왔던 경제 활동에 전념하면서 여성들의 선교 활동을 지원하는 방식으로 자신들의 신앙적 열정을 성취하고자 했다.

마지막으로 미국 개신교 여성들의 해외 선교 러시는 여성 운동에 참여했던 중산층 여성들의 자기실현이라는 사회적 욕구와도 연관이 있었다. 복음주의의 영향을 받은 흑인 여성들이 주로 아프리카 선교사로 지원했던 것과 달리, 한국을 포함한 동아시아 여성 선교는 주로 미국의 중산층 백인 여성들에 의해 이루어졌다. 19세기 말, 활발하게 진행된 여성 운동의 결과로 미국 개신교 여성들은 보다 넓은 교육의 기회를 가질 수 있었고, 확장된 교육의 기회를 통해 중산층 여성들은 전문적 수준의 지식과 기술을 갖추게 되었다. 특히 교육과 의료 분야에 집중했는데, 전통적으로 가정에서 아이들을 교육하고 돌보는 일을 도맡았던 여성들이 교육과 의료 분야를 여성의 영역으로 여긴 것은 당연한 것이었다. 그러나 여성들의 전문적인 교육 수준에도 불구하고, 19세기 후반까지도 미국 사회는 전문 교육을 받은 여성들에게 자신들의 지식과 역량을 발휘할 수 있는 기회를 거의 허용하지 않았다. 결국 전문 지식을 갖춘 중산층 여성들은 신앙의 목적만이 아니라 자아실현과 자아 계발을 위한 실천의 장으로 해외 선교에 눈을 돌리게 되었고, 그중에서도 교육과 의료 활동을 통해 자신들의 역량과 꿈을 성취하고자 했다. 이들에게 있어 해외 선교지는 본국의 사회적 관습이나 전통들로부터 훨씬 자유로울 뿐만 아니라, 남성들과 비교적 동등한 입장에서 일할 수 있었기 때문에 매우 매력적인 곳이었다. 게다가 대부분의 나라가 낯선 외국 남성들이 토착 여성들에게 접근하는 것을 허용하지 않았기 때문에, 토착 여성들을 위한 선교는 여성들의 몫이 되었다. 널리 읽히던 선교 저널들에 실린 인도, 중국, 일본 등지의 선교 활동 보고를 통해 남성 선교사들로는 토착 여성들을 위한 선교가 거의 불가능하다는 결론을 내렸다. 이렇듯 미국 개신교 여성들의 해외 선교는 나름대로 분명한 방향성을 가지고 체계적으로 진행되었다.

두 얼굴의 기독교, 무엇이 '문명'인가?

개신교 여성들이 주도한 여성 운동은 다양한 방식으로 전통 사회에 균열을 내며 상당한 성과를 거두었다. 지식인 여성들에게 제한되곤 했던 유럽 여성 운동의 한계를 극복하고, 그 전선을 대중 여성들로 확장하는데도 성공했다. 하지만 이것이 모든 여성들을 위한 행진이 되지는 못했다. 19세기 백인 중산층 여성들의 세계관과 국가관, 사회적 욕구와 기대를 담아내는 것에서 크게 벗어나지 못한 측면이 있었다. 이는 백인 중산층 가정에 맞추어진 가치관과 이상이 인종과 계급의 차이를 뛰어넘는 표준적 가치 기준으로 통용되었다는 것을 의미한다. 표준화된 서구 중산층 여성들의 가치 기준은 해외 선교를 통해 비서구 문화권에 그대로 이식되기도 했다.

미국 중산층 여성들은 갓 태어난 신생국이었음에도 불구하고 자국에 대한 종교적 자부심이 컸다. 미국이라는 새로운 나라가 선택받은 것은 신의 섭리이며 천년 왕국을 앞당기기 위한 것이라는 미국 개신교 특유의 선택 사상을 공유했고, 미국이야말로 가장 평등한 사회를 실현해야 하고 이미 실현하고 있는 문명사회라고 자부했다.[140]

> "미국은 하나님의 나라요, 은혜로운 어머니의 땅으로 불릴 것이다. 이 땅에서 여성들은 봉사하며 살거나 구원을 위해 죽을 것이다."(A White Life for Two, 1890)

복음주의를 신봉한 미국 개신교 여성들은 이성에 대한 지나친 낙관이 기독교 신앙을 약화시킨다고 우려했다. 그래서 계몽주의라는 지성적 흐름을 못마땅하게 여기고 멀리해왔다. 그러나 '세계 복음화'가 부름받은 자로서 실현해야 할 마지막 소명으로 설정되자, 계몽주의의 열매를 기독교의 신앙적 성취로 연결시키는 데 주저하지 않았다.

서구 사회가 일찍이 문명한 사회를 이룰 수 있었던 것은 기독교라는 가장 문명화된 형태의 종교가 바탕이 되었기 때문이라는 믿음도 바로 여기에서 나왔다. 이러한 기독교 문명론은 19세기 후반 미국에서 다윈의 진화론이 사회 진화론으로 발전하면서 더욱 체계화되었고, 나아가 해외 선교를 위한 가장 효과적이고 설득력 있는 선교 담론으로 빛을 발하였다. 무엇보다 이 과정에서 서구 여성들은 문명화된 종교 덕분에 남성들과 동등한 자유와 권리를 누리며 해방된 삶을 살아가고 있다는 이미지를 구축할 수 있었다. 동시에 여성을 억압하는 이교도들의 가부장제는 가장 야만적인 제도 중 하나요, 여성들이 누리는 자유와 평등의 삶이 문명사회를 가늠하는 중요한 척도가 됨을 부각시키는 데 성공했다.

하지만 19세기 미국의 실상은 중산층 백인 여성들이 자부한 만큼의 자유와 평등을 제공해주지 못했다. "남성"이라는 말이 실제로는 "백인 남성"을 의미했듯이, "여성"이라는 말도 "백인 여성"을 가리키는 것이었다. 미국은 기독교의 도덕성을 최우선 가치로 강조하면서도 버젓이 노예제를 허용하고 있었다. 고대 시대 유물과 함께 땅에 묻혔어야 할 노예 제도가 부활해 국가 경제의 주요 기반이 된, 유례를 찾기 어려운 대륙이었다. 어디 그뿐인가. 근대 문명의 혜택을 누리지 못하고 살아가는 "먼 나라의 이교도들"을 위해서는 수많은 선교사들을 보내 교육 선교와 의료 선교를 펼치도록 아낌없이 후원하면서, 같은 땅에서 자신들을 위해 살아가는 노예들에게는 글을 가르치는 것조차 법으로 금지했다. 흑인 노예 여성이 직접 쓴 최초의 자서전으로 꼽히는 *Incidents in the Life of a Slave Girl*(1861)은 그 실상을 생생히 전하며 날카로운 비판을 쏟아냈다. 이 책은 한국어로도 번역되어 『린다 브렌트 이야기: 어느 흑인 노예 소녀의 자서전』(2011)이라는 제목으로 소개되었다.

"그들은 나라 밖에 있는 이교도들에게는 성서를 보내면서 나라 안에 있는 이교도들은 무시한다. 선교사들이 나라 밖의 어둡고 외진 곳을 찾아가는 것은 반가운 일이지만 이 땅의 어둡고 외진 곳을 외면하면 안 된다. 아프리카의 미개인들에게 말하는 것을 미국의 노예주들에게도 전하라. 인간을 거래하는 것은 잘못된 일이라고. 자기 아이를 돈 받고 파는 것은 죄악이며 자기 딸을 범하는 것은 극악무도한 일이라고. 그들에게 모든 인간은 형제이며 형제로부터 앎의 빛을 차단할 권리가 없다고 전하라. 목말라하는 영혼들에게 생명의 샘을 막아 버린 데 대해 신께서 심문하실 것이니."(『린다 브렌트 이야기』 115-116쪽)

린다 브렌트라는 필명의 주인공은 해리엇 제이콥스Harriet Jacobs, 1813-1897다. 노스캐롤라이나 출신으로 태어날 때부터 노예였다. 해리엇은 어린 시절 친절한 주인을 만난 덕분에 보기 드물게 글을 읽고 쓸 줄 아는 노예가 되었다. 비밀리에 이웃 노예에게 글을 가르칠 수 있었던 것도, 탈출에 성공한 후 자서전을 쓸

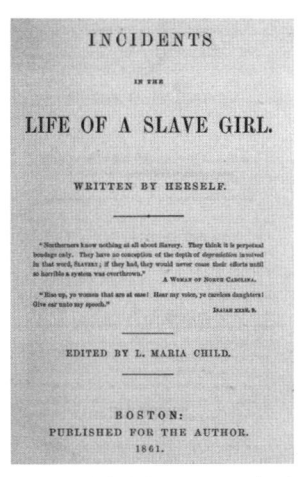

해리엇 제이콥스의 자서전(1861)

수 있었던 것도 그 덕분이었다.

해리엇이 현실에 눈뜨기 시작한 것은 소녀로 성장하면서다. 미국이라는 나라가 백인 여성들에겐 문명의 땅이었는지 몰라도 흑인 여성들에겐 야만의 땅이라는 것을 알게 되었다. 아니 여성 노예들에겐 지옥이 따로 없었다. 육체노동은 몸만 망가뜨렸지만 노예주에 의한 성적 착취와 학대는 이들의 영혼까지 갉아먹었다. 노예의 운명은 전적으로 노예주의 손에 달려 있었다. 해리엇의 두 번째 노예주는 그를 지옥의 나락으로 떨어뜨렸다. 나이가 많은 의사였는데, 15살 되던 해부터 성적 착취와 학대로 그녀를 괴롭혔다. 마수와 같았던 그의 손아귀에서 벗어나는 데 많은 시간이 걸렸다. 그 과정은 말로 다 표현할 수 없을 만큼 가혹했다. 천정과 지붕 사이에 한 사람이 간신히 누울 수 있는 비좁고 밀폐된 공간에서 숨도 제대로 쉬지 못하고 7년간 숨어 지내기도 했다. 지옥 같은 시간을 벗어나자 이제는 1850년에 통과된 도망노예법Fugitive Slave Laws이 그를 끈질기게 추격했다. 그의 동생 존 S. 제이콥스가 전하는 도망노예법의 실상이다.

"이 땅 위에 완벽한 지옥을 실현하는 데 필요한 마지막 한 가지가 아직 남겨진 상태였는데, 1850년 마침내 그 일이 완성되었다. 바로 도망노예법의 시행이었다. 이제 어떤 주, 어떤 도시, 어떤 마을에도 추격자에 쫓기는 도망 노예들이 몸을 피할 수 있는 곳은 없다. … 그런데도 미국의 독립 선언서는 이렇게 말하고 있다. '다음과 같은 사실은 자명한 진리다. 모든 인간은 자유롭고 평등하게 태어났으며 양도할 수 없는 권리, 즉 생명과 자유에 대한 권리, 그리고 행복 추구권을 부여받았다.' 오늘날 미국에서 흑인의 권리는 어디에 있는가? 한때는 흑인들에게 부여된 권리가 있었다. 그렇다. 투쟁의 시절, 그들은 나라를 위해 피 흘리고 죽어갈 권리가 있었다. 하지만 그들의 위업은 잊혔고 그들이 썼던 총검은 그 자손들의 사지를 묶는 쇠사슬과 족쇄로 변했다. 자유를 위해 싸웠던 독립 전쟁에서 맨 처음 쓰러진 자는 흑인이었다. 나는 바로 그의 형제인 한 흑인 노예가 채찍질과 족쇄를 피해 달아나다가 붙잡혀, 자유를 기리는 기념비가 바로 눈앞에 보이는 곳에서 다시 노예제로 질질 끌려가는 걸 지켜봤다. 그것도 그곳에 그가 있는 줄도 몰랐던 남부 노예주의 손에 의해서가 아니라 북부인들의 손에 의해서 말이다."(『린다 브렌트 이야기』, 341쪽)

노예는 미국 법에서 사람이 아닌 재산으로 규정되었다. 자유는 사람, 곧 백인을 위한 것이었으며 흑인 노예를 위한 것이 아니었다. 북부 지역이 노예제 폐지를 주장한 것은, 흑인 노예들의 자유를 지지한 것이라기보다는 산업 사회를 위한 노동력이 필요했기 때문이다. 흑인 노예에 대한 입장은 국가나 교회나 별반 다르지 않았다.

"자유는 인간에게 그들이 마시는 공기와도 같다. 만일 이를 갈취한다면, 이는 사람을 죽이는 살인죄를 저지른 것이나 다름없다. 왜냐하면 한 사람의, 천부적으로 타고난 존재성을 앗아가는 것이기 때문이다. 이 문제에 대해 국가와 교회에서는 똑같이 응답한다. 한쪽은 거짓을 말하고, 다른 한쪽은 신께 맹세한다. 국가가 말한다. "법이

재산이라 규정한 것은 재산이다." 교회가 말한다. "자연발생적으로 비롯된 죄는 전혀 죄가 아니다." 양쪽 다 노예제를 두고 하는 말이다. 소수의 예외를 제외하고 나라의 정책과 종교는 똑같이 압제적이며 부패했으며 기만적이다. 노예제를 만든 사람은 다른 누구도 아닌 정치적 압제자들이며, 이를 지지하는 사람들은 다른 누구도 아닌 종교적 위선자들이다. 마태복음 15장 8-9절에 이런 말이 나온다. '이 백성이 입술로는 나를 공경하되 마음은 내게서 멀도다. 사람의 계명으로 교훈을 삼아 가르치니 나를 헛되이 경배하는도다.' 그런 사람들에게 무슨 기대를 할 수 있겠는가? 거짓과 위선으로 가득 찬 그들에게 말이다. 그리스도인이라 공언하는 그런 사람들과 노예제 속에서 사느니 야만 속에서 자유를 누리며 살고 싶다."(『린다 브렌트 이야기』342쪽)

해리엇의 자서전이 노예의 실상을 직접 알린 첫 작품은 아니다. 프랑스 혁명이 일어났던 1789년에 올라우다 에퀴아노가 영국에서 출판한 『에퀴아노의 흥미로운 이야기』*The Interesting Narrative of the Life of Olaudah Equiano*가 노예 출신 아프리카인이 영어로 쓴 첫 문학 작품이었다. 자신이 직접 체험한 이야기들을 풀어내 노예제의 부당함을 호소한 자서전으로 15년간 9판이 발행될 정도로 인기가 높았다. 무엇보다 이 작품은 영국에서 일어난 노예 해방 운동의 촉매제가 되었고, 초판이 나온 지 18년 후인 1807년에 영국 의회는 노예 무역 폐지 법안을 통과시켰다. 미국에서도 1845년 『미국인 노예 프레데릭 더글라스의 삶의 이야기』*Narrative of the Life of Frederick Douglass, an American Slave*』가 출판되며 노예 증언 문학이라는 새로운 장르를 등장시키기도 했다. 당시에는 북부인들조차 노예제를 부모와 자식 관계처럼 여겨 남부 노예주들이 미개하고 무지한 노예들을 보호하는 것이라고 생각했던 이들이 적지 않았다.

하지만 이들 작품들은 모두 남성 노예들의 삶만 증언할 뿐이었다. 물론 해리엇보다 한 발 앞서 노예제의 실상을 폭로하고 흑인여성들의 인권을 외친 여성들이 있었다. 스스로 자신의 존재를 새롭게 규정하고 이름을 바꾸어 활동한 소저너 트루스Sojourner Truth, 1797경-1883는 19세기 흑인여성들 중 자신의 인종과 성을 공개적으로 옹호한 유일한 사람으로 평가받는다.[141] 해리엇처럼 소저너도 노예로 태어났고, 노예매매로 형제자매들과 헤어졌고, 주인에게 성폭행을 당했다. 그리고 결국 나이 많은 노예와 결혼하여 5명의 아이를 낳았다. 해리엇과 다른 점이 있다면, 그는 노예폐지론자들의 도움이 아니라 신의 음성을 직접 듣는 특별한 체험을 통해 새로운 삶을 찾았다. 물론 그렇다고 해서 그가 자신의 종교세계에 갇혀 지냈다는 말은 아니다. 소저너는 신의 음성을 들은 후 순례 설교자로 여행하면서 노예폐지, 여성의 권리, 빈민 보호를 외쳤다.[142] 나이가 들어서도 흑인 여성들에게 가해지는 인종적 성적 억압의 이중성에 대해 지속적으로 문제를 제기했다.

흑인여성운동의 개척자
소저너 트루스

"나는 여성들이 권리를 갖기 원합니다. 법정에서 여성들은 아무 권리도 없고, 아무 주장도 할 수 없습니다. 아무도 여성을 위해 말하지 않습니다. 나는 여성이 궤변가들과 맞서서 자기 자신의 주장을 할 수 있기를 바랍니다…우리도(남자들만큼) 일하고, 그만큼 먹고, 그만큼 원합니다. 나는 나 자신이 유색인종 여성들의 권리를 말하는, 유일한 유색인종 여성이라고 생각합니다."[143]

그러나 흑인여성운동의 선구자인 소저너조차도 여성노예들이 겪는 감춰진 고통에 대하여 차마 말하지 못했다. 해리엇의 자서전은 누구도 드러내놓고 말하지 못했던 여성 노예들만의 고통을 낱낱이 폭로하며 노예제의 비인간적인 실상을 세상에 고발했다. 특히 노예주들의 성적 학대와 착취는 금기시되는 이슈였다. 아니 누구도 인정하려 들지 않았다. 해리엇의 자서전이 큰 인기를 얻지 못했던 이유다. 오히려 오랫동안 그 진위를 의심받았다. 글솜씨가 여성, 특히 노예 출신의 여성이 쓴 것이라고는 도저히 믿어지지 않고, 문명인이고 백인 중산층 신사인 노예주들이 그럴 리 없다며 편집자의 상상력이 만들어 낸 소설로 치부했다. 그 의구심은 100년을 훌쩍 넘긴 1981년에 역사학자 진 패이건 옐린Jean Fagan Yellin이 저자가 주고받은 편지들을 찾아내 그 논란을 잠재울 때까지 이어졌다. 해리엇은 노예 소유주들의 아내와 딸들도 노예제의 희생자라고 썼지만, 미국이 최고 문명국이라 자부했던 백인들은 여성들조차 한 여성 노예의 생생한 증언을 믿으려 들지 않았다. 자서전의 편집자 리디아 차일드Lydia M. Child, 1802-1880가 직접 나서서 해명할 정도였다. 그는 저술가로 노예 해방 운동뿐 아니라 여성 운동에 적극 나선 인물이었다. 그 스스로 "노예제에 일격을 가할 수만 있다면 나는 물불 안 가리고 뛰어드는 사람"이라고 밝힌 바 있다.[149]

> "이 책을 대중 앞에 내놓는 것이 지각없는 행동이라며 나를 비난할 사람들이 많이 있을 줄 안다. 심한 고초를 당한 이 지성적인 여성의 경험담이 어떤 이는 민감한 사안이라 하고, 어떤 이는 상스럽다고 할 그런 류에 속하기 때문이다. 노예제가 안고 있는 이런 기괴한 국면은 지금까지 대부분 베일에 가려져 있었다. 하지만 이제 일반 대중도 노예제의 그 야만스러운 얼굴을 마주 봐야 할 때가 왔다. 나는 기꺼이 대중 앞에 그 베일을 벗기는 일을 맡기로 했다. 그렇게 하는 이유는 아직도 노예제의 질곡 속에서 우리의 귀를 막아버리고 싶을 정도로 추잡한 악행으로 고통받는 우리의 자매들이 있기 때문이다."
> (『린다 브렌트 이야기』 8쪽)

노예주는 백인이었고 대부분은 충실한 기독교 신자들이었다. 해리엇에게 친절한 사람으로 기억되었던 첫 노예주도 독실한 신앙인이었다. 그러나 마지막 순간 해리엇의 간절한 소망을 비웃기라도 하듯이 그를 다섯살 된 어린 조카에게 유산으로 양도하고 세상을 떠났다. 그가 서명한 양도 문서가 해리엇을 끝이 보이지 않는 지옥의 운명으로 밀어 넣었다.

두 얼굴의 기독교를 풍자한
(Sunday School Times)

"주인은 나에게 이런 하나님의 율법을 가르쳐준 적이 있었다. '네 이웃을 너 자신 같이 사랑하라.' '남에게 대접받고자 하는 것이 있다면 너희도 그렇게 남을 대접하라.' 그렇지만 나는 노예였고, 아마도 주인에게 노예는 이웃이 아니었던 모양이다. 나는 주인이 남긴 이 커다란 오점을 내 기억 속에서 지워내려고 무던히 노력했다.(『린다 브렌트 이야기』 17쪽)

주인의 종교였고 주인이 가르쳐준 기독교의 진리는 해리엇에게도 자유를 향한 여정을 끝까지 포기하지 않게 해준 가장 큰 힘이었다. 하지만 그는 일찍부터 알고 있었다. 주인이 믿는 진리와 노예가 믿는 진리가 같지 않다는 것을. 적어도 그의 눈에 비친 기독교는 두 얼굴을 가진 종교였다.

PART 4

동아시아 편 | 모순의 시대를 넘다

20세기 문턱에서
아시아를 찾아온 여성들

근대 페미니즘이 역사에 등장하기 전까지 "모성"은 동서양을 막론하고 가장 이상적인 여성의 가치로 추앙받았다. "가정"은 아주 오랫동안 여성들의 신성한 공간이었고, "어머니"는 여성들의 가장 거룩한 이름이었다. 그러나 19세기 후반부터 여성 운동이 세계적 흐름으로 발전하면서 모성에 대한 전통적 가치는 점점 힘을 잃었다. 때로는 '반여성적 메시지'로 읽히기도 했다.

'자유'와 '평등'이라는 계몽주의 사상을 강하게 경험한 서구 유럽에서는 가정이라는 전통적 가치로부터 벗어나 독립된 여성의 주체성을 세우려는 흐름이 두드러졌다. 심지어 보수적 분위기가 강했던 빅토리아 시대의 여성들 중에도 독립된 주체로서의 삶을 시도한 이들이 있었다. 당대 대표적 페미니스트로 평가받았던 이사벨라 버드 비숍Isabella Bird Bishop, 1831-1904은 남성들의 전유물이었던 "미지의 땅"을 여행했다.

그는 "세계를 향한 금지된 열정"을 품고, 홀로 한국, 일본, 중국, 티베트 등 아시아를 여행하고 그곳에 사는 여성들을 세계에 처음 소개한 19세기 몇 안 되는 여행가였다. 섬세한 감각과 탁월한 문체로 주옥같은 여행기를 남겨 높은 명성과 많은 인기를 누렸다.

1891년 이사벨라의 초상

하지만 아시아와 아시아 여성들을 바라보는 시각은, 식민주의 세계관으로 세상을 보고 아시아에 매력을 느낀 당대의 남성들과 크게 다르지 않았다. 아시아는 문화적으로 도덕적으로 상당히 뒤떨어졌으며, 이러한 문화적 열등성은 아시아 여성들의 낮은 지위와 비참한 삶에서 고스란히 드러난다고 소개했다. 조선에 대한 일본의 침략도 "부패한 조선을 개혁하고자 하는 일본의 진심 어린 노력"이라고 높이 평가하면서 일본에 대한 한국인들의 분노는 어리석은 것이라고 설명했다.

19세기 영국 여성 작가들의 여행기를 연구한 사라 밀스Sara Mills는 서구 여성들도 남성들과 방식만 다를 뿐 비서구 세계의 식민화 과정에 관여했다고 주장한다.[145] 이들은 사회적 금기를 깨고 치마를 입은 채 해외여행길에 나섰고, 그 대가로 낯선 땅이 주는 예기치 않은 위험뿐만 아니라 남성의 영역을 침범한 "남자 같은 여자"라는 곱지 않은 사회적 시선과 조롱을 감수해야 했다. 이들에게 '빅토리아 시대 페미니스트'라는 이름을 붙여주는 이유다.[146] 하지만 이들은 서구의 눈으로 비서구 세계를 재구성하고, 토착 여성들의 삶을 서구의 잣대를 기준 삼아 일방적으로 규정하는 오류를 범했다.

사라 밀스의 분석은 서구 여성들이 사회적 제약에 갇혀 남성들이 주도한 식민화 과정에 관여하지 못했을 것이라는 일반적인 추측을 보란 듯이 뒤집는다. 따라서 '동양 여성'이라는 정형화된 이미지를 만들어내는 데 공헌한 서구 여성들의 글들은 '가부장제'와 '식민주의'라는 두 파워 넥서스power nexus 안에서 생산되었다는 것을 기억할 필요가 있다. 당대 여성들이 남긴 저작들을 읽을 때, 단순히 가부장제의 억압 구조에 맞서는 "여성들의 목소리Voices of Women"가 아니라 담론을 지배하는 "파워의 목소리Voice of Power"로 읽어야 한다는 미셸 푸코Michel Foucault의 주장과 동일한 맥락이다.

'미지의 세계' 동양, 탐험과 탐색의 대상이 되다

"서구에 의한, 서구를 위한, 서구의" 세기로 불러도 좋을 만큼 19세기는 서구 문명의 위력이 절정에 달했던 시기다. 서구 지식인들은 앞을 다투어 자신들이 일구어 낸 "위대한 세기"를 칭송했다. 유럽이 낳은 계몽주의 유산은 대서양을 건너 "뉴잉글랜드"로 불린 미 대륙으로 넘어가 어느덧 서구 전체의 문화적 우월감으로 자리 잡았다. 인류에 대한 낙관론은 거스를 수 없는 대세가 되었고 제2차 세계대전으로 그 환상이 산산조각 날 때까지 지속되었다.

서구의 정복자들은 서구가 성취한 근대 문명이야말로 가장 진보된 형태의 인류 사회라고 자부했다. 그리고 한 발 더 나아가 '무지'와 '야만'에서 깨어나지 못한 '어둠의 땅'을 접수해 '문명의 빛'을 밝히겠다고 열정을 불태웠다. 이들의 상상력은 어느새 세계 전체를 손안에 넣은 듯 서구 반대편 어디쯤에 있을 '상상 속 동양'을 어슬렁거렸고, 이들의 시선은 여리고성을 바라보는 여호수아라도 된 양 의기양양했다. 아니 스스로를 문명사회의 완성을 위해 보내진 '메시아'로 상상했는지도 모른다.

하지만 이는 '문명과 야만'의 이분법이 만들어 낸 악마의 프레임이었다. 이를 알아차리는데 100년, 아니 그 이상의 시간이 걸렸다. 1978년, 한 권의 책이 판도라의 상자를 열었다. 저자 에드워드 사이드Edward W. Said는 근대가 쌓아올린 학문의 금자탑을 근본부터 흔들면서 동양에 대한 서구인들의 정복주의적 상상력을 수면 위로 끌어올리는데 성공했다. 그는 이것을 "오리엔탈리즘"이라고 이름 붙였다.[147]

상상력은 물리적 한계와 경계를 한순간에 뛰어넘게 하는 힘이 있다. 그 끝을 누구도 가늠하기 어렵다. 불확실한 미래와 그 속에 숨겨진 낯선 두려움도 막 깨어나는 상상력을 막지 못한다. 19세기 후반이 그랬다. 서구 열강들이 앞을 다투어 해외 식민지 경쟁에 열을 올리자 서구인들의 지적 호기심도 날로 높아갔다.

덕분에 서구인들이 오랫동안 동경해 마지않았던 '미지의 세계' 동양은 탐구의 대상으로 성큼 다가섰다. 특히 연구를 위해 직접 낯선 땅을 찾아 나서는 학자들과 여행가들이 하나둘씩 생겨나면서 동양은 서서히 신비의 베일을 벗었다. 여러 나라를 직접 방문한 후 자신이 경험한 것에 학문적 식견을 얹어 발간한 책들은 전문 서적이라는 이름을 달고 선풍적인 인기를 누렸다. 해외 각처로부터 날아드는 다양한 소식들을 수집하여 발 빠르게 활자화한 출판 업계도 덩달아 신이 났다.

학문적 외피까지 겸비한 오리엔탈리즘은 기독교의 세계 확장에도 중요한 연료 탱크였다. "이 세대가 가기 전, 온 세상에 복음을Evangelizing the World in this Generation"이라는 애드벌룬이 높이 뜨자, 대학의 수많은 젊은 지성들이 해외 선교사로 자원했다. '세계복음화' 대열에 합류한 젊은이들은 오리엔탈리즘의 또 다른 생산자요, 최대 수혜자였다. 권위 있는 역사학자이자 선교사학자로 명성을 누린 예일대 교수 라투레트 Kenneth S. Latourette도 19세기를 평가하며 "위대한 선교의 세기"라고 단언했다. 서구 문명의 "위대한" 발전에 힘입어 기독교 선교도 전에 없는 성공을 거두었기에 승리에 찬 그의 선언은 반론의 여지가 없었다. 계몽주의 시대를 거치며 형성된 인류 역사에 대한 낙관론은 소수 학자들의 전문가적 식견을 넘어 서구인들의 일상 곳곳에 파고들었다. 피부로 느낄 만큼 눈부시게 발전하는 서구 과학의 급성장과 해가 다르게 더해지는 학문적 성취는 인류 사회가 끊임없이 진보할 것이라는 기대와 희망을 의심할 여지없는 역사적 진실로 바꾸어 놓았다.

특히 1859년에 다윈의 『종의 기원』이 출간된 이후 서구 사회는 인류 역사를 야만의 시대에서 문명의 시대로 진화하는 필연적 과정으로 이해했고, 이를 과학적 사실로 받아들였다. '더 나은 사회'에 대한 갈망은 이상주의자들이나 꿈꾸는 환상이 아닌, 모두의 노력으로 함께 이룰 수 있는 실체가 되었다. 심지어 진화론을 창조론의 대척점에 세워두고 신에 대한 도전이고 반역이라며 비난했던 기독교인들조차 진화론에서 확장된 사회 진화론을 수용해 가장 효과적인 해외 선교 전략으로 적극 활용할 정도였다.

서구 여성들이 가정이라는 제한된 공간을 넘어 공동체적인 각성과 연대를 이루고 '근대'라는 신개념을 상상해 아시아까지 찾아든 것도 이와 때를 같이 한다. 물론 해외여행에 자유로웠던 이들은 남성들이 대부분이었지만, 가정이라는 울타리를 과감하게 벗어던지고 세계를 탐험하는 대열에 몸을 던진 여성들도 없지 않았다. 이들은 남성들이 보지 못한 피사체까지 자신들의 앵글에 옮겨 담으며 사람들의 상상력을 더욱 자극했다. 해외로 시선을 돌리기 시작한 선교사들에게는 더없이 소중한 정보의 보고요 나침반이었다. 이에 영감을 받은 선교사들도 선교지로부터 얻은 풍부한 정보와 지식을 선교 저널이나 보고서를 통해 마구 쏟아내며 힘을 보탰다.

이러한 서구인들의 지식 생산과 공유는 동서양 여성들에게 '바깥세상'과 소통하고 '세계'로 나아갈 수 있는 기회와 공간을 만들어 주었다. 하지만 다른 한편으로는 아시아에 관한 상세한 정보를 제공하고 근대화에 대한 아시아인들의 문화적 욕구를 극대화하여 세계열강들이 아시아를 보다 효과적으로 지배하고 식민화하도록 돕는 결과를 초래하기도 했다.

서양에서 온 첫 여성 여행가, 아시아를 탐험하다

중국과 일본이 한반도에서 동북아 패권을 두고 주도권 전쟁을 벌인 1894년, 한 사람의 '낯선' 방문객이 조선의 수도 서울에 발을 들여놓았다. 서구 유럽과 미국에서 최고의 주가를 올리며 명성을 떨치던 영국의 대표적인 여성 여행가, 이사벨라 버드 비숍이었다. 예순을 넘긴 나이였지만 그는 여전히 남성들도 감히 따라잡지 못할 '미지의 세계'에 대한 호기심과 열정으로 가득 차 있었다. 22살 때부터 미국과 오스트레일리아를 거쳐 꿈의 섬 하와이, 콜로라도의 로키산맥, 이집트의 시나이반도, 중앙아시아의 페르시아 등 세계 오지를 찾아 홀로 여행해 온 자신감과 자부심이 그의 나이를 잊게 해 주었다.

이사벨라 버드가 동아시아 지역을 처음 방문한 것은 한국이 아니다. 1878년, 메이지 유신을 선포한 지 10년째를 맞은 '낯선 신세계' 일본을 먼저 방문했다. 일본은 막부 시대를 마감하고 서구에 문호를 적극 개방하여 근대 국가 건설에 박차를 가하고 있었다. 다른 서구인들과 마찬가지로 이사벨라도 빠른 속도로 서구 문물을 따라잡고 있는 일본의 변화에 놀라워했다. 하지만 그는 세계를 누비고 다니는 여행가답게 문명이 닿지 않은 땅, 홋카이도 오지에 더 많은 관심을 가졌고 그곳에서 살아가는 아이누족에게 깊은 인상을 받았다.

이 여행에 대한 기록은 1880년에 *Unbeaten Tracks in Japan*(알려지지 않은 일본)이라는 책으로 발간되었다. 출판을 맡은 동료 존 머레이John Murray가 독자들의 충격을 염려할 만큼 이 책에는 문명화되지 않은 일본의 모습이 적나라하게 담겼다. 그러나 염려와 달리, 경쟁작인 에드워드 리드Edward Reid의 책을 압도하며 큰 인기를 모았다. 다소 과장되게 소개되던 일본에 대하여 가장 객관적인 접근을 한 작품이라는 학자들의 찬사도 이어졌다. 당시 일본은 동양에서 가장 먼저 깨어나는 나라로 서구인들의 주목을 한 몸에 받았다.

한국 방문에서도 이사벨라는 잘 정리된 도심지보다는 울퉁불퉁하고 구불구불한 시골길과 골짜기를 찾아다녔다. 이번에는 16파운드나 되는 삼각대 카메라까지 들고 다니며 사람과 풍경을 사진에 담았다. 지난 페르시아 여행 때 동행했던 영국군 소여 소령에게 사용법을 배운 기온과 고도와 기압을 재고 기록하는 기구들도 짐의 무게를 더했지만, 보다 정확한 정보를 담기 위한 열정은 꺾지 못했다. 서울 시내를 한 번 둘러본 이사벨라는 작은 배로 한강 지류의 인근 지역을 먼저 탐험하기로 결정했다. 젊은 선교사 한 명이 통역을 도와줄 이와 함께 나왔고, 뱃사공 두 명과 이사벨라가 개인적으로 고용한 '웡'이라는 이름의 한국인이 동행했다. 여행하면서 그녀의 눈에 가장 먼저 들어온 것은 버려진 듯 보이는 흙집에서 우울하게 생활하는 가난한 농부들과 서구에서 들어온 진귀한 물건들로 그럴싸하게 꾸며놓은 마을 수령의 천박하기 이를 데 없는 으리으리한 집이 대비를 이루는 풍경이었다.

> "천박하게 테를 두른 큰 거울과 프랑스 시계는 모든 방에서 볼 수 있었는데 그것은 그들의 속물근성을 드러내고 있었다. 이러한 외국 문물을 맹종하는 천박함이 돈 많은 젊은 멋쟁이들 사이에서 급속하게 번져 가며 한국의 소박함을 망치고 있었다."[148]

당시 한국은 중국과 일본이 한반도를 두고 벌인 전쟁으로 일대 혼란에 빠져 있었다. 일본의 압력으로 항구가 열린 후 외국과의 무역으로 분주해진 원산항, 일본인들이나 중국인들과 늘 충돌하는 한국 상인들, 오랫동안 토지를 독점해 온 왕족과 귀족들에게 반기를 들기 시작한 농부들과 소작인들의 저항, 농민들의 지지를 받고 있던 동학 혁명, 이들을 진압한다는 이유를 들어 한반도에 군대와 무기를 싣고 들어온 일본 함대, 일본에 선전 포고를 하고 한반도로 합류 중인 중국 군대와 군인들.

뒤늦게 문호를 개방한 한국은 전통 강호인 중국과 러시아, 신생 강국으로 떠오른 일본의 틈바구니 속에서 그 어느 때보다 어려운 시기를 보내고 있었다. 대륙 세력과 해양 세력의 충돌이 빚어내는 고통은 고스란히 한국의 몫이 되었다.

이사벨라는 사진 현상에 필요한 원판과 화학 약품을 들고 한국과 중국을 오가며 전쟁으로 아수라장이 된 한반도의 모습과 이동 중인 군인들의 모습까지 카메라에 담았다. 현장감 있는 정보와 사진들은 본국의 언론사로 보내졌고, 한강 주변을 거슬러 올라가며 직접 겪었던 경험들은 여행 보고서로 정리되어 영국왕립지리학회The Royal Geographic Society로 보내졌다. 그의 보고서는 원고 전체가 학회의 저널에 그대로 게재될 만큼 학문적 차원에서도 인정을 받았다. 급변하는 동아시아와 한국의 정치적 격변기를 세밀한 필치로 그려낸 여행기는 『한국과 그 이웃 나라들Korea and her Neighbours』이라는 제목으로 방문 4년 만인 1898년에 영국에서 발행되었다. 이 책은 처음 발행된 2,000부가 이틀 만에 모두 팔려 나가고 첫해에만 다섯 번 재판을 찍을 정도로 인기가 높았다. 미국판까지 출시되면서 이사벨라는 일본에 이어 한국까지 섭렵한 동아시아 전문가로 우뚝 섰다.

이듬해인 1899년에는 중국 여행기, 『양자강 저 너머The Yangtze Valley and Beyond』까지 세상에 내놓으면서 그 가치를 더했다. 아시아에 대한 정보가 미미했던 시절, 그의 여행기가 아시아에 관심을

『한국과 그 이웃 나라들』(1898, 책표지)

가진 서구인들에게 매우 유용한 정보로 받아들여졌음은 물론이다. 아시아는 이사벨라처럼 '미지의 세계'를 탐험하려는 여행가들만이 아니라 '새로운 시장'이 필요했던 상인들과 기업가들 그리고 정치가들에게도 상당히 매력적인 땅이었다.

베일 벗은 동양 여성, '야만' 프레임의 볼모 잡히나?

이사벨라는 복음주의 신앙을 가진 영국 국교회 사제의 딸로 태어났다. 당대의 여성들이 그랬듯이 이사벨라도 어릴 때부터 총명했지만 학교 교육은 받지 못했다. 어린 시절부터 몸이 약해 대부분의 시간을 침대에서 보내야 했으며 여성이 다닐 수 있는 학교도 거의 없었다. 대신 가정에서 부모를 통해 글을 배우고 독서를 통해 다방면의 지식을 습득했다. 하지만 '백의의 천사'로 찬사를 받은 나이팅게일 Florence Nightingale 이나 인류학자로 주목을 받은 마틸다 스티븐슨 Mathilda Stevenson과 마찬가지로, 신체의 허약함이 이사벨라를 가정에서 벗어나 새로운 세계를 탐험하는 모험적인 삶으로 이끌었다. 그를 치료하던 의사가 별다른 치료법을 찾지 못하자, 다른 나라를 여행할 것을 권유했다. 의학이 그리 발달하지 못했던 당시 모든 병에 대한 전천후 치료법은 '공기의 전환'이었다.

당시 여성이 알려지지 않은 세계를 홀로 여행한다는 것은 쉽게 상상하기 어려웠다. 환영받지도 못했다. 인기를 누리던 어느 유머 잡지는 여성 여행가들을 이렇게 조롱했다.

"숙녀 탐험가? 치마 입은 여행가?

그 표현은 너무 거룩하다.

그들에게 집에 머물러 아기들이나 돌보게 하라.

아니면 우리의 떨어진 웃옷이나 깁게 하라.

그들은 절대로 지리학적이 되어서도 안 되고 될 수도 없고 될 일도 없을 것이다."[149]

당시 유럽은 시민 혁명으로 왕정 시대를 무너뜨리고 가장 먼저 시민 사회의 닻을 올린 프랑스조차 여성들의 바지 착용을 금하는 법(1800년)을 만들어, 여성들을 '치마'가 상징하는 여성성 안에 가두어놓고 있었다. 믿기지 않겠지만 이 법은 213년을 지속하다가 불과 몇 년 전인 2013년 2월 4일에야 비로소 공식적으로 폐기되었다. 가장 최근까지도 법적으로는 여성이 바지를 입는 것이 위법이었다는 말이다. 이사벨라가 나고 자란 영국도 크게 다르지 않았다. 이사벨라도 남자 옷을 입고 여행했다는 의혹이 제기되어 *A Lady's Life in the Rocky Mountains*(한 여인의 로키산맥 오르기) 개정판 서문에 치마를 입고 여행했다는 설명과 함께 이를 증명하는 그림을 그려 넣어야 했다. 남성들은 새로운 세계를 향해 끊임없이 모험을 감행하는 용기 있는 사람들로 추앙받았지만, 여성들은 '여자답지 못하다'라는 비난과 조롱 속에 전문성에 대한 의심까지 받으며 세간에 시달렸다.

그럼에도 불구하고 이사벨라는 이를 극복하고 특유의 감수성과 세밀한 필치로 국경을 넘나드는 인기를 구가한 보기 드문 여성이었다. 그는 여행 중에 얻은 경험과 지식을 토대로 그 지역의 지형과 기후뿐만 아니라 문화와 관습 등을 사진이나 삽화와 함께 상세히 소개하면서 명성을 얻었다. 무엇보다 오랜 관습 뒤에 감추어진 가부장제의 폭력성과 잔인함을 드러내며 세상으로부터 고립되어 살아가는 다양한 지역의 여성들의 삶을 생생하게 그려내 주목받았다.

미국의 여성용 등산복을 착용한 이사벨라 남자 옷을 입고 여행했다는 의혹에 반박하다.

　이사벨라는 영국의 왕립지리학회가 여성을 받아들이지 않았던 오랜 전통을 깨고 처음으로 회원으로 받아들일 만큼 전문성을 갖춘 여행가로 그 권위를 인정받았다. 물론 그가 당대의 학자들에게만 신뢰를 얻었던 것은 아니다. 그의 여행기는 선교 열정에 불탄 선교사들에게도 매우 유용한 정보를 제공했다. 아직 문명이 들어가지 않은 나라들을 앞서 찾아다니며 다양한 민족들이 살아가는 방식을 상세히 소개해놓은 그의 작품들은 첫걸음을 내딛는 기독교 선교사들에게 더없이 좋은 길잡이가 되었다.

　선교사들은 자신들의 활동을 뒷받침하고 사역에 대한 신뢰도를 높이기 위해 학문적 차원에서도 인정받은 이사벨라의 말이나 글들을 인용하는 경우가 많았다. 더욱이 같은 시기에 명성을 누린 메리 킹슬리Mary Kingsley와 달리, 이사벨라는 선교에 누구보다 깊은 관심을 가졌으며 가는 곳마다 선교사들의 활동을 강하게 지지했다. 자신이 경험한 이야기들을 선교 저널에 여러 차례 기고하기도 하고, 크고 작은 선교 대회에 명사로 참석하여 선교사들에게 강한 사명감을 불어넣으며 힘을 실어주기도 했다. 무엇보다 그는 문명화되지 못한 관습에 매여 고통스럽게 살아가는 여성들에게 강한 연민을 느끼며 이들의 비참한 삶에 대하여 자주 언급하곤 했다. 그의 전기를 쓴 이블린 케이는 의료 선교단 설립 모금을 위해 런던에서 열린 한 모임에서 이사벨라가 연설한 내용을 이렇게 전한다.

> "아시아를 여행하면서 나는 어떻게 죄악이 중요시되고 숭배되는지에 대하여 우리가 얼마나 모르고 있는지를 크게 깨달았습니다. 도처에 죄악과 수치가 만연해 있습니다. 마호메트교는 그 뿌리까지 썩었습니다. 이슬람 국가들, 특히 페르시아의 도덕은 타락했고 모든 사상이 사악합니다. 불교 신자들은 또 얼마나 부패했는지! 기독교화되지 않은 나라에서는 삶을 정의롭게 하는 가치를 거의 찾을 수 없다는 사실은 참으로 경악할 만한 일입니다. 그들은 여성을 끝없이 경시합니다. 또한 남성들은 무한히 타락해 있습니다. 아시아 대륙 전체가 부패했습니다. 그곳은 야만과 고문, 잔인한 처벌, 억압, 공직자들의 타락의 현장입니다."[150]

'이교도들의 땅' 아시아에서는 여성이 열등한 문화를 그대로 간직한 채 사회적 관습에 매여 아무런 꿈도 갖지 못하고 살아가는 불행한 사람들로 보였던 모양이다. 일본 여성들에 대해서는 "결혼 후 마치 젊었을 때를 알지 못하는 듯 그들의 피부가 무두질 된 가죽처럼" 변해 있었다고 소개한다. 조선의 여성들도 사회로부터 철저히 격리된 채 집안에 갇혀 살아간다고 전한다. 이들에게는 침묵의 강요, 축첩 제도, 교육의 부재, 부모의 결정에 따라야 하는 결혼 제도 등 조선에서 가장 야만적인 문화가 고통을 준다는 것이다. 이사벨라는 "잔인하고 야만적인 관습들이 수천 년을 거쳐 조선의 5천 년 역사를 부패하게 만들었다"라고 꼬집었다. 사실 이러한 보고들은 어느 누구도 관심 갖지 않았던 아시아 여성들의 고달픈 삶을 세밀하게 그려내 주목 받았지만, 대부분의 서구인들이 보여준 서구 중심적 관점과 빅토리아 시대의 선구적 여성들이 지녔던 여성관의 한계를 그대로 담아낸 것이기도 했다.

그럼에도 불구하고, 아시아 여성에 관한 자료가 전무하다시피 한 상황에서 아시아 선교를 준비하는 이들에게는 아시아 지역의 토착 여성들을 이해하고 이들을 위한 선교를 준비하는 데 더없이 좋은 유익한 정보로 받아들여졌다. 무엇보다 이교도 땅으로 인식된 비서구 세계의 여성들이 자국의 야만적 문화와 전통에 묶여 고통 속에 살고 있다는 증언은 서구 선교사들의 해외 선교에 대한 정당성과 명분을 더해주었다. 일반 대중들의 지지와 재정적 후원을 이끌어 내는 데도 큰 효과를 발휘했다.

'여성 해방'은 신화였을까?

'동양'이 신비의 베일을 벗을 즈음, 바다를 건너 아시아를 찾은 또 한 무리의 서구 여성들이 있었다. 탐구와 관찰이 목적이 아닌, "어둠" 속에 갇힌 이교도 여성들을 구원해야 한다는 종교적 사명감으로 먼 곳까지 찾아온 기독교 선교사들이었다. 이들은 사진기라는 낯선 도구 대신 기독교의 경전인 성서를 들고 나타났다. 근사해 보이는 선물도 준비했다. 이들이 풀어놓은 선물 보따리는 다름 아닌 근대식 '학교'와 '병원'이었다. 교육과 의료 혜택을 받지 못하는 '이교도 자매들'을 위한 선물이었다. 그중에서도 처음 여학교를 세워 선보인 '서구식 교육'은 근대 사회로 진입하고자 하는 아시아에 상당히 유용한 선물이 되었다. 동시에 아시아에 팽배했던 기독교에 대한 거부감을 누그러뜨리는 데 효과를 발휘했고, 기독교를 여성 해방의 종교로까지 부각시켰다.

하지만 아시아는 서구 기독교가 세계 정복에 나서며 선교에 유일하게 실패한 대륙이었다. 아시아 신학자 곽퓨이란Kwok Pui-lan은 "성서의 세계관이 지배하지 못한 대륙"이라고 소개한다. 세계 인구의 60%가 살지만 기독교인은 여전히 3%에도 미치지 못한다는 통계도 있다. 기독교 선교사들의 오랜 소망과 노력에도 불구하고, 가톨릭 신자가 대다수인 필리핀이나 개신교가 강하게 자리 잡은 한국을 제외하고는 아시아 대부분의 나라에서 기독교인은 소수에 불과하다. 아이러니하게도 타 종교를 좀처럼 인정하지 못하는 기독교인 특유의 배타성과 일방적이고 공격적인 선교 방식이 가장 큰 장애물로 꼽힌다. 다양한 언어, 다양한 종교, 다양한 문화가 오랫동안 공존해 온 아시아가 '다름'에 대한 배려와 존중을 갖추지 못한 기독교를 바라보는 시선은 여전히 곱지 않다. 지금도 그러하거니와 아시아 선교 초기에는 말할 것도 없었다.

흥미로운 것은 '근대'라는 이름을 선점한 서구 문명이 식민 지배에 대한 아시아인들의 저항을 잠재우고, 이를 정당화하기 위한 가장 효과적인 무기로 "해방"이라는 단어를 꺼내들었다는 점이다. 한마디로 여성 선교사들이 꺼내든 "여성 해방"이라는 단어는 기독교에 대한 거부감으로 고전을 면치 못한 선교사들에겐 그야말로 '신의 한 수'였다. 무례한 불청객으로 배척받던 기독교가 여성을 해방시킨 종교라는 강고한 이미지를 어떻게 구축할 수 있었을까?[151]

　우선, 배움의 기회를 전혀 얻지 못한 아시아 여성들에게 처음으로 근대 교육을 제공하고, 이것이 근대 여성 운동의 근간이 되었다는 설명이 설득력을 얻고 있다. 실제로 인도, 중국, 한국, 일본 등 많은 나라들이 근대 사회로 진입하는 과정에서 서구 기독교의 영향을 많이 받았다. 선교사들은 아시아 여성들에게 기독교를 전파할 목적으로 여학교를 세웠고 이들의 적극적인 활동에 힘입어 아시아 여성들은 근대 교육의 가장 큰 수혜자가 될 수 있었다.

　아시아와 아시아 여성들에 관한 서구인들의 기록물들도 한 몫 했다. 당시에는 지적 호기심으로 찾아온 여행가나 학자들만이 아니라 선교사들도 글쓰기에 적극 동참했다. 잠시 스쳐간 여행가들이나 학자들과 달리, 장기 체류가 가능한 선교사들은 아시아 지역 구석구석을 자세히 관찰할 수 있었고, 구체적인 정보들도 다양하게 얻어냈다. 이들이 발행한 선교 보고서나 종교 저널들은 아시아에 대한 서구의 관심을 반영하며 베일에 감춰진 아시아의 언어와 역사, 문화, 관습, 심지어 쉽게 접하기 어려운 여인들의 생활상에 대한 상세한 정보들까지 제공했다. 특히 동양 여성들의 생활상은 여성 운동의 작은 성과에 힘입어 보다 확장된 교육의 기회를 누리던 서구 여성들에게 가장 큰 관심거리였다.

　선교 저널들은 지역과 상관없이 동양 여성들이 오래된 "이교적 전통"과 "야만적 관습"에 매여 하루하루를 비참하게 살아가고 있다고 한목소리로 증언했다. 공감을 높이기 위해 흥미로운 에피소드와 인상적인 그림들까지 곁들였다. 이는 영미권을 휩쓴 해외 선교 열풍에 더욱 활력을 불어넣으며 '이교도 자매들을 속히 구원해야 한다'라는 서구 여성들의 종교적 확신과 사명감을 더욱 불타오르게 했다. 베일에 가려진 아시아 여성들이 어떤 삶을 살고 있는지 생생히 증언해주는 가장 믿을만하고 직접적인 자료로 자주 인용되기도 했다.

기독교로 개종한 아시아 여성들의 기록들도 서구인들의 목소리에 힘을 실었다. 아시아 나라들 중 기독교 수용에 가장 적극적이었던 한국에서 특히 강하게 나타난다. 선교사 부인 자격으로 한국에 파송되어 여성 선교에 힘썼던 노블M. W. Noble이 초기 여성 개종자들의 자전 에세이를 모아 『승리의 생활Victorious Lives of Early Christians in Korea』(1927)을 발간했는데, 이것이 대표적인 예다. 한국의 초기 여성 개종자들은 기독교에 대하여 "여성에게 처음으로 해방을 가져다준 구원의 종교"라고 한목소리로 고백했다.

> "오랫동안 이름 없이 살던 나는 주의 은혜를 힘입어 세례 받던 날로부터 여자 된 권리 중의 한 가지를 찾게 되었다. 이로 보면 조선 여자의 해방은 우리 그리스도교로부터 시작되었다고 할만하다."[152]

기독교로 개종한 초기 여성들이 한국 여성 전체의 목소리를 대변한다고 말할 수는 없다. 그럴 만큼 풍부한 기록을 남긴 것도 아니다. 유럽이나 미국과 마찬가지로 아시아에서도 기록을 남길 수 있었던 여성은 교육받은 소수에 제한되었다. 한국도 예외는 아니어서 근대 교육을 먼저 접했던 초기 기독교 개종자들의 기록이 조금 남아 있을 뿐이다. 그나마도 지극히 단편적이며 선교를 목적으로 쓰인 글들이 대부분이다.

그럼에도 불구하고, 이러한 기록들이 가치 있게 여겨지는 이유는 소수의 여성들이 참여한 단편적인 기록일지라도 토착 여성들이 스스로 낸 목소리가 담겨 있다고 믿기 때문이다. 아시아인들이 직접 기록한 자료들이 절대적으로 부족한 상황에서 아시아 여성들의 목소리가 담긴 자료들은 큰 의미가 있었다. 아시아와 아시아 여성에 관한 정보들은 주로 서구인들의 손으로 기록되고 생산되고 선택되었을 뿐만 아니라 서구인들의 목소리가 반영되어 소개되는 것이 대부분이었다.

근대 시대의 선물인가?
식민 시대의 산물인가?

아시아 여러 나라들이 근대 사회로 진입하는 과정에서 서구 선교사들의 노력과 성과에 적지 않은 빚을 진 것은 사실이다. 19세기 미국을 휩쓴 복음주의 열풍은 남성들뿐 아니라 여성들에게도 영향을 미쳐 자국의 문화는 물론 비서구권 국가들의 종교적, 문화적 지형까지 바꾸어 놓는 데 일조했다. "낯선 땅"을 향한 험난한 항로에 몸을 실은 선교사들은 기독교 선교가 아시아 여성들을 "좀 더 품위 있는 부인과 좀 더 수준 높은 어머니"로 만들어줄 것이라고 믿어 의심치 않았다. "이교도 땅에 기독교 가정을 세워야 한다"라는 종교적 소명감으로 가득 차 있었다. 기독교적 가치에 바탕을 둔 가정과 사회를 세우는 것, 이것이야말로 기독교 여성들에게 부여된 새로운 시대의 사명이요, "이교도"로 살아가는 아시아 여성들을 구원하는 길

노블이 편찬한 승리의 생활(겉표지, 1927)

임을 확신했다. 그리고 오랫동안 버려져 있던 무지의 땅에 학교를 세워 선생이 되고, 병원을 세워 의사와 간호사가 되어 가르치고 치료했다.

앞장에서 살펴보았듯이, 미국의 여성 운동은 "모성"이라는 전통적 가치를 새롭게 해석하는 흐름으로 진행되었다. 여성 운동에 앞장섰던 개신교 여성들은 '가정'을 여성 운동의 보루로, '모성'의 전통적 가치를 여성 운동의 활동 기제로 삼았다. 가정을 통해 남녀동등의 기독교적 가치를 실현하고 여성들의 잠재력과 활동 역량을 높이는 방법을 추구했다. 스타 연사였던 프란시스 윌라드는 미국 전역을 돌며 여성들에게, 타락해 가고 있는 사회로부터 가정을 지키고 기독교 윤리를 바로 세워 새로운 사회를 건설하자고 역설했다. "어머니의 마음으로 남성들과 아이들을 불신앙과 부도덕으로부터 지켜내는 것이 여성들이 감당해야 할 가장 우선적인 사명이요, 여성들이 남성과 동등한 권리를 가져야 하는 이유"라고 밝혔다.

미국은 혁명기를 거치면서 모든 시민은 새로운 공화국을 건설하는 적극적인 구성원이요, 공헌자라는 인식을 갖게 되었다. 여성들도 공화국의 어머니요, 국가 미래를 이끌 지도자들을 길러낼 사회적 동력으로 칭송받았다.[153] 여성들은 다음 세대를 길러내는 국가적, 사회적 책임을 완수하기 위해 더 나은 교육을 받아야 한다는 논리가 미국 사회를 지배했다. 이에 힘입어 전례 없는 교육의 기회가 젊은 여성들에게 주어졌고, 여성들을 가르치는 학교도 많이 설립되었다.

물론 복음주의 영향 아래서 중산층 백인 여성 운동으로 출발한 미국 여성 운동은 19세기 후반에 접어들어, 크게 두 흐름으로 자연스럽게 분화되었다. 복음주의 신앙을 고수하고 도덕적 함양에 초점을 맞춘 기독교 여성 운동이 그 하나요, 자연법사상에 근거해 여성 동등권을 주장한 급진적 여성 운동이 다른 하나다. 그러나 급진적 여성 운동가로 구분되었던 엘리자베스 스탠튼이나 마틸다 게이지 같은 여성 운동가들 역시 복음주의 영향을 받았던 인물들로 여성 운동의 기제로써 모성의 중요성을 포기하지 않았다. 이들의 여성 참정권 운동도 정치 참여가 아닌 아동 교육을 위한 여성 동등권 요구에서 출발했다. 19세기 미국 근대 여성 운동을 '모성적 페미니즘'이라고 부르는 이유도 바로 여기에 있다.

문제는 복음주의가 만들어낸 '해방' 프레임이다. 19세기 미국 사회를 지배한 소위 '모성적 페미니즘'은 세계 선교에 뛰어든 개신교 선교사들을 통해 아시아에 전해졌다. 이들은 동양의 종교와 문화가 얼마나 억압적이고 야만적인 것인지 각인시키며 서구 문명의 기초가 된 기독교만이 "자유와 해방을 가져다줄 수 있는 유일한 문명 종교"라고 설파했다. 이사벨라가 그랬듯이, 기독교 선교사들도 동시대 서구인들이 공유했던 서구 중심적 세계관에서 크게 자유롭지 못했다. 아시아를 찾은 동기도 여성을 억압하는 전통적 관습과 가부장적 모순에 대한 고통의 공감과 자각에서 비롯되었다기보다는 지극히 종교적이었다.

비서구 여성들에게 심어주려 했던 기독교 여성관은 언뜻 보면 새로운 것처럼 보인다. 하지만 다시 잘 들여다보면 아시아에서, 특히 여성들에게 그리 낯설지 않은 것이었다. 동아시아에 강하게 뿌리내린 유교적 여성관 역시 가장 이상적인 여성의 가치로 '가정'의 중요성과 '모성'을 강조했다. 유교적 젠더 이데올로기 안에서도 남성과 여성의 성 역할은 뚜렷이 구분되었으며 여성의 활동도 가정이라는 '사적'인 공간으로 철저히 제한되었다. 기독교 선교사들이 이를 깨닫는 데는 그리 오랜 시간이 걸리지 않았다.

그러나 기독교 선교사들은 이를 쉽게 인정하려 들지 않았다. 아시아 여성들이 살고 있는 가정은 결코 여성을 위한 공간이 될 수 없다고 외쳤다. 선교사들은 서구 여성들도 아시아 여성들과 마찬가지로 가정에 충실하기를 요구받지만, 서구 여성들은 "기독교의 가르침을 바탕으로 가정 안에서 남성과 동등한 권리를 실현하면서 아시아 여성들보다 훨씬 더 존중받으며 살고 있다"고 확신했다. 이에 반해 아시아 여성들은 "스스로의 무지 때문에 남성들에게 학대당하고 무시당하며 살고 있다"고 안타까워했다. 선교사들의 눈에 비친 아시아 여성들의 교육 부재는 "야만적"이고 "열등한" 아시아의 문화적 수준을 그대로 드러내는 상징이었다. 선교사들의 확신은 교육을 통해 아시아 여성들을 "무지로부터 해방"시켜야 한다는 또 다른 사명감으로 이어졌고, 이와 함께 아시아의 "전통적" 가치는 "낡고, 미신적이고, 열등한" 것이라는 인식이 빠르게 퍼져나갔다. 이러한 선교사들의 서구 우월적 관점은 때로 아시아에서 여성들에게 자신들의 전통이나 문화와 이별하도록 요구했다. 이로 인해 여성들은 민족적 정체성을 의심받거나 제국주의에 협력하고 있다는 비판을 받기도 했다.

그럼에도 불구하고 아시아에서 개신교 선교가 시작된 후 여성들에게 일어난 변화는 놀라운 것이었다. 그야말로 근대를 상징하는 아이콘으로 인식되었다. 적어도 아시아 여성들이 피를 흘리지 않고 발언할 수 있는 권리와 교육의 기회를 얻을 수 있었던 것은 기독교 선교의 도움이 적지 않았다. 연단에 오르기 위해 단두대에 먼저 올라야 했던 서구 여성들의 역사에 비하면, 이는 말 그대로 상전벽해의 상황을 보여준다.

흥미롭게도 기독교 선교사들이 세우고자 했던 '문명한 가정'과 '근대적 모성'의 가치는 근대 사회로의 진입을 숙제로 안게 된 아시아가 자연스럽게 여성을 근대의 주체로 받아들이도록 하는 데 큰 효과를 발휘했다. 이에 힘입어 아시아에서 여성들은 처음으로 집 밖으로 나와 '세계'와 소통할 수 있는 채널을 확보하게 되었고, 근대 학문과 근대 사상을 통해 단시간 내에 근대 사회의 독립적 주체로 설 수 있는 지적, 사회적 기반을 마련할 수 있었다.

오늘날 학자들은 그 양면성에 주목하여 이를 식민주의가 낳은 또 다른 산물이라며 "식민주의 페미니즘Colonial feminism"이라고 일갈한다.[154] 서구 기독교가 비서구 세계에 선교사를 보내고 교회와 학교와 병원을 세워 글을 가르치고 병을 치료하며 문맹과 질병에서 벗어나게 해 준 것으로 그들의 임무를 끝낸 것이 아니라는 것이다. 교육과 의료 활동을 통해 아시아인들의 생활 방식은 더럽고 불결하며 지저분하고 미신적이기까지 하다는 부정적 인식을 깊이 심어 주었다. 대신에 서구의 "청결Cleanness"과 "위생Hygiene" 개념들을 널리 선전하면서 이른바 아시아인을 대상으로 한 서구식 "문명화 미션"을 충실히 수행했다.

청결과 위생은 빅토리아 여성관을 신봉했던 서구의 중산층 개신교 여성들이 가정에서 주부가 힘써야 할 가장 중요한 미덕으로 여기고 실천한 덕목들이다. 한마디로 식민 시대 기독교화Christianization는 곧 서구화Westernization를 의미하는 것이기도 했다. 기독교 개종은 불결하고 낡은 과거의 옷을 벗는 것이며 대신 깨끗하고 청결한 새 옷으로 갈아입는 일이라고 설득했다. 선교사들은 아시아 여성들에게 복종, 사티Sati, 전족, 축첩, 베일로 몸을 가리는 관습, 부모의 결정에 따르는 결혼

풍습 등이 아시아의 문화적 열등성을 단적으로 드러내는 상징이라고 가르쳤다. 서구 여성들이 이상적 여성관으로 신봉한 빅토리아 여성관이 문명의 보편 기준이 되었음은 물론이다. 달리 말하면, 기독교의 여성 선교는 유럽과 미국의 중산층 여성들이 자신들의 젠더 관념을 확장시킨 것에 지나지 않았다. 인도 출신의 탈식민주의 이론가인 가야트리 스피박Gayatri Chakravorty Spivak이 19세기 후반부터 본격화된 아시아 여성들을 위한 기독교 선교를, 백인들의 "황인 남성으로부터 황인 여성 구하기Saving brown women from brown men"라고 규정한 이유다.[155]

근대 의식과 사상이 형성되는 과정에서 기독교 선교사들의 도움을 받았다 하여 이들의 신념이나 생각까지 그대로 인정해야 하는 것은 아닐 것이다. 아시아 전통 속에 혼재되어 내려오던 불평등 구조와 성차별적 모순들을 자각시키며 해방 의지를 심어주는 데는 성공했지만, 선교사들이 가르친 '여성 해방'은 때로 아시아 여성들 스스로가 자신들의 문화적 정체성을 부정하고 해체하는 데 앞장서게 만드는 결과를 가져왔다. 동시에 "문명"이라는 이름 앞에서 스스로를 무장 해제시킴으로써 서구 중심적 근대 사상과 식민 지배 권력을 위한 이데올로기적 "진지 구축"이 용이하도록 돕는 역할을 했다.[156] 간단히 말하면, 서구 기독교가 아시아 여성들에게 약속했던 유교적 봉건주의와 가부장적 억압 구조로부터의 해방은, 서구에 의한 아시아의 문화적 종속을 대가로 치러야 하는 것이었다.

반식민지 중국, 전족 풀고 혁명에 나서다

"외국 귀신을 죽여라!"

"왜 당신네 영국인들과 미국인들은 우리나라에 아편을 사도록 강요하는가?"

기독교 선교사들이 '신의 승리'를 찬미하며 중국 땅을 밟았을 때 날아들었던 첫마디였다. 중국 선교 개척자 중 한 사람으로 1847년, 푸저우에 도착한 화이트 Moses C. White는 당시 상황을 또렷이 기억했다. "푸저우에서 아편은 미국에서 위스키를 마시는 것만큼 흔한 것"이었다고 회상하면서, 그만큼 서구 열강들에 대한 분노와 서구인들에 대한 적대감도 팽배했다고 털어놓았다.[157] 중국인들로부터 날아드는 난감한 질문들에 자주 곤혹스러운 시간을 보내야 했다는 말도 덧붙였다.

삶과 죽음이 교차하는 전쟁터에서 모두를 위한 '위대한 승리'는 없다.

서구 개신교가 동아시아를 세계 선교 지도에 그려 넣기 시작한 19세기는 분명 모순의 시대였다. 기독교인이라면 누구나 인류 구원의 아이콘으로 예수의 '끝판 사랑'을 입이 닳도록 외쳤지만, 예수의 선택과 가르침에 정면 배치되는 '약육강식'의 생존 논리와 '승자 독식'의 지배 구조에 이의를 제기하는 이는 거의 없었다. 아니 이를 인류 역사의 당연한 법칙으로 받들었다. 세속적 성공에 대한 욕망을 내려놓고 종교 활동에 헌신하기로 결단한 선교사들조차 시대의 모순과 폭력성을 인지하지 못했다.

모순의 시대, 서구 기독교의 위기감을 드러내다

선두에 서서 힘의 논리를 앞세우고 아시아를, 아니 세계를 약육강식의 정글로 내몬 나라는, 아이러니하게도 '신사의 나라' 영국과 '청교도의 나라' 미국이었다. 산업 혁명을 성공시키며 일찍이 세계로 눈을 돌린 영국은, 정부와 기업이 손잡고 인도의 면화 산업을 첫 제물로 삼아 '대영 제국'의 기초를 완성했다. 아편을 무기로 중국을 굴복시키는 데도 성공했다. 오랜 제국의 역사와 광활한 영토를 가진 중국은 동아시아 시장의 첫 관문이었다. 서구 세계는 "해가 지지 않는 나라"를 이룩한 영국의 성공 신화를 부러워하며 앞을 다투어 그 뒤를 따르기 시작했다.

파이를 나누듯 중국의 분할을
논의하는 서구 열강들

영국을 바짝 따라붙은 나라는 미국이었다. 후발 주자로 나선 미국은 '종교의 자유'를 외치며 영국에서 떠나온 청교도 이민자들이 국가의 기초를 세운 신생국이었다. 하지만 영국과 독립 전쟁을 치른 지 겨우 반세기 만에 세계 시장을 두고 '대영 제국'과 경쟁할 만큼 빠르게 성장했다. 특히 시민전쟁을 끝낸 후 분열된 에너지를 국가 동력으로 승화시켜 산업화에 쏟아부은 미국은 경제 부흥기에 들어섰고, 이를 바탕으로 유럽이 주도하던 국제 사회에 본격적으로 발을 들여놓으며 새로운 도약의 발판을 마련했다.

영국과 미국은 때로 경쟁하고 때로 협력하며, 서구 중심의 자유무역 경제체제를 구축하고 전 세계를 자유방임의 시장 경제 안으로 편입시키는 데 성공했다. 그리고 세계 시장을 빠르게 장악해 나갔다. 영국이 중국을 굴복시키고 동아시아 시장의 첫 관문을 열자, 미국은 그 뒤를 따라 일본을 세계 시장에 편입시켰다. 일본은 자신이 경험한 서구 제국들의 관행을 모방하여 한국을 제물 삼아 '별들의 전쟁'에 뛰어들었고, 아시아를 대표하는 신생 제국으로서 메이지 제국을 완성했다.

동아시아 선교를 선두에서 이끈 것도 영국과 미국이었다. 정부와 자본가들이 손잡고 새로운 시장을 열 때마다 해외 선교의 열망을 품은 선교사들이 항상 동행했다. 중국 선교의 문은 영국 선교사들이, 일본과 한국 선교의 문은 미국 선교사들이 열었다. 자국 정부가 해외 시장 확보에 성공하면, 선교 열정에 고무된 교회들이 앞을 다투어 선교회를 조직하고 초교파적인 네트워크를 형성하는 등 물적 자원과 인적 자원을 해외 선교 시장에 집중 투자하며 기독교의 세계 확장에 힘을 쏟았다. 한마디로 동아시아 선교의 문을 연 것은 '인류를 평등하게 사랑하는 신'이 아니라 힘과 자본을 독점하려는 서구 정부와 자본가들이었다.

　미국 개신교의 해외 선교는 1880-1920년대 절정에 이르게 된다. 물론 자국의 국제 정치의 승리 없이는 불가능한 일이었다. 뒤늦게 나섰음에도 불구하고 미국이 세계 선교를 주도할 수 있었던 것은 광활한 영토 확보에 경제력, 외교력 상승을 바탕으로 국제적 위상이 급격히 달라진 것에 힘입은 바가 크다. 동아시아 선교는 그 열매 중 하나였다. 역사학자 데이나 로버트Dana Robert는 미국의 제국주의적 해외 정책이 "이교도들을 구원하고 문명화해야 한다"라는 개신교적 열정을 폭발시켰다고 지적한다.[158]

　그렇다면 서구 기독교가 인간의 욕망과 힘의 논리를 충실히 수행한 자국 정부와 기업들의 도움을 받으면서까지 해외 선교 시장 개척에 나서야 했던 현실적 동기는 무엇이었을까.

　아이러니하게도 서구 사회에서 빠른 속도로 진행된 탈기독교화 현상이 근본 원인으로 작용했다. 기독교가 급속히 설 자리를 잃어가고 있다는 위기감이 해외 선교 시장 개척에 몰두하게 만들었다. 16세기 프로테스탄트 종교 개혁으로 큰 위기감을 느낀 가톨릭교회가 신의 보상을 기대하며 서둘러 해외 선교에 나서게 된 역사적 배경과도 맥을 같이 한다. 18세기를 지배한 계몽주의의 등장으로 인간의 이성에 자리를 내주고만 기독교가 미국에서 재기를 꿈꾸며 이미 우주 밖으로 쫓겨난 초자연주의를 다시 불러들여 복음주의로 한 번 더 뜨겁게 타올랐던 배경도 크게 다르지 않다. 과거의 영광과 활력을 되찾으려는 종교적 기제가 작동한 결과였다. 그 불꽃은 과거 어느 때보다 환하게 타올랐으나 그리 오래가지는 못했다. 결국 기독교의 영향력이 가파르게 줄고 있다는 위기감은 더 크게 찾아와 다른 대안을 찾게 만들었고, 해외 선교가 답이 되어주었다.

   미국 개신교 여성들의 아시아 선교도 그 일환으로 이루어진 측면이 크다. 미국 사회를 집어삼킨 복음주의 열정과 자국의 정책적 지지에 힘입어 빠르게 이루어졌다. 19세기 후반, 미국 여성들은 여성 운동의 성과물로 과거 어느 때보다 폭넓은 교육의 기회를 누렸다. 사회 개혁 운동에도 적극 참여할 수 있는 여건이 마련되었다. 가정 안에 머물며 공공의 영역에서 철저히 배제되었던 이전 세대와 달리, 새로운 세대는 오히려 자신들의 방식으로 가정을 새롭게 규정해 나갔다. 타락해가는 세상으로부터 기독교의 도덕적 가치를 지키는 사회 개혁의 보루요, 여성의 역할을 사회로 확장해 가는 채널로 부각시켰다. 정치와 경제의 영역이 남성들의 공간이라면, 도덕과 종교의 영역은 여성들의 공간이라는 것이 이들의 확고한 믿음이었다.

   하지만 이는 사회적 변화에 따른 역할의 확대가 있었을 뿐이다. 개신교 여성들이 추구한 근대 여성관과 성별에 따른 사회적 역할 분리는 빅토리아 시대 중산층 여성들의 전통적 젠더 관념에서 크게 벗어난 것이 아니었다. 오히려 이를 계승하고 사회적 차원으로 확장시킨 측면이 크다.[159] 화려한 외출복으로 옷만 갈아입었다고나 할까. 이들은 가정과 사회를 지켜내기 위한 여성의 의무로 모성을 찬미했다. 탐욕으로 가득 찬 세상 속에서 경제 활동에 전념하는 남성들과 타락해 가는 사회로부터 자녀들을 지키기 위해 쉬지 않고 기도하는 "경건하고 순결한 어머니"를 가장 이상적인 여성상으로 제시했다. 따라서 종교적 동기로 시작된 개신교 여성 운동은 출발부터 나름의 한계를 지닐 수밖에 없었다. 결국 19세기 말 20세기 초, 미국 사회가 급속히 세속화되고 모더니즘의 바람이 강하게 불자 복음주의 신앙에 근거한 기독교 페미니즘은 급속히 설 자리를 잃어갔다. 더불어 이들이 찬양해 마지않았던 전통적 모성도 자연스럽게 그 빛을 잃을 수밖에 없었다.

전통적 여성관의 위기는 개신교 여성들로 하여금 자신들의 종교적 열정을 해외 선교에 더욱 쏟아붓게 만들었다. '이교도 여성들'을 위한 다양한 선교 활동, 특히 교육 선교를 통해 자신들의 전통적 여성관을 영구화하고 인종과 계급을 초월한 보편 규범으로 해외 선교지에 이식하고자 했다.[160]

불청객으로 찾아온 기독교

'신의 승리'로 찬양해 마지않으며 샴페인을 터뜨린 서구 열강들의 기독교 선교는 모두에게 기쁨을 선사한 유쾌한 역사가 아니었다. 상대를 굴복시켜야 얻을 수 있는 승리는 결코 모두를 위한 승리가 될 수 없다. 동아시아에서 기독교 선교가 허용된 것은 종교적 가치에 대한 공감이나 종교적 실천에 대한 감동이 아니었다. 무력을 앞세운 서구 열강들의 통상 압력, 즉 힘에 의한 굴복에서 시작되었다. 아편 전쟁의 패배로 동아시아 국가 중 가장 먼저 서구 열강들과 이른바 '불평등 조약'을 맺게 된 중국은 요구조항에 따라 서구인들에게 반강제적으로 항구를 개방했고, 기독교 선교사들에게 포교 활동을 허용했다. 일본도 비슷한 전철을 밟았다. 중국, 일본, 한국 등 세 나라가 서구 열강들과 맺은 통상 조약에는 입국한 서구인들에게 치외 법권을 보장해야 한다는 조항이 포함되어 있었다. 이 조약의 가장 큰 수혜자는 단연 기독교 선교사들이었다. 이들은 자국의 정치적, 외교적 승리에 힘입어 치외 법권의 보호를 받으며 안전하게 선교 공간을 확보하고 종교 활동을 시작할 수 있게 되었다.

한마디로 서구 열강들이 관철시킨 불평등 조약은 "이 세대가 가기 전, 온 세상에 복음을"이라는 야심찬 슬로건을 높이 든 선교사들에게는 분명 기쁨의 소식이요 승리의 역사였다. 하지만 강제적으로 수문을 열 수밖에 없었던 아시아인들에겐 말 그대로 굴욕과 치욕의 역사, 그 이상도 이하도 아니었다. 그로 인해 동아시아를 찾아온 기독교 복음은 처음부터 본래 의미인 "기쁜 소식"이 되지 못했다.

자본과 무기를 장착한 서구 열강들의 통상 요구는 수천 년간 지탱된 동아시아의 정치 지형에 균열을 내기에 충분했다. 유례없는 지각 변동이 일어났고 물고 물리는 싸움이 시작되었다. 더 이상 물러설 수 없는 서구의 도전 앞에서 동아시아 국가들은 공통의 과제가 된 "근대 국가 세우기"에 돌입했고, 새로운 구도를 선점하기 위해 전력 질주하기 시작했다. 동아시아 세 나라는 같은 이상을 가졌지만 같은 선택을 하지는 않았다. 각자 처해진 상황이 달랐기에 국내의 정치 지형에 따라 서로 다른 해법을 찾아 대응에 나섰다.

다행히 불청객으로 찾아든 서구 선교사들의 등장이 아시아 국가들에게 불행만 안겨주지는 않았다. 이전에 경험하지 못했던 새로운 변화들을 예고하며 수백 년, 수천 년을 지속한 오랜 관습들과 결별하게 만들었고 새로운 길로 들어서게 한 측면도 있다. 특히 기독교 선교사들은 도시 곳곳에 여학교를 세워 서구의 성과인 근대 교육을 공유함으로써 오랫동안 문맹으로 살았던 아시아 여성들에게 새로운 시야를 갖게 하고, 근대 세계로 나아갈 수 있는 길을 터주었다. 선교사들은 "여성이 여성에게"라는 기치 아래 아시아 여성들을 기독교로 개종시키기 위한 종교적 포석으로 학교를 세웠지만, 이를 위해서는 먼저 "문명화"의 기초로 인식되었던 서구식 근대 교육이 우선되어야 했다.

19세기 후반, 미국을 중심으로 형성된 복음주의 신앙이 초자연적인 종교 체험과 확신을 강조하고, 이성을 중시했던 계몽주의 흐름을 거부했다 할지라도 '이교도들'을 기독교화하기 위한 선교 전략으로써 계몽주의의 유산인 '해방의 언어'와 '교육의 강조'를 적극 활용했다는 것이 최근 학자들의 분석이다.[161] 이는 아시아 여성들의 사회적 역량을 향상시키는 데 매우 중요한 기반이 되었다. 아시아 국가들이 공통의 목표로 설정한 "근대 국가 세우기"에도 필수불가결한 동력이었다.

무너지는 중국, 과연 '신의 뜻'인가?

개신교 선교사들이 중국에 첫발을 들인 것은 19세기 초반이다. 1807년, 영국 런던선교회 소속 존 모리슨John R. Morrison이 미국 항선을 타고 중국 광저우에 도착해 개신교 선교의 첫 깃발을 꽂았다. 그 뒤를 이어 밀른W. Milne, 아빌David Abeel, 브리지맨E. C. Bridgman, 귀츨라프K. F. Gützlaff 등이 입국했고, 광저우, 마카오, 싱가포르 등지에서 활동을 시작했다. 포교 활동 자체가 법으로 금지되었기에 개별적 차원에서 조용하고 신중하게 움직였다. 존 모리슨의 경우, 중국어를 익히는 동안 중국옷으로 자신의 정체를 감추고 생활했고, 이후에는 중국 무역을 독점했던 동인도 회사 통역관으로 종사하면서 비밀리에 포교 활동을 이어 갔다.

먼저 착수한 일은 중국어로 성서를 번역하고, 전도 문서와 함께 조용히 배포하는 일이었다. 글을 통해 기독교를 전파하는 방식이다. 집중적인 지적 활동이 요구되는 성서 번역과 적지 않은 재정이 필요한 전도 문서 출판은 이후에도 지속되어 중국, 나아가 동아시아 선교의 가장 중요한 특징 중 하나로 자리 잡게 된다. 대중들과의 자유로운 의사소통이 어려운 상황에서는 순간 흩어지고 마는 '말'보다 메시지의 지속성을 담보할 수 있는 '글'이 더 큰 위력을 발휘한다. 특히 동아시아는 오랜 역사를 지닌 경전과 우주적 차원의 생명 사상을 담은 고등 종교들이 깊이 뿌리내려 있었다. 따라서 말이 아니라 이성적 논리를 갖춘 글을 통한 교육적 방식이 필요했다.

기독교 선교가 공식 허용된 것은 첫 선교사가 입국한 지 35년이 지난 1842년이었다. 4년간 지속된 아편 전쟁에서 패배한 중국은 영국의 요구대로 5개 항구를 개방함과 개항지에서 기독교 선교를 허용한다는 '난징 조약'에 서명할 수밖에 없었다. 2년 후인 1844년, 미국도 같은 조건으로 중국과 통상조약을 맺는데 성공했다. 이제 미국인들도 영국인들처럼 광저우, 샤먼, 푸저우, 닝보, 상하이 5개 항구 지역에서 법의 보호를 받으며 합법적으로 거주할 수 있게 되었고, 제한적이나마 자유로운 포교활동도 가능해졌다. 중국이 굴복한 덕분에 기독교는 아시아로 확장해 나갈 수 있는 합법적인 발판이 마련된 것이다.

물론 기독교 선교가 합법화되었다 하여 힘으로 밀고 들어온 기독교에 대한 중국인들의 반감이 감소되거나 적대감이 누그러졌던 것은 결코 아니다. 1847년, 4명의 선교사로 푸저우에서 중국 선교를 시작한 미국 감리교회의 경우 첫 세례자를 얻는 데 10년이 걸렸을 만큼 중국은 그야말로 난공불락이었다. 1860년, 또 하나의 불평등 조약이었던 '베이징조약'으로 중국이 완전히 열리면서 선교 영역이 북부 지역으로 확장되자, 비로소 중국인 토착 사역자들이 생겨나 자체 역량이 강화되기 시작했다. 선교사와 중국인 토착 사역자들 간의 협력 체제도 이때부터 본격적으로 가동되기 시작했다.

이러한 극도의 배타적인 분위기 속에서도 여성 선교는 비교적 일찍부터 이루어졌다. 1836년, 미국 침례교 소속의 헨리에타 셔크Henrietta Shuck가 마카오에 첫 여학교를 열고, 중국 여성들에게 근대 교육을 시작했다. 이는 브리지맨이 첫 남학교를 시작한 지 3년 만이다. 이 학교는 1860년 베이징 조약 이후 홍콩으로 옮겨갔다. 난징 조약 체결 이후인 1844년에는 여성 교육을 위해 영국에서 파송된 메리 앤 앨더시Mary Ann Aldersey가 닝보에 또 하나의 여학교를 세웠다. 그는 자신의 사비를 털었고, 이후 많은 선교사들에게 귀감이 되었다. 1846년과 1853년 미국 회중교회와 장로교회가 각각 광저우에, 1859년 감리교회가 푸저우에 여학교를 세웠다. 그 후 1876년까지 최소 121개의 여학교가 세워졌고 2천 명 이상의 여학생들이 공부했다.[162] 한마디로 중국에서 여성 근대 교육을 출발시킨 것은 기독교의 작품이었다. 수천 년 역사 동안 시도하지 못한 것을 기독교가 해냈다.

초기 학생들은 귀족이나 중산층 여성이 아닌 소외 계층의 여성들이 대다수였다. 서구인들에 대한 의구심과 배타적 태도가 강하게 자리 잡은 터에다 여성들의 사회적 노출을 꺼리는 유교적 전통이 워낙 강했다.

일찍이 영국과의 아편 전쟁을 통해 서구 제국주의의 폭력성을 직접 경험한 중국의 경우는 서구인들에 대한 반감이 그 어느 나라보다 컸다. 외부적 위협과 내부의 개혁 요구에 직면한 청 정부는 근대의 신문물을 수용하여 변화를 꾀하기보다는 유교적 봉건주의를 더욱 강화시키는 방식의 체제 유지적인 선택을 했기에 선교사들이 들어설 자리는 좀처럼 나지 않았다. 기독교 선교사들은 서방 국가들의 정치적, 외교적 승리의 혜택을 톡톡히 누렸기에 서구 제국주의의 첨병으로 자주 의심받았다. 처음부터 기독교 선교사들은 전혀 반갑지 않은 손님이었다.

그럼에도 불구하고 선교사들이 풀어 놓은 '여성 교육'이라는 선물은 중요한 변화를 가져다주었다. 이들이 전해 준 서구 사상들은 아시아의 "낡은 전통"과 대비되어 여성을 해방하는 "새로운" 근대 사상으로 받아들여졌다.

물론 처음부터 환영받은 것은 아니다. 초기부터 학생 모집에 애를 먹으며 고전을 면치 못했다. 대부분의 가정은 여성이 학교에 다니는 것 자체를 허락하지 않았다. 중국은 태어날 때부터 여성이 남성보다 열등하다는 음양 이론에 근거한 유교적 젠더 이데올로기가 작동했다. '남성의 배움은 덕이 되지만 여성의 배움은 독이 된다'라는 오래된 통념이 대중들을 여전히 지배했다. 여성들은 모든 형태의 교육으로부터 배제되었고, 오로지 '정숙한 부인'과 '지혜로운 어머니'로 가정에 충실하기를 요구받았다. 여성이 학교에 가기 위해 집 밖으로 나서는 것 자체가 중국의 전통적 관습에 어긋나는 행위였다. 여성이 지켜야 할 정숙과 지혜의 미덕이란 남성들이 누리는 배움과 지식에 관심도 욕심도 내지 않는 상태를 의미했다. 한마디로 여성들에게는 세상에 대한 '무지'가 겸손이고 지

혜였다. 이것이 중국 사회 전체를 지배했다.[103]

　신분이 높은 가정일수록 여성들이 지켜야 할 사회적 규범 또한 엄격해서 낯선 외국인이 가르치는 학교에 부인이나 딸들을 선뜻 보내는 경우는 거의 드물었다. 기독교 선교사들에 대한 적대감과 배타적 태도는 지배 계층의 지식인 남성들에게 유독 강하게 나타났는데, 중화사상에 젖어 있었던 이들은 선교사들을 무지하고 비과학적인 사람들로 여겼다. 유교 경전에 담긴 진리를 제대로 이해하지 못한다는 이유에서였다. 결국 선교사들은 고위층 여성들을 선교의 우선적 대상으로 삼았던 초기 계획을 접었다. 대신에 사회적 규범에서 어느 정도 비켜나 있는 소외 계층 여성들을 파고들었다. 중국을 이끄는 고위층 대신 힘없고 가난한 가정의 부모들이 관심의 대상이 되었다. 기독교 선교사들은 음식과 숙식 제공 등 다양한 인센티브를 제시하며 자녀들을 학교로 보내줄 것을 설득했다. 초기 학생들이 대부분 가난한 고아 출신이거나 낮은 계층의 여성들로 채워질 수밖에 없었던 이유다.

　기독교 선교사들의 전략 수정은 예상치 못한 결과를 낳았다. 중국 여성들을 위한 교육 선교는 소수의 지배 계층, 그중에서도 남성들의 특권으로만 여겨졌던 교육의 기회를 신분이 낮은 계층의 가난한 여성들에게 제공함으로써 유교적 가부장제의 위계질서를 근본부터 흔들었다. 덕분에 중국에서는 신분제의 제약과 유교적 가부장제로 교육의 기회가 전혀 주어질 수 없는 민중 계층의 여성들이 근대 교육의 첫 수혜자가 되는 행운을 누렸다. 동시에 지식과 사회 권력으로부터 철저히 배제되었던 소외 계층의 여성들이 선진적으로 근대 지식과 학문을 흡수하여 중국의 근대 여성 운동을 이끈 모던 시대의 선구자들로 성장했다. 변방에서조차 인지되지 못했던 여성들이 '새로운 중국New China'을 이끌 전위 세력이 되었다.

기독교 선교사들이 여성교육을 통해 꾀한 것은 "무지"로부터 중국 여성들을 해방하는 것이었다. 서구인들은 중국 여성들이 세상에 대한 '무지'를 여성의 미덕이요, 지혜로 여기는 것에 큰 충격을 받았다. 중국에서 고통의 근원이 되는 전족이나 여아살해, 조혼, 축첩 등이 사라지지 않고 지속되는 것은 중국 여성들이 무지하기 때문이며, 여성의 무지는 곧 중국 사회의 이교적 야만성을 그대로 드러내주는 것이라고 믿었다. 초기 선교사들에게 "서구 문명"과 "기독교"는 하나였듯이, 아시아의 "이교성"과 "야만성"도 분리될 수 없는 것이었다. 여성들에게 고통을 안겨주는 중국의 악습은 사회악이었다. 따라서 이교도 나라인 중국을 문명한 사회로 바꾸는 데 여성 교육은 필수라고 확신했다.

한때라도 인기를 누린 일본과 달리, 중국에서 기독교 학교는 크게 환영받지 못했다. 하지만 기독교 선교사들의 활동은 그 의미가 적지 않았다. 1860년, 중국이 베이징 조약에 서명하면서 사회 악습으로 꼽힌 전족, 여아 살해, 조혼, 축첩 등을 거부하는 운동도 함께 펼쳐졌다. 그중 전족 반대 운동이 가장 먼저 성과를 거두었다. 1874년, 샤먼의 한 교회에서 전족을 반대하는 첫 단체가 조직되었다. 그 후 전족 반대 운동은 상하이로 뻗어 나갔고, 1902년에 정부로부터 전족 폐지령을 이끌어냈다. 그리고 1924년, 중국 정부는 전족을 완전히 폐기시켰다. 50년 만에 이룬 쾌거였다. 남성으로서 전족 반대 운동에 앞장서며 여성 교육의 필요성을 함께 주창한 캉유웨이(康有爲)와 그의 제자 량치차오(梁啓超)는 초기 선교사들에게 영향을 받은 대표적인 개혁가들이었다. 캉유웨이는 알렌Young J. Allen에게, 량치차오는 리차드Timothy Richard에게 영향을 받았다.

그러나 놀라운 성과에도 불구하고, 주디스 버틀러가 지적한 대로 서구에서 시작된 페미니즘은 복음주의 페미니즘을 포함해 서구 여성들이 경험한 가부장제의 성차별적 모순을 모든 여성들의 단일한 억압 경험으로 보편화하는 한계를 드러냈다. 이러한 방식은 1960년대 '제2의 페미니즘 물결'이 일어났을 때에도 크게 달라지지 않았다.

일례로 여성학자 메리 데일리Mary Daly는 자신의 저작 *Gyn/Ecology: The Metaethics of Radical Feminism*에서 이러한 모순을 그대로 드러냈다. 그는 인도의 사티, 중국의 전족, 아프리카의 여성 할례, 유럽의 마녀 화형, 미국의 부인학과 정신 요법 등을 여성의 몸과 마음에 행해진 가학적 의식들의 대표적인 예로 소개했다. 문제는 '정체된 동양'과 '진보하는 서양'이라는 식민주의 시대가 만든 낡은 프레임을 아무런 문제의식 없이 다시 꺼내든 것이다. 중국의 전족, 인도의 사티, 아프리카의 여성 할례 등이 보여주듯이 동양에서는 수백 년 혹은 수천 년 동안 끊이지 않고 여성 억압적 관습들이 이어져 왔다는 것을 의심 없이 받아들인 반면, 유럽의 마녀 화형이나 미국의 부인학은 서구 역사에서 특정 시기에 잠시 나타났다 사라지거나 끊이지 않고 진보해 가는 것으로 설명했다. 홍콩에서 나고 자란 아시아 신학자 곽퓨이란은 이를 놓치지 않았다. 데일리가 동서양을 막론하고 여성들을 억압해 온 가부장적 요소들을 끄집어내 비판의 칼날 위에 세우는 데는 성공했지만, 식민 시대에 형성된 인식론적 프레임에서는 벗어나지 못했다고 정면으로 비판했다.[164] 또한 중국의 전족을 다룰 때에도 중국 여성들을 가부장제의 최대 희생양으로만 그려낼 뿐, 전족에 대해 저항한 중국인들의 목소리는 전혀 언급하지 않았다는 점도 짚어냈다.

제2차 세계대전을 계기로 식민구조가 해체되었음에도 불구하고 식민시대가 만든 프레임은 지속적으로 재생 반복되었다. 기존의 프레임을 뒤집어 읽는 데 선구안을 보인 페미니스트들조차 이를 자각하지 못했다. 어쨌든 기독교 선교사들이 여성 교육을 이교적 야만성으로부터 중국 여성들을 구원하기 위한 가장 효과적이고 중요한 전략적 도구로 인식한 것은 분명한 한계가 있었다. 그럼에도 불구하고 선교사들이 시도한 여성 교육은 중국에서 의미 있는 변화들을 이끌어냈다. 중국 여성들은 근대 교육을 제공받았고, 중국 사회는 여성 교육의 중요성과 필요성에 눈뜨게 되었으며, 기독교 학교는 중국의 성차별적 악습 철폐와 제도 개혁의 구심점으로 떠올랐다. 비록 중국에서 기독교 학교들은 빠른 성장을 보여주지 못했지만, 중국의 유교적 봉건 질서와 여성에 대한 전통적 인식에 근본적인 변화를 가져오는 토대가 되었다.

여성들이여, '국민의 어머니(國民之母)'가 되어라

1890년대에 들어서면서 중국은 바야흐로 '민족주의 시대Age of Nationalism'로 접어들었다. 남녀 할 것 없이 애국 의식이 한껏 고조되었다. 교육을 통한 여성 근대화는 서구 선교사들은 물론이고, 서구사상을 수용해 근대개혁을 시도하고자 한 중국 지식인들에게까지 큰 관심사로 떠올랐다. 여성 교육의 필요성을 강하게 주창한 캉유웨이와 그의 제자인 량치차오가 대표적인 인물들이다. 특히 초기 일본의 진보적 성향을 가진 개혁가들과 마찬가지로 여성 교육의 필요성을 근대 국가 형성의 일환으로 인식했다. 법치주의자, 의회주의자였던 캉유웨이는 헌법에 의거한 평등 사회를 추구하며 점진적인 대중 계몽 운동을 주도했다. 그 뒤를 이은 량치차오는 대중 교육을 통하여 백성이 황제에게 복종하는 제국 시대를 마감하고 국민이 국가의 일원이 되는 근대 국가를 세워야 한다고 주창했다.

흥미롭게도 기독교의 세계 확장을 꿈꾼 서구 선교사들이 아시아에 이식하고자 한 기독교 여성관은 강력한 근대국가를 세우고자 한 아시아 남성들에게도 필요한 것이었다. 모성적 책임감으로 국가에 봉사할 인재를 생산하고 교육하는 "공화국의 어머니" 개념이 바로 그것이다. 아시아에서 여성 교육을 처음 시작한 선교사들의 교육 활동이 종교적 목적으로 출발했다 할지라도, '가정'과 '모성'의 강조는 근대 국가 건설이라는 아시아의 민족주의적 요구에 잘 부합하는 것이었다. 이들은 서구 문물을 받아들여 근대화를 추진하면서도, 다른 한편으로는 "가정이 곧 국가의 기초"라는 유교적 전통 윤리를 근대 국가 실현을 위한 도덕적 바탕으로 삼고자 했다.

하지만 법치주의를 통한 점진적 변화를 추구한 초기의 개혁 운동은 청일 전쟁(1894-1895)을 계기로 좌절되고 말았다. 젊은 지식인들은 과감한 혁명을 선택했고, 그들에게 자리를 내주었다. 서구 열강들에 이어 아시아의 작은 섬나라 일본에도 패배한 중국은 그야말로 강한 충격에 휩싸였다. "새로운 일본New Japan"을 기치로 내걸고 근대화에 성공한 일본의 막강한 군사력을 목도한 젊은 지식인들은 점진적 개혁이 아닌 혁명을 통해 봉건주의적 제국 시대를 마감하고 막강한 공화 정부를 세워 정부 중심의 국가 체제를 수립해야 한다고 주장하기 시작했다.

이러한 정치적 혼란기를 거치면서, 여성 교육의 필요성은 강력한 국가를 재건하는 데 필수불가결한 요소로 급부상했다. 중국의 지도층이 여성 교육에 본격적으로 관심을 갖기 시작한 것도 청일 전쟁이 일어난 1890년대 후반부터다. 청일 전쟁에서 승리한 일본을 통해 근대 교육을 받은 여성들이 강력한 국가를 세우는 데 어떻게 기여할 수 있는지를 보았던 것이다. 서구 문물을 받아들여 단기간에 신생 강국으로 떠오른 일본에 큰 도전을 받은 젊은 개혁가들이 중심이 되어 1897년에 상하이에 처음으로 사립 여학교를 세우는 등 새로운 변화를 시도했다. 20세기 초부터는 기독교 선교사들에게 있었던 여성 교육의 주도권까지 손에 넣었다.[165] 그뿐만 아니라 정부 차원에서 여성 교육을 실시하도록 직접 청 정부를 압박했다.

이들의 압력으로 청 정부도 나름대로 변화에 부응하고자 애썼다. 의화단 사건으로 모든 기독교 학교들을 폐쇄했던 정부는 1901년에 이를 철회하는 칙령을 발표한 데 이어, 1905년에는 과거 시험을 폐지하는 칙령을 반포했다. 대신에 서구의 교육 시스템을 채택한 일본의 모델을 따라 근대 교육을 시행할 수 있는 교육부를 신설했다. 그러나 정부 개혁안은 남성들을 위한 것으로 여성들은 여전히 배제되었다. 남학생들만을 위한 초등 교육 기관을 세우는 데 그쳤다. 여성들을 위한 교육 기관은 1907년에 이르러서야 세워졌다. 고등 교육을 열망한 여성들은 1907년까지 일본과 미국에서 주로 유학했다. 미국에 있는 고등 교육 기관에서 공부한 학생만 420여 명에 이르렀다.[166] 청 정부가 여성들을 위한 교육 기관을 세우기까지 중국에서 여성 교육을 담당한 이들은 환영받지 못한 기독교 선교사들이었다.

중국이 여성들을 위한 근대 교육에 관심을 갖는 동안 기독교 학교들도 계속 성장했다. 특히 중국 고위 관리들이나 특권층 가정에서 여성들을 기독교 학교에 입학시키기 시작했다. 통계에 따르면, 1907년에서 1919년 사이에 남학생들의 수는 142% 증가한 반면, 여학생들의 수는 211% 증가했다.[167] 물론 여기에서 그치지 않았다. 선교사들은 남녀 공학의 서구적 시스템을 소개하여 정착시키는 등 여전히 교육 제도의 발전에 힘을 기울였다. 1912년, 초등 교육에 처음으로 남녀 공학을 도입해 2년 후엔 전국적으로 정착시켰다. 이 시기에는 중국 여성들도, 강력한 근대 중국 세우기를 위한 가장 효과적인 전략으로써 여성들의 사회적 역량을 키워야 한다며 남녀동등 교육론을 주장하고 나섰다. 남성 개혁가들과 달리, 여성 리더들은 여성들의 동등 권리에 대한 의식 개혁만이 아니라 실질적인 변화를 줄 수 있는 방안을 모색하며 실용적인 여성 교육을 주창했다. 이러한 요구에 부응하여, 1906년 루엘라 마이너 Luella Miner는 여성들을 위한 고등 교육 기관으로 중국 북부 지역에 여자 대학을 설립했다. 이는 옌칭여자대학Women's College of Yenching University으로 발전했고, 1920년에는 남녀 공학 제도를 도입했다. 1915년에는 푸저우와 난징에도 여자 대학이 설립되었다. 근대 교육 시스템 도입에 힘입어 중국 여성들은 앞서 변화를 경

난징에 세워진 금릉여자대학
(Ginling Women's College, 1920년 모습)

험하고 근대 학문과 사상을 접하며 새로운 세계로 나갈 수 있었다. 근대 지식의 습득은 여성들의 사회적 힘의 획득으로 연결되었다.[168]

그러나 이러한 노력과 성과에도 불구하고 기독교 선교사들은 초기의 주도권을 회복하지 못했다. 오히려 서구식, 그중에서도 미국의 교육 기준과 학제를 따른다는 비판을 받곤 했다. 심지어 "문화 제국주의"라는 따가운 비난이 이어지기도 했다. 중국의 개혁적 지식인들이 여성 교육을 중국 재건의 필수 요소로 인식했다 할지라도 서구의 교육 방식과 고등 교육에까지 동의했던 것은 아니다. 중국 여성들을 가정에 대한 책임감과 국가에 대한 봉사에서 멀어지게 만들어 국가의 통합과 사회 질서를 약화시킨다고 생각했다. 무엇보다도 중국의 가족 제도와 문화에 대한 선교사들의 제국주의적 인식과 태도는 용납하기 어려운 것이었다.

물론 중국 여성들도 서구적 우월감에 근거한 아시아의 문화 비판이나 선교사들이 추구하는 교육을 무조건 따르고 무비판적으로 수용한 것은 아니다. 오히려 기독교 선교사들의 서구 우월적 선교 방식에 대하여 비판적 입장을 취하곤 했다. 기독교로 개종한 후 미국에서 유학한 한 중국 여학생은 영문 저널에 글을 기고해 "중국에서 선교사들은 선한 의도와 자기희생적 헌신을 보여주고 있지만, 그 어떤 서구인들보다 훨씬 더 해악을 끼치고 있다"고 공개적으로 비판했다. 서구 선교사들은 자신들에 대하여 "진실만을 말하는 사람들"이라고 주장하지만, "중국의 엄마들은 자신의 어린 딸들의 발을 묶어 기형으로 만들고 그들을 노예로 팔아넘긴다"고 말하는 등 제멋대로 상상하고 과장하여 서구 세계에 중국에 대한 잘못된 인식과 이미지를 심어주고 있다는 것이 그의 분석이다. 그가 쓴 기고문이다.

"나는 선교사들이 좋은 의지와 존경할 만한 헌신, 이타적인 활동에도 불구하고 중국에 이로운 것보다는 해로운 일을 더 많이 해오고 있다고 생각한다. 그들은 서구로부터 온 다른 어떤 사람들, 정치가들과 상인들보다 더 해로운 일을 하고 있다. 그들이 하고 있는 해로운 일들 중 가장 해로운 것은 중국이 잘못 알려지게 만든 것이다. … 미국에서는 중국 여성들이 매 맞고 그들의 어린 딸들의 발을 묶어 팔아버린다고 알려져 있다. … 매우 불행하게도 중국은 여전히 나쁜 것들을 가지고 있다. 그러나 선교사들은 아무렇지도 않게 그들을 도매금으로 넘기거나 그들에 대하여 상상으로 과장하여 두서없이 말한다."[169]

민족주의 정서가 강했던 지식인들은 외세 지배를 마감하고 강력한 통치 시스템을 갖춘 "새로운 중국"을 성취하기 위해 유교의 전통 윤리를 국가의 도덕적 바탕으로 삼아야 한다는 주장을 폈다. 이러한 기조에서 "국민의 어머니"라는 개념이 이상적 여성상으로 탄생되었다. 이는 당시 일본 메이지 정부가 국가의 젠더 이데올로기로 만들어 낸 '양처현모' 개념과 국가를 위해 여성들의 적극 동참을 촉구했던 서구의 '공화국의 어머니' 개념이 결합된 것이었다. 교육의 주체가 정부였던 일본에서는 여성의 역할이 가정에서 '신민'을 생산하는 것에 맞추어졌지만, 아직 막강한 근대 정부를 갖지 못했던 중국에서는 여성

The Chinese Recoder 표지

의 역할이 국가의 생존을 위해 다음 세대의 교육은 물론 정치적 동참까지 아우르는 것이었다. 이러한 민족주의적 여성관은 중국 여성들로 하여금 반제국주의 애국 운동에 적극적으로 나서게 하는 계기로 작동했다.

한 치 앞을 내다볼 수 없는 중국의 변화에 기독교 선교사들도 선교 전략을 수정하지 않을 수 없었다. 유교적 전통과 문화에 비판적 입장을 취했던 과거의 태도를 바꾸어, 오히려 기독교의 가르침이 중국의 유교적 여성관과 크게 다르지 않다는 것을 강조하기 시작했다. 대표적인 예로 1910년부터 여성들을 위한 기독교 저널들을 발행했다. 그리고 중국 여성들이 여성 교육은 물론이고 아동 교육과 사회 개혁에 동참하여 사회정치적 혼란으로부터 국가를 구하는 데 공헌할 것을 권유했다. 기독교 학생들이 반제국주의 캠페인에 참여하는 것도 막지 않았다.

1911년, 아시아의 첫 공화 혁명이었던 신해혁명이 성공하면서 급진주의 정치사상과 자유주의에 대한 관심이 높아지자, 기독교 선교사들은 한 번 더 전략 수정이 불가피했다. 한마디로 이중 전략을 취했다. 중국의 유교적 전통에 대하여는 기독교와 상호 보완적인 것으로 유연성을 보인 반면, 정치적 급진주의에 대해서는 기독교에 반하는 유물론이라고 경계하면서 비판적 시각을 견지했다. 반제국주의 정서가 고조되면서 기독교에 대한 반감도 함께 강화되었는데, 이에 대한 선교사들의 우려는 1910년, 에든버러에서 개최된 세계 선교 대회에서도 확인되었다. 이 대회에서 선교사들은 정치적 동요에 관여하지 말고 "확립된 정부settled government"에 복종하라는 결론이 내려졌다. 중국에서 특히 강하게 퍼져나갔던 정치적 급진주의는 당시 세계 각처에서 경험되고 있던 제국주

의적 모순 구조에 대한 사회정치적 각성과 맥을 같이 했다.[170]

결국 기독교 선교사들의 노력은 유교전통의 젠더 이데올로기를 강화하고 이를 국가통합의 에너지로 삼은 중국의 민족주의 역량을 키운 바탕이 되었다. 또한 20세기에 들어서서는 반제국주의 애국운동이 중국을 휩쓸면서 사회주의 이념에 그 자리를 내주고 말았다.

'양처현모', 메이드 인 메이지 일본

　가로등, 전차의 등장과 함께 '모던'의 아이콘으로 주목받으며 거리의 시선을 한순간에 훔친 여성들이 있다. '신여성New Woman'이다. 어떤 이들은 '모던 걸Modern Girl'이라고도 불렀다. 전통이라는 이름으로 수백 년 아니 수천 년간 안방을 지켜온 '정숙한 아내, 지혜로운 어머니'의 자리를 박차고 나와 동경과 비난의 시선을 동시에 받으며 화려하게 등장했다. 여론의 집중포화도 마다하지 않았다. 이들에겐 언제나 '풍기 문란'의 유발자요, '유혹하는 이브'의 이미지가 껌딱지처럼 붙어 다녔다. 서구의 소비주의가 모더니즘을 타고 등장한 탓이었을까. 머리에 펌을 하고 하얀 종아리가 드러나는 짧은 치마를 입고 하이힐 구두를 신고 자유롭게 거리를 활보하는 젊은 여성들은, 전통 헤어스타일과 전통 복장을 고수한 채 가족들을 위해 말없이 희생하는 '구식 여성'과 극적인 대비를 이루었다. 마치 컬러 사진과 흑백 사진의 교차랄까.

동아시아에서 '신여성'에 대한 논쟁이 처음 불붙은 것은 1911년, 도쿄에서다. 1890년대에 서구에서 센세이션을 일으킨 〈인형의 집〉이 제국극장에서 상연되었고, 이 연극을 본 젊은 여성 문인들이 모여 『세이토*Seito, Bluestocking*』라는 이름의 첫 여성 문예지를 발행하기 시작했다.[171] 전통과 미덕이라는 이름으로 여성들에게 강요된 사회적 요구들에 칼보다 강하다는 날카로운 펜을 들이대며 오랜 세월 금기로 여겨진 것들을 깨고 자신들의 이야기를 시작했다. 소수의 여성들이 시작했지만 파급효과는 컸다. 1920년대, 한국과 중국으로 논쟁이 확산되었다. 그 중심에 섰던 히라쓰카 라이초Hiratsuka Raicho는 자신의 삶을 풀어내 자서전으로 남겼다. 제목도 그의 삶만큼이나 강렬하다. "태초에 여성은 태양이었다*In the Beginning, Woman was the Sun*"

　오늘날 신여성은 가정이라는 전통적 가치로부터 독립된 여성의 주체성과 개인의 자유를 강조한 여성들이었다는 점에서 근대 페미니즘의 선구자로 평가되기도 한다. 그러나 서구 모더니즘의 영향을 받은 여성 지식인들의 등장 이전, '가정'과 '모성'이라는 전통적 가치 안에서 자신들의 역사적 한계에 도전하고 새로운 역량을 키워내고자 시도했던 이전 세대 여성들의 변화를 향한 몸부림이 먼저 있었음을 기억해야 할 것이다. 특히 신여성 등장 이전에 여성 교육의 필요성을 먼저 주창하고 젠더 이슈를 근대 담론으로 처음 끌어낸 기독교의 여성 선교와 아시아 민족주의의 이데올로기적 결합이 있었다는 것을 간과해서는 안 된다. 아시아의 '근대 국가 세우기'와 맞물려 발전한 여성 의식의 태동 과정을 주의 깊게 들여다볼 필요가 있다.

'근대' 쓰나미 만난 섬나라 일본, 영리한 선택을 하다

서구발 '근대' 물결은 아시아에 쓰나미였다. 인도에 이어 중국이 결정타를 입었고, 섬나라 일본도 피해 가지 못했다. 중국처럼 일본도 무기를 앞세운 서구 열강들의 통상 압력에 굴복해 항구를 개방했다. 중국이 영국에 의해 빗장이 열렸다면, 일본에서는 그 역할을 미국이 맡았다. 다만 대응에 있어 일본은 중국과 다른 선택을 했다.

1844년, 캘리포니아 정복을 마친 미국은 태평양 건너편으로 고개를 돌려 새로운 사업을 찾기 시작했다. 캘리포니아는 미 대륙의 서부 전선 끝이었으며 멕시코 영토였다. 10여 년이 흐른 1853년, 미국 대통령 피어스F. Pierce는 특명을 내렸고, 페리M. C. Perry 제독이 그 명을 받아 군함 4척을 이끌고 도쿄에 입항했다. 무력 시위로 위협하며 일본에 통상

페리 제독의 일본 개항 100주년 기념우표(1953년)

을 요구했다. 전쟁을 마다하지 않고 끝까지 맞서다 체력을 소진한 중국과 달리, 일본은 별다른 저항 없이 바로 미일 화친 조약을 맺었다.

광활한 영토를 가진 중국은 누구도 넘볼 수 없었던 동아시아의 전통 맹주였다. 이런 중국을 잔인하게 다루며 굴복시킨 서구의 폭력성을 가장 가까이서 지켜본 일본은 서구 열강들에게 무리하게 맞서지 않았다. 대신 영리한 선택을 했다. 서구 열강들의 최고 무기였던 서구 문물을 적

극 수용하고 이들의 제국주의 방식을 배워 국가적 역량을 키우는 기회로 삼았다. 무력으로 위협하는 미국을 달래 미일 화친 조약에 서명했지만, 곧바로 빗장을 열지 않았다. 일본이 개항을 결정하기까지는 5년이 더 걸렸다. 일본 막부는 황제의 재가를 받지 못했다는 것을 명분으로 내세워 시간을 버는 데 성공했다. 일본은 수구파와 개방파로 나뉘어 혼란을 겪다가 결국 수구파를 몰락시키고 1858년, 미일 수호 조약을 체결했다. 그리고 약속대로 이듬해에 요코하마, 하코다테, 나가사키, 가나가와 등 4곳의 항구를 개방했다. 한마디로 강제로 항구를 개방당한 중국과 달리, 일본은 자신들의 정치적 일정과 시간표대로 항구를 개방하는 데 성공한 것이다.

 기독교 선교는 철저히 일본의 정치 시간표에 따라 움직였다. 중국에 와 있던 개신교 선교사들은 개항 이전부터 일본의 상황을 살피며 선교를 준비했다. 때때로 일본으로 건너가 학생들에게 초급 영어를 가르치며 기회를 만들려고 시도한 이들도 있었다. 미일 수호 조약 체결로 공식 선교의 길이 열리자, 가장 가까운 중국에서 미국 선교사들이 먼저 입국했다.[172] 1860년에 입국한 미국 자유침례교 선교회의 고블 J. Goble은 페리 제독이 무력시위를 벌이며 일본에 통상 압력을 가할 때, 선교 가능성을 살피기 위해 동행한 선교사였다. 메이지 유신(明治維新, 1868)이 선포된 이듬해(1869)에는 미국 개혁교회의 메리 키더 Mary Kidder가 첫 여성 선교사로 입국했고, 장로교 선교사로 먼저 들어온 헵번 J. C. Hepburn의 부인과 협력해 여성 교육을 시작했다. 개척 선교사로서 초기 역사를 기록으로 남긴 베어벡 G. F. Verbeck은 1859년부터 1872년까지를 '준비기'라고 이름 붙였다.[173] 메이지 유신이 선포되기 전, 정치적 혼란이 거듭된 10년 동안 미국 성공회, 미국 장로회, 미국 개혁교회, 미국 자유침례교 등 4개 선교회가 위험을 무릅쓰고 선교 기반을 다졌다고 기록하고 있다. 첫 세례식은 1864년에 이루어졌다. 개신교 첫 세례자가 나오기까지 5년이 걸린 셈이다. 중국에서 첫 세례자를 얻는 데 10년이 걸린 미국 감리교회의 경우는 1년 만에 첫 세례자를 얻었다. 중국에서 필요했던 시간의 10분의 1이면 충분했다. 그만큼 기독교가 정착하는 속도가 빨라졌다는 의미다.

개신교 선교가 본격화된 것은 일본 정부가 반기독교 법령을 공식적으로 모두 폐기한 1872년 이후다. 통행로마다 벽에 붙여 놓았던 벽보들이 모두 제거되었다. 물론 그 후에도 뿌리 깊게 자리한 반기독교 정서는 쉽게 가라앉지 않았다. 하지만 일본 선교의 법적 장애물이 완전히 제거되자, 이듬해부터 다양한 교파의 선교사들이 멀리 서구 대륙으로부터 몰려왔다. 미국 감리교회도 이때 일본 선교의 첫걸음을 떼었다. 베어벡은 "1873년은 주목할 만한 해"로 "가장 많은 선교사들이 일본에 도착"했으며 이는 "그 이전에도 그 이후에도" 볼 수 없었다는 기록을 남겼다. 그 사이 일본은 메이지 정부가 들어섰고 정치적 안정기를 맞았다.

메이지 일본,
아시아의 신흥 강국으로 떠오르다

배타적 입장으로 일관한 중국과 달리, 일본에서는 1870년대부터 근대화를 위한 정부 주도의 개방 정책이 체계적으로 진행되었다. 20여 년간 중국을 세심하게 관찰해 온 일본은 기독교를 서구 문물의 중요한 채널로 인식했다. 중국의 몰락을 서구의 경고로 받아들인 일본은 스스로 빗장을 열어 서구 열강들과 통상 조약을 체결한 데 이어, 서구 문물 수용에 적극적이었으며 흡수하는 속도도 매우 빨랐다. 깊은 인상을 받은 감리교 개척 선교사 맥클레이Robert S. Maclay는 "일본이 근대 문명을 수용한 것은 독특한 특징"이라고 분석하면서 출발점이 된 페리 제독의 협상은 "개신교도들의 기도에 하나님이 응답한 것"이었다고 종교적 의미까지 부여했다. 서구 문명을 높이 평가하는 일본 정부의 태도에 기독교 선교사들도 "신의 뜻"으로 받아들이며 크게 호감을 가졌다. 일본 정부와 기독교 선교사들의 허니문 기간이었다.

일본 정부와 기독교의 호혜 관계를 단적으로 보여주는 흥미로운 기사가 있다. 1880년 4월, *Gospel in All Lands*에 실린 글인데 페리 제독의 위협이 서구 문물에 대한 일본의 관심을 촉발시켰다는 내용이다. 페리가 일본을 다녀간 후 2명의 일본 왕자들이 직접 개혁교회로 찾아와 "큰 배와 총"을 만드는 법을 배우고 싶다고 요청했다는 것이다. 일본의 복음화에 관심이 있었던 선교부는 이 요청을 흔쾌히 받아들여 이들이 미국에서 정식으로 허가를 받아 공부할 수 있도록 주선했다. 이에 힘입어 천여 명에 이르는 영향력 있는 집안의 일본 젊은이들이 일찍부터 유럽과 미국으로 건너가 여러 대학에서 공부할 수 있었다. 이들이 귀국해 일본에 서구 문명을 전파하고 '문명화'에 앞장서게 된 것은 물론이다.

한편, 일본 국내에서는 중국으로부터 이어진 성서 번역이 기독교의 선교 발판이 되었다. 언어는 새로운 세계로 들어가는 문이다. 한 사회를 알기 위해서는 먼저 그 사회의 언어를 알아야 한다. 토착어 성서 번역은 새로운 선교지에서 첫 관문이 되는 '언어 배우기'와 '복음 전파'를 동시에 수행할 수 있는 가장 효과적인 무기였다. 그뿐만 아니라 토착어로 번역된 성서 보급은 언어를 배우는 기본 텍스트로 활용되어 빠른 속도로 문맹에서 탈피해 근대 사회로 진입할 수 있도록 도왔다.

성서 번역을 주도한 헵번J. C. Hepburn의 1880년 보고에 따르면, 일본어 성서 번역은 중국에서 시작되었다.[174] 1836년, 중국 선교사였던 귀츨라프는 배가 난파되어 마카오에 남게 된 한 일본인을 만나 일본어를 배우고 성서 번역을 시도했다. 그 열매로 2년 후인 1838년에 싱가포르에서 요한복음이 발행되었다. 미국성서공회 소속이었던 윌리엄스S. W. Williams도 배가 난파되어 고향으로 돌아가지 못한 일본인 선원의 도움으로 창세기와 복음서 일부를 일본어로 번역했다. 이 번역본은 후에 일본으로 보내졌으나 인쇄가 되지는 못했다. 성서가 일본에서 발행되기 시작한 것은 메이지 유신 이후다. 초기에는 개별적으로 번역 작업에 착수했지만 1872년에 성서번역위원회가 조직된 이후로는 공동 작업으로 진행했다. 그 열매로 1880년에 신약 성서가 완역되어 발행되었다.

선교사 부인들도 기독교 문서 번역에 참여하며 사람 발길 닿는 곳이면 어디든 갈 수 있는 '글'을 통한 선교에 동참했다. 매클레이의 부인 헨리에타의 경우, 남편이 성서 번역에 힘쓰는 동안 영국 경건주의 신학자 뉴먼 홀Newman Hall이 쓴 *More about Jesus*를 일본어로 번역해 보급했다. 초기부터 각 교파 선교사들이 빠르게 연합하고 협력하여 문서 선교를 함께 진행할 수 있었던 것은 중국에서 수많은 시행착오를 겪으며 축적한 아시아에 대한 경험과 정보가 있었기에 가능했다. 서구 열강을 최전선에서 맞은 중국의 경험은 한 걸음 떨어져 지켜보는 일본에겐 언제나 반면교사였다.

기독교 선교사들이 준비한 '글과 교육'이라는 근대 매체는 아시아에 큰 선물이 되었다. 이 선물의 가치를 가장 먼저 알아보고, 가장 잘 활용한 나라가 일본이다. 아시아의 여러 나라 중 앞서 적극적으로 서구 문물을 받아들이며 근대화에 일찍 시동을 건 일본 정부로서는 마다할 이유가 없는 선물이었다. 일본 정부는 체계적인 교육 개혁을 통한 "새로운 일본New Japan"을 꿈꾸었다. 일본에서 근대 여성관의 형성도 정부 주도의 근대화를 위한 개혁 속에서 이루어졌다.

1868년 메이지 유신 선포 후, 일본 정부는 서구의 교육 시스템을 받아들여 전면적 개혁에 착수했다. 근대 국가로 나아가기 위한 프로젝트 중 하나였다. 3년 만인 1871년에 교육부를 신설하고 5명의 여학생들을 포함하여 젊은이들을 미국으로 유학 보냈다. 당시 통감부 총독 구로다는 직접 여러 차례 미국을 방문했고, 고등 교육을 받은 미국 여성들이 사회 개혁에 적극 참여하는 모습에 깊은 인상을 받았다. 근대 국가를 성취하기 위해서는 여성 교육이 필수적이라고 생각한 그는 일본 정부를 강하게 설득했다. 메이지 정부의 초기 개혁가들은 서구 열강들에게 일본이 뒤처진 원인이 여성들의 교육 부재에 있음을 확신하게 되었다. 이를 수용한 메이지 정부는 다음 해인 1872년, "성과, 계급에 구분 없이" 모든 사람이 교육을 받을 수 있는 의무 교육 시행령을 선포했다.[175]

메이지 개혁을 주도한 초기의 정치가들과 사상가들은 교육을 민족 계몽의 기초 수단으로 인식했다. "새로운 일본"이라는 기치를 내걸고 서구 학문과 서구식 교육 시스템을 갖추어 도쿠가와 시대의 봉건주의 질서를 마감하고 근대 사회로 나아가고자 했다. 개신교가 세운 기독교 학교들이 일본 사회에서 주목을 받기 이전부터 일본 정부는 문명화된 국가를 실현하기 위한 방편으로 국가 차원의 교육 시스템을 먼저 갖춰 나갔다. 이러한 교육 개혁은 근대 국가 건설이라는 민족적 요구에 불을 붙였으며 일본에서 "문명과 개화"의 시대를 열었다.

도쿄는 근대 학문의 메카로 떠올랐다. 7만 5천 명의 비교적 적은 인구를 가진 요코하마는 개항지였기에 일찍부터 서구인들에게 개방되었다. 이에 비해 도쿄는 다소 늦게 개방되었지만, 60만 인구를 가진 수도로서 정치뿐 아니라 교육의 중심이었다. 일본 정부는 1872년, 요코하마와 도쿄를 잇는 철도를 개설해 두 도시 간 교통을 용이하게 만들었다. 이제 막 근대 교육에 관심을 두기 시작한 일본 정부와 교육 선교에 박차를 가하는 기독교를 연결해 도쿄를 신학문의 도시로 새로 태어나게 하는 데 공헌한 사람은 근대 농학의 선구자로 알려진 츠다 센Tsuda Sen이다.[176]

츠다 센은 사무라이 가정에서 태어났지만 어릴 때 고향을 떠나 도쿄에 정착했고, 외국어를 공부하여 일찍이 신학문에 눈을 떴다. 7살의 어린 딸을 외국 유학에 참여시킬 만큼 여성 교육에 대한 열망도 컸다. 1871년에 일본 정부가 첫 유학생으로 선발한 5명의 소녀 중 한 명인 츠다 우메코Tsuda Umeko가 그의 딸이었다. 우메코는 미국에서 공부를 시작한 지 얼마 안 되어 세례를 받기로 결정했다고 츠다 센에게 편지를 썼다. 당시 츠다 센도 오스트리아 비엔나에서 열

츠다 우메코. 훗날 일본 YWCA 초대 회장으로 활동 했다

'양처현모', 메이드 인 메이지 일본 **307**

린 만국 박람회에 일본 정부의 파견 단원으로 참석하여, 여러 언어로 번역된 성서들이 전시된 것을 보고 기독교에 처음 관심을 갖게 되었다. 그의 관심은 보는 것으로 끝나지 않았다. 귀국 즉시 부인과 함께 도쿄에서 활동하던 감리교 개척 선교사 소퍼J. Soper를 스스로 찾아가 성경 공부를 시작했다. 소퍼는 일본에 오기 전 미국에서 먼저 우메코를 만났다.

도쿄에서 첫 감리교 신자가 된 츠다 센은 일본 정부 대표로 여러 차례 해외에 파견될 만큼 고위층에 속했다. 그의 친구들도 사무라이 계급으로 중앙 정부와 밀접한 관계를 유지했다. 이들의 적극적인 도움으로 도쿄는 기독교의 선교 거점이 된 동시에 근대 교육의 메카로 발돋움하게 되었다. 이들은 근대 교육뿐 아니라 자선 활동에도 관심이 많아 기독교 선교사들과 끈끈한 파트너십을 형성하며 결정적인 공헌을 했다.

특히 서구식 근대 문물과 근대 학문의 위력을 몸소 체험한 츠다 센은 여성 교육의 도우미를 자처하고 나섰다. 1874년, 미국 감리교 여성해외선교회(WFMS)가 첫 여성 선교사로 스쿤메이커Dora E. Schoonmaker를 파견하자, 자신이 살고 있는 지역인 아자부에서 한 달 만에 여학교를 열 수 있도록 도왔다. 여성 교육은 중국뿐만 아니라 일본에서도 아직은 낯선 것이었지만, 소퍼와 츠다 센의 협력에 힘입어 학생 6명으로 첫걸음을 뗄 수 있었다. 처음부터 학생 모집에 큰 어려움을 겪었던 중국과 달리, 도쿄에서는 첫 8개월 동안 학교를 5번이나 옮겨야 했을 만큼 학생들이 빠르게 증가했다. 학생들의 증가에 이웃들은 공간 내주기를 극도로 꺼렸다.

여학교가 성공적으로 안착하자, 사무라이 배경을 가진 일본 기독교인들의 적극적인 협력을 끌어내 남자 중학교도 설립했다. 5년제 학제로

'도쿄 영어 학원'이라는 교명을 내걸자, 영어와 서구 학문을 배우려는 학생들이 빠르게 모여들었다. 중국과 달리 일본, 특히 수도인 도쿄에서는 서구 학문을 배우려는 일본인들의 수요가 급증하여 소수 선교사들로는 따라잡기 어려웠다.

급증하는 수요에 부응하여 미국 감리교는 도쿄에 고등 교육을 위한 종합 교육 기관 설립을 계획했다. 때마침 아시아 선교에 관심이 큰 미국의 존 가우처John F. Goucher 목사가 통 큰 기부를 했다.[177] 이때도 츠다 센이 일본 정부를 설득해 아오야마에 넓은 학교 부지를 확보할 수 있었다. 요코하마에 있던 선교 신학교, 스쿤메이커가 설립한 여학교의 중학부, 도쿄 영어 학원이 옮겨와, 오늘날 아오야마 학원으로 발전했다. 아오야마 학원 신학부는 한국의 신학 형성에도 중요한 역할을 했다.

교토에도 기독교가 운영하는 또 다른 교육 기관으로 도시샤 학교가 설립되었다. 1875년에 미국 해외연합선교회(ABCFM)가 주관해 세웠고, 19개 개신교 선교회가 함께 운영했다. 하지만 재정 자립을 이루어 독자 운영이 가능했던 아오야마 학원과 달리, 이 학교는 연합 선교부가 전체 운용 비용 중 적을 때는 10분의 4를 부담하기도 했다. 나머지는 일본 정부가 지원했다. 대신 일본 정부의 관리를 허용했다.

일본 여성들의
"서양 따라 잡기"

진보적 가치와 혁명적 정책에도 불구하고, 메이지 정부의 교육 개혁은 성공하지 못했다. 특히 여학생들에게 동등한 교육의 기회를 제공하는 데 실패했다. 1873년에 28%의 어린이들이 초등학교에 등록했는데 그중 여학생은 3분의 1에 불과했다. 1875년에도 남학생들은 50%가 입학한 반면 여학생들은 19%에 그쳤다.[178] 그 후 지속적으로 등록 인원이 증가했지만 얼마 가지 못했다. 학자들은 실패의 주요 원인으로 중앙 정부의 재정 지원 부족을 꼽기도 한다.[179] 실제로 일본 정부는 초등 교육을 위한 재정을 지방 정부의 세금이나 개인의 기부금에 주로 의존했다. 그러나 이는 하나의 현상일 뿐, 근본적인 원인은 따로 있었다. 막부 시대의 전통을 고수하며 국가의 교육을 국민의 지배 수단으로 활용하려는 수구적 흐름이 가장 큰 장애물이었다.

결국 보수적 저항에 부딪혀 1879년, 남성과 여성 모두에게 동등하게 허락된 의무 교육은 철회되었다. 대신 남학생과 여학생을 분리하여 교육하는 새로운 교육 체계가 도입되었다. 한마디로 교육 개혁의 후퇴였다. 이후부터 여학생들은 남학생들과 분리 수업을 했고, 유교적 전통에 근거한 도덕과 가사 활동에 필요한 것들을 교육받았다.

흥미롭게도 일본 정부의 교육 개혁의 실패는 기독교 선교사들에게 새로운 기회로 주어졌다. 일본 정부는 국내에 들어와 자발적으로 서구식 근대 교육과 과학 문명을 전파하는 기독교 선교사들에게 전에 없던 관심을 갖기 시작했다. 서구 선교사들이 운영하는 학교를 통해서라면 큰 재원 마련 없이도 서구의 근대 학문과 기술 문명을 배울 수 있을 것이기 때문이다. 무엇보다 여성 대중들에게 근대식 교육을 하는 기독교 학교에서 일본 여성들이 교육을 받는다면 각 가정을 근대화하는 데 가장 중요한 자원이 될 터였다. 근대화는 곧 서구화를 의미했다. 생각이 이에 미치자, 일본 정부는 선교사들의 활동을 규제할 이유가 없어졌다.

벽에 부딪친 일본 정부의 교육 개혁이 기독교 선교의 새로운 돌파구를 마련해 준 셈이다.

이때부터 기독교 선교사들의 존재가 새롭게 부각되기 시작했다. 사회 지도층과 중산층 가정을 중심으로 서구 문화를 배우고 모방하려는 현상이 유행처럼 빠르게 번져나갔다. 이에 힘입어 일본에서의 기독교 인기는 급상승했고, 여성들에게 근대 교육을 제공하는 기독교 학교들도 덩달아 큰 인기를 누렸다. 특히 메이지 유신으로 권력의 중심부에서 밀려난 사무라이들이 정치적 재기를 위한 발판으로 근대 문물을 빠르게 흡수하고자 앞을 다투어 부인과 자녀들을 기독교 학교에 입학시켰다.

덕분에 일본에서는 서구인들에 대한 편견과 의심이 완전히 가시지 않았음에도 불구하고, 중산층 여성들이 주로 기독교 학교의 학생 대부분을 차지하는 독특한 현상이 일어났다. 1870년에 메리 키더가 가장 초기에 세운 '페리스 세이너리Ferris Seminary'[180]도 손녀딸에게 근대 교육을 받게 하고 싶었던 한 의사의 강력한 요청에서 시작된 것으로 기록되어 있다. 처음에는 소그룹 형태의 교육으로 진행했고, 요코하마 정부의 지원을 받으면서 학교 체제를 갖추었다. 그 후 각 교파들은 요코하마, 도쿄, 고베, 오사카, 교토, 나가사키 등지에 경쟁적으로 여학교를 세웠다.

페리스 세이너리의 출발이 보여주듯이, 학생 모집에 큰 어려움을 겪었던 대부분의 아시아 지역과 달리 일본에서는 기독교 학교가 처음부터 중산층 여성들의 유일한 고등 교육 기관으로 자리 잡았다. 특히 1870-1880년대에 많은 기독교 학교들이 일본의 부유 계층, 지식인 학부모들, 사무라이 가정들의 적극적인 후원을 받아 빠르게 성장했다. 기독교 학교의 인기는 1890년 일본 정부가 보수화로 급선회하기까지 계속 되었다.

일본에서 기독교 학교의 인기는 서구 학문과 생활 방식을 배우려는 일본인들의 욕구에 의존한 측면이 컸다. 메이지 유신 이후 중산층을 중심으로 서구 문화를 모방하고 배우는 것이 유행처럼 번졌다. 황실 여인들이 먼저 나서서 서양식 패션과 액세서리를 선보이면 고위층 관리 부인들이 이를 따르고, 곧이어 중산층 여성들 사이에 빠르게 유행이 되곤 했다. 이렇듯 근대 교육을 통해 기독교 신앙을 가르치려 했던 선교사들의 의도와 달리, 일본에서의 기독교 학교들은 중산층 여성들에게 고등 교육의 기회를 제공하고 서양식 스타일의 삶을 소개해주는 공간으로 자리 잡았다. 심지어 반기독교적 분위기가 팽배했던 1900년대 초까지도 일본에서 활동한 여성 선교사들과 선교사 부인들은 평일은 물론이고 주말까지도 일본인 가정에 초대되어 서양식 꽃꽂이, 서양 음악, 서양식 재봉과 요리, 서양식 집안 꾸미기, 서양 예절 등을 가르치러 다니기에 바빴다.

선교사들은 선교를 지속할 목적으로 서구 지식에 목마른 일본인들의 욕구에 부응해 읽기와 쓰기뿐 아니라 가정학, 지리, 역사, 영어, 음악 등을 가르쳤다. 당시 일본에서 활동한 선교사들은 일본 교회의 토착 지도자들과 협력하기보다는 쉽게 영어를 배우고 서양인을 만나고 싶어 하는 일반인들의 욕구에 더 의존했다는 지적도 있다. 당시 일본에서 활동한 선교사들 중에도 일본 여성들을 위한 교육 선교가 기독교보다는 서구 문화를 가르치는 데 더 치중한다고 우려한 이들이 적지 않았다.

일본의 중산층 여성들 사이에서 널리 유행한 "서양 따라잡기"는 여성들이 서양 교육을 받고 근대식 가정을 이루어 주기를 바랐던 일본 남성들의 욕구가 큰 몫으로 작용했다. 특히 정부의 교육 개혁을 지지한 일본의 남성 지식인들은 실용적 입장에서 기독교 선교사들의 활동을 바라보았다. *Woman's Work for Woman*, 1887년 2월 호에 실린 글이다.

"… 일본에서의 여성 교육은 유럽과 미국 여성들에 의해 이루어져야 한다는 것이다. … 분명히 말하건대, 일본은 여학생들을 해외로 유학을 보내거나 충분한 인원의 외국 여성들을 교사로 임용할 수 있는 능력이 없다. 일본의 최고 희망은 기독교 선교사들에게 있다고 토야마 Toyama 교수는 말한다. …"("Female Education in Japan", 41)

여성 교육의 필요를 주창한 일본 지식인 남성들도 일본 여성들이 다른 아시아 여성들에 비해 훨씬 앞서가지만 여전히 서양 여성들에게는 뒤처져 있다는 주장에 동의했다. 다만, 여성 교육을 통해 '이교도의 땅' 일본에 기독교 가정을 세우고 여성들이 가족들을 기독교로 인도하도록 이끌어야 한다고 설파한 선교사들과 달리, 일본 지식인 남성들은 가정과 사회를 근대화하기 위해 여성 교육이 반드시 필요하다고 믿었다. 대표적인 진보 지식인 후쿠자와 유기치 Fukuzawa Yukichi는 "가망 없이 뒤떨어진 약한 나라들로 구성된 아시아를 탈출"하여 "서구의 문명국들과 운명을 같이 해야 한다"라고 말하기도 했다.[181]

물론 기독교 선교사들의 여성 교육이 가져온 변화의 또 다른 측면도 있다. 기독교 학교가 제공한 고등 교육에 힘입어 1870년대와 1880년대에는, 남녀동등 교육은 물론이요 여성의 자유와 인권을 주장하고 여성 운동을 주도한 걸출한 진보적 리더들이 탄생되기도 했다. 키시다 토시코Kichida Toshiko, 1863-1901와 후쿠다 히데코Fukuda Hideko, 1865-1927 등이 대표적인 인물들이다.[182] 민권 운동과 자유주의 여성 운동의 선구자였던 토시코는 여성과 결혼에 대한 정부 정책을 강하게 비판하다 구속되었다. 화려한 의상으로 시선을 집중시키고 좌중을 압도하는 연설을 선보여, 그에게는 화려한 의상이 "승부사의 옷"이었다는 평가도 있다. 감옥에서 풀려난 후에는 첫 여학교로 설립된 페리스 세이너리에서 교사로 활동했다.

일본 여성해방운동의 선구자로 "동양의 잔 다르크"라는 별명을 얻은 후쿠다 히데코는, 18세 때 키시다 토시코의 연설을 듣고 감명받아 자유당에 입당했고 민권운동에 뛰어들었다.

10대 중반 어머니, 오빠와 함께 사립으로 세운 여학교가 메이지 정부의 탄압으로 강제폐쇄 당한 것이 결정적인 계기로 작용했다. 그는 일명 '오사카 사건'에 개입되어 조선으로 폭발물을 반출하려 했다는 죄명으로 구속된 독특한 이력도 있다.

후쿠다 히데코

오사카 사건은 일본식 근대혁명을 꿈꿨던 조선의 젊은 개혁가들이 갑신정변에 실패하자, 1885년 일본 자유당 좌파진영에서 조선개혁을 완성하기 위한 '제2의 쿠데타'를 모의하다 발각된 사건이다. 조선인민과 연대조직을 구축해 양 나라에서 민주혁명을 일으켜 조선정부를 무너뜨리고, 내정을 간섭하는 중국으로부터 조선을 독립시켜 입헌군주정을 세우자는 것이 골자였다. 139명이 체포된 이 사건은 자유당 우파와 메이지 정부가 조선에 관여했던 내정간섭과는 다른 입장을 가진 민주진영의 내정개혁에 다름 아니었다. 명분은 달랐지만 무력으로 일본식 개혁을 조선으로 확장해 일본의 국제적 위상을 높이려 했다는 측면에서 조선정벌을 꿈꾼 메이지 정부와 크게 다를 바가 없었다. 한마디로 메이지 제국의 일본에서는 진보와 보수 할 것 없이 제국주의적 사고가 지배했다. 훗날 후쿠다는 이 사건을 회고하며 시대적 한계가 있었음을 인정했다.

이후 후쿠다도 토시코처럼 미션 스쿨에서 교사로도 활동했다. '일본적 기독교'를 외치고 무교회운동을 시작한 우치무라 간조Uchimura Kanzo의 성경연구회에도 참석했다. 그러나 곧 기독교 정통주의 교리에 천착한 그의 가르침에 의문을 품고 사회주의로 방향을 돌렸다. 우치무라 간조를 떠난 직후인 1907년 3월 〈세계부인〉 6호에 기고한 "우치무라 선생 전상서"는 그가 무엇을 추구했는지 잘 보여준다.

> "사회주의와 기독교의 신의 섭리는 일치할 수 있지 않은가. 또한 영혼의 구제보다 물계의 구조를 도모하는 것이 신의 진의가 맞지 않겠는가."

후쿠다에게 기독교와 사회주의는 인간의 고통에 응답한다는 점에서 추구하는 바가 다르지 않았다. 이는 기독교 사회주의의 등장을 예고하는 것이었다. 기독교 사회주의는 1920년대 조선에도 적지 않은 영향을 주었다. 하지만 토시코와 히데코 등이 보여준 도전은 일본에서 큰 흐름으로 자리 잡지 못하고, 정부의 지속적인 탄압을 받았다.

비록 여성 교육의 목적을 두고 서로 다른 꿈을 꾸었지만, 기독교 선교사들과 일본의 초기 개혁가들은 교육을 통한 여성 근대화의 필요성에 크게 공감했다. 덕분에 오랫동안 교육에서 배제되었던 일본 여성들은 다른 아시아 여성들보다 더 쉽고 빠르게 문맹에서 벗어날 수 있었으며, 나아가 서구 근대 지식과 남녀평등에 관한 개념들을 통하여 보다 넓은 자기 계발의 기회를 제공받았다.

'제2의 유신'이 주조한 '양처현모'

일본 사회는 1890년을 기점으로 보수 회귀로 급전환되었다. 메이지 정부와 기독교 선교사들의 공생 관계도 더 이상 지속되지 못했다. 1880년대 후반부터 '천황'이 통치하는 제국을 꿈꾸며 "위로부터의 개혁"을 주장한 국가주의자들이 권력을 잡으면서, 교육 정책의 기조가 '대중 계몽'에서 '대중 통제'로 바뀌었다.

서구 근대 문물과 사상들을 흡수하여 대중의 근대화를 이루고자 했던 이전의 개혁가들과 반대로, 국가주의를 옹호한 보수주의자들은 국민 교육 시스템을 갖추고 이를 국가에 충성하는 '신민'을 양성하는 제국주의적 도구로 활용하고자 했다. 근대 교육의 성격도 '서구 따라잡기'에서 "일본의 정신"과 "동양의 도덕"을 되찾자는 국가 이데올로기로 대치되었다. 무엇보다 국가주의자들은 법을 활용하여 국민 교육을 국가 통제 시스템으로 제도화했다. 1889년에 제국 헌법을 제정했고, 이듬해인 1890년에는 교육에 관한 제국 조례를 발표했다.

이러한 법령들을 통해 일본 정부는 천황제를 법적으로 제도화하는 한편, 황제와 국가에 대한 충성을 신민이 지켜야 할 국민 도덕으로 규정했다. 1868년 메이지 유신이 일본 근대화의 시작을 의미했다면, 이러한 법령들은 "제2의 유신"을 의미했다. 특히 교육에 대한 제국 조례는 기독교 학교를 포함한 일본의 모든 학교의 학생들에게 주입되었다. 이는 제2차 세계대전에서 일본이 패배하기까지 지속되었다.

제국 시대에 돌입하면서 일본 정부가 보여준 가장 큰 특징 중 하나는 남성과 여성의 차별 교육을 제도화하고 '양처현모'라는 개념을 국가 여성관으로 명시한 것이다.

> "여성 교육의 주요 목적에 대하여 한마디로 정리하면 양처현모가 되는 것이다. 이것은 자녀를 기르고 가정을 돌보는 일을 위해 적합한 성품을 키우고 재능을 키우는 것이다. … 부강한 나라의 기본은 교육이며, 교육의 기본은 여성 교육이다."[183]

'양처현모'는 일본 정부가 여성들에게 주입한 제국 이데올로기였다. 가정이 곧 나라의 기초라는 유교적 전통 사상에서 이끌어 낸 개념이다. 일본 정부는 1890년부터 1910년까지 '양처현모'에 근거하여 여성의 역할들을 법으로 규정했는데, 이는 두 가지 사상으로 요약된다. 첫째, 가정은 국가의 기초다. 둘째, 가정을 잘 관리하는 것이 여성의 주된 역할이다. 일본 정부는 제국의 기초가 되는 가정에 충실함으로써 여성들도 국가에 기여할 수 있다는 논리를 폈다. 가정은 더 이상 여성들을 위한 사적인 공간이 아니었다. 오히려 가정은 국가를 위해 사적인 감정을 잊어야 하는 국가의 영역이 된 것이다. 이후 '양처현모' 개념은 동경 유학생들을 매개로 한국과 중국으로 전해져 '현모양처'로 통용되었다.

한걸음 더 나아가 일본 정부는 1890년, 여성들이 정치적 모임이나 조직에 참여하지 못하도록 금지하는 법을 통과시켰다. 여성들은 오로지 가장이 되는 남성의 법적 권리에 의존해 살아가야 했다. 이는 서구의 자유주의 근대 사상을 받아들여 여성들의 인권 운동을 주도했던 여성 지식인들의 활동을 통제하기 위한 것이었다.[184] 여성에게만 적용된 정치 활동 금지법은 1946년, 메이지 헌법이 새롭게 개정될 때까지 계속되었다. 간단히 말하면, 일본 제국주의는 여성과 가정을 희생 제물로 삼아 세워졌다.

이러한 일련의 변화를 통해 일본 사회가 급속도로 보수화되자, 서구식 근대 교육을 시행하는 기독교 학교들과 서구식 근대 교육을 받은 여성 지식인들에 대한 사회적 인식도 하루가 다르게 악화되었다. 제국에 반하여 국가의 도덕성을 무너뜨린다는 의심을 받으며 비난의 대상이 되곤 했다. 감리교가 도쿄에 종합 고등 교육 기관으로 세운 '에이와 가쿠인'영화학원 Ei-wa Gakuin, Anglo-Japanese College이 본래 이름을 내리고 1894년 순수 일본 지명이 들어간 '아오야마 학원Aoyama Gakuin, 청산학원'으로 학교명을 바꾸게 된 것도 같은 이유다.

이 시점은 일본이 서구 열강들을 따라잡으며 일본의 정치 지형도 급변했던 때였다. 청일 전쟁이 일어난 해인 1894년, 일본은 영국이 5년 안에 불평등 조약인 치외 법권을 포기하도록 설득하는 데 성공했다. 그리고 8년 후에는 영국과 군사 협정을 맺어 유럽이 정한 국제 관계 체제 안에서 일본이 유럽과 대등한 위치로 올라섰음을 알렸다. 메이지 일본의 주된 목표는 서구와 맺은 불평등한 관계의 조건을 근본적으로 개정하여 대등한 관계로 나아가는 것이었다.

1890년을 기점으로 일본 정부가 보수화되고 반외세를 주장하는 애국주의가 다시 전국을 휩쓴 것은 한순간의 현상으로 끝나지 않았다. 전국 곳곳에서 서구의 흔적을 지우고 애국 의식을 고취하는 상징적 행위로서 서구식 이름을 내리고 일본식으로 모두 바꾸는 바람이 거세게 불었다. 아오야마 학원도 그 흐름을 비껴가지 못한 것이다. 1906년에 아오야마 학원을 종합 대학으로 발전시키고자 하는 논의도 있었지만, 일본 정부의 비협조로 뜻을 이루지 못했다. 당시 일본에는 종합 대학이 2개뿐이었다. 도쿄와 교토에 각각 하나씩 있었는데, 모두 정부가 세운 것이었다. 갑자기 재등장한 반기독교 분위기는 19세기 말-20세기 초의 전쟁기를 거치며 더욱 강화되었다.

1899년에는 모든 일본인들이 천황의 신민으로서 전쟁 지원에 참여해야 한다는 법까지 제정되었다. 이 법은 1904년에 발발한 러일 전쟁 기간에 더욱 강화되어 여학생들까지 전쟁을 지원하고 나섰다. 자선을 목적으로 조직된 단체에서 메이지 개혁 초기부터 활동한 중산층 여성들은 자발적으로 부상당한 병사들을 간호하거나 전쟁터에서 사망한 군인들의 가족들을 돌보았다. 고등 교육을 받는 여학생들은 전쟁터에 나간 병사들을 위해 기금을 모으거나 그들에게 '위문품 보내기' 캠페인을 벌였다. 기독교를 포함한 모든 종교인들도 적극 참여했음은

군사훈련에 동원된 일본여성들

물론이다.[185]

국가에 대한 충성심과 애국심을 지속적으로 의심받았던 기독교인들은 전쟁 지원에 적극 참여함으로써 황제와 국가에 대한 자신들의 충성심을 증명해 보이고자 했다. 대표적인 예로 '일본 기독교 부인 교풍회'는 군인들에게 위문품 보내기 운동을 주도하여 전국 캠페인으로 발전시켰다.[186] 훗날 일본 정부는 태평양 전쟁과 제2차 세계대전을 벌이며 위문품 대신 '위안부'를 조직해 전쟁터 군인들에게 보내는 만행으로 응용했다. 교육을 담당한 선교사들도 기독교의 여성관이 일본 정부가 추구하는 것에 도움 된다는 것을 적극 변론하고 나섰다. 교육의 목표도 기독교 개종에서 '새로운 일본'에 필요한 도덕과 인성 가르치기로 바꿔나갔다. *Woman's Work for Woman*, 1898년 12월 호에 실린 글이다.

> "그들은[선교사들은] 개화된 생각과 마음이 젊은 여성들을 하나님이 그들에게 원하시는 삶과 가정으로 알맞게 인도한다는 것을 깨달았다. 다른 곳에서와 마찬가지로 일본에서 지식은 힘이다. … 어린 소녀들에게 미치는 그들의 영향력은 떠오르는 태양의 나라[일본]에 대한 높은 존경과 기쁨, 희망을 일깨워준다."(S. J. Milliken, "A Traveler's Opinion of Girls' Schools in Japan", 328-329)

기독교 세계 정복, 메이지 제국의 롤 모델 되었나?

일본에서 기독교는 과거 인기를 다시 회복하지 못했다. 오히려 전쟁을 계기로 일본 정부는 여성들의 고등 교육에 힘썼던 기독교 학교들을 정부 통제 아래 두고 여성 지식인들을 제국의 자원으로 활용하고자 했다. 1899년, 교육부는 초등 교육 기관과 정부 인가를 받은 중고등학교에서 종교 교육을 금지하는 교육 법령을 선포했다. 이어 1907년에는 정부 인가를 얻지 못한 학교 졸업생들은 교사 자격증을 부여하는 고등 교육 기관에 입학할 수 없다는 법을 만들었다. 이러한 일련의 정책들은 여성들의 고등 교육을 주로 담당하고 여성 교사 배출에 크게 공헌한 기독교 학교들에 대단히 불리한 정책들이었다. 학생들의 진로를 위해 기독교 학교들은 일본 정부의 인가를 받아야 했고, 이를 위해서는 교육 선교의 핵심인 성서와 종교 과목들을 포기하는 수밖에 없었다. 결국 선교사들은 미션 스쿨의 생존과 학생들의 미래를 위해 종교 교육을 포기하고 일본 정부의 통제를 따를 것인지, 아니면 철수할 것인지 선택의 기로에 놓였다. 대부분의 학교들은 종교 교육을 포기하고 정부의 요구를 받아들이는 선택을 했다.

결국 기독교 학교들과 이들이 지향한 여성 교육은 빠른 속도로 일본의 제국주의 시스템 안으로 동화되어 갔고, 일본의 제국주의 이데올로기를 지원하는 기능을 하게 되었다. 단지 소수의 학교들만 정부 인가를 포기하고, 정부 인가 학교들보다 더 높은 수준의 고등 학문을 제공하여 생존하는 방식을 선택했다. 일본 정부의 압력에 굴복한 대부분의 학교들과 달리, 다른

전쟁과 여성(일본 저널의 표지그림)

길을 선택한 소수의 학교들은 일본 정부의 제국주의적 통치 방식에 저항한 소수 진보 운동에 합류했다.

일본은 "동양에서 가장 발달하고 진보적이고 문명화된 강력한 국가"를 꿈꾸었다. 일본 정부와 관료들은 서구 문명을 신속하게 따라잡아 아시아에서 근대 문명국가의 최고 반열에 서고자 했다. 그리고 성공했다. 그 핵심에 기독교가 있었다. 종교 그 자체로 영향을 주었다기보다는 서구 기독교가 취한 제국주의 선교 방식이 그들에게 정복주의적 영감을 주었다. 이는 메이지 시대의 비기독교 지식인들조차 기독교 선교 역사에 관심을 갖게 만들었다. 1909년, 후진타이 진레이가 기독교 역사를 소개하며 밝힌 견해다.

"기독교 전파로부터 수반되는 자생적 학문은 앞서 서술한 것처럼 언어 연구를 시작으로 그 밖의 타 문학, 인류학, 식물학 같은 연구를 단서로 보기에까지 이른다. 이른바 신(新)영토는 점차 우리 지식 안에 들어와, 신(新)부락 신(新)민족은 점차 문화의 풍(風)으로 변화되어 잔인 야만의 풍속을 일소하고, 법률과 질서를 갖추는데 이를 것이며, '평화의 주군' 아래 통치 받게 되어 일반 개명(開明)을 향하게 되는 것이 단연한 순서가 될 것이다. 이상 기독교 사상(史上)을 통람하는 것으로서 그 포교는 비상한 어려움과 다대한 방해를 겪으며 대부분 교회의 소망도 실패에 실패를 거듭하였던 것은 포교의 역사상 늘 보이는 것이지만 우리는 기독교가 그와 같은 고경(苦境)을 넘어오면서 근세 역사 속에서 보여준 포교 사업 *Missionary enterprise*의 성공은 실로 놀랄만한 것이었다고 본다."(『基督敎史』, 259-260)

'포교(선교)'의 최고 무기였던 서구 문물과 근대 학문은 여성들의 근대화에도 적지 않은 도움을 주어 서구 열강들에게로 신속하게 이르는 사다리 역할을 했다. 일본의 성서학자이자 여성학자인 히사코 키누가와는 "서구 문명국들"을 동경한 일본이 국가 종교로 부각시킨 신도 사상Shintoism도 신약 성서가 기록되었던 로마 제국의 종교적 세계관은 물론 이념적 체계의 얼개까지 매우 흡사하다고 주장한다.[187] 메이지 정부는 개개인의 근대적 욕구를 신도 사상을 통해 국가에 종속시키고 제국주의 확장을 위한 에너지로 활용하고자 했다. 특히 모든 국민은 국가와 천황에게 신민으로 봉사하고 충성할 의무가 있다는 것을 종교적 신념의 형태로 가르쳤다. 동시에 일본 정부는 국민 교육과 국가의 도덕적 함양이라는 명분으로 국가가 개인의 사적인 영역까지 통제하고 나섰다. 인도학자 판카지 미슈라는, 아시아 국가들에게 일본은 "부럽지만 모방하기 어려운 나라"였다고 제국의 성공을 에둘러 표현한 바 있다.[188]

식민지 조선,
구국의 어머니를 고대하다

1897년 12월 한 해를 보내는 마지막 날 저녁, 서울에서 '첫 남녀 공개 토론회'가 열렸다. 한겨울 매서운 추위가 기승을 부렸지만 새로 마련된 정동 교회 예배당은 열띤 논쟁으로 그 어느 때보다 뜨거웠다. 조선에 세워진 첫 서양식 예배당의 봉헌을 기념하여 열린 토론회였다. 연사들은 모두 남성들이었다. 찬반으로 나누어 서로의 의견을 주고받는 가운데, 방청석에 앉아 있던 한 여성이 답답함을 참지 못하고 반론을 제기하고 나섰다.

> 남성 연사 1: 예수의 제자와 공자, 맹자가 좋은 말로 백성을 가르쳤으되 녹의홍상의 여인이란 말을 듣지 못하였고, 영웅열사들이 공을 이루며 후세에 이름을 전하였으되 지분[화장]을 단장한 여인이란 말을 듣지 못하였소.

남성 연사 2: "남자는 여자의 머리가 됨이라" … 하와[이브]가 선악을 알게 하는 나무 열매를 따 먹은 것이 인류 타락의 근원이 되었소.

여성 방청객: 하와가 비록 죄를 지었으나 마리아가 아니시면 예수께서 어찌 세상에 오셔서 죄를 대속하셨으리오. 하와만 보지 말고 마리아도 보시오!

서구 문물이 들어와 세상이 많이 변했다고는 하나 여전히 '남녀칠세부동석'이 난공불락의 성과 같이 건재한 가운데 성인 남녀들이 한자리에 모여 공개 토론을 벌인 것은 참으로 놀라운 광경이었다. 더욱이 여성이 '감히' 공개적인 자리에서 남성들이 벌이는 토론에 끼어들다니, 이는 상상도 못할 일이었다. 무엇보다 이번 토론회에는 쟁쟁한 개화파 남성들이 연사로 나섰다. 『독립신문』의 주필로 이름을 날리며 여성 교육의 필요성을 누구보다 강력하게 설파하는 서재필, 여성 교육에는 부정적 입장을 고수하지만 여전히 대표적인 개화파 인사로 꼽히는 윤치호 등이 그들이었다.

"여성에게 교육을 시키는 것이 가하뇨?" 이날의 토론 주제였다. 1886년에 첫 여학교로 이화 학당이 문을 연 지 10년이 지난 시점에야 비로소 여성 교육의 문제가 본격적으로 공론화되기 시작했다. 여성들은 직접 연사로 나서지 못하고 방청객으로 참여했는데, 토론이 반대 의견으로 기울자 한 여성이 보다 못해 직접 나선 것이다. 이 장면을 기사화한 『대한 크리스도인 회보』는 여인의 이름을 밝히지 않았다.

고대 기독교 공동체에서 논의가 시작된 이브(하와)와 마리아 이야기는 20세기에 다다른 동방의 작은 나라 조선에서도 뜨거운 사회적 논쟁거리로 떠올랐다. 서구로부터 밀려든 근대의 물결을 타고 흘러든 젠더 이슈는 '네버엔딩 스토리'인지도 모른다. 시대마다 끊임없이 새로운 풍경을 만들어내고 많은 것을 바꾸어 놓았다. 조선에서는 교회가 기꺼이 그 공간이 되었다.

벼랑 끝으로 내몰린 조선

새 천년을 앞두고 중국, 일본에 이어 한국도 서구 열강들의 통상 압력을 받았다. 그리고 동아시아 마지막 국가로 결국 빗장을 열었다. 두 나라와 차이가 있다면, 한국의 빗장을 처음 연 것은 서구 열강들이 아니라 이들을 모방한 일본이었다. 1876년, '불평등 조약'으로 맺어진 '강화도 조약'이 그것이다. 기독교 선교를 허가한다는 내용이 통상 조약에 포함되지 않은 동아시아의 유일한 나라가 한국이 된 것도 바로 이 때문이다. 이 과정에서 대륙 세력과 해양 세력 간의 충돌을 정면으로 맞은 한국은 유례없는 혼란을 겪었고, 후발 주자로 '근대 국가 세우기'에 뛰어들었다.

첫 통상 요구는 서구에 의해 이루어졌다. 1866년, '제너럴셔먼호 사건'으로 거슬러 올라간다. 1853년, 페리 제독이 일본을 위협하여 손쉽게 조약 체결을 얻어내자 미국은 같은 효과를 기대하며 무력으로 한국 정부에 개항을 요구했다. 하지만 중국의 영향을 강하게 받고 있던 한국의 대응은 일본과 달랐다. 무력으로 응대하며 철저히 쇄국 정책으로 일관했다. 미국은 일단 물러났다. 침략이 아니라 개항이 목적이었기 때문이다.

제네럴셔먼호

5년 후인 1871년, 미국은 로저스 제독을 앞세워 다시 통상 압력을 가하고, 영국이 중국에 했던 것처럼 제너럴셔먼호 사건에 대한 사죄와 배상을 요구했다. 한국 정부가 이를 거부하자, 로저스는 일본 나가사키 항에서 보름간 해상 훈련을 마친 아시아 함대를 이끌고 강화 해협을 공격했다. 전력이 월등히 앞섰던 미국은 손쉽게 승리했지만 끝내 개항을 끌어내지는 못했다. 이른바 첫 한미 전쟁으로 기록되는 신미양요다.

미국은 포기하지 않고 때를 기다렸다. 그로부터 11년 후, 미국의 슈펠트Shufeldt 제독은 참모들과 소수 경호원만 대동하고 제물포항에 들어와 피 한 방울 흘리지 않고 한미 수호 조약을 성사시켜 미국 정부에 큰 기쁨을 안겼다. 결사 항전으로 맞섰던 이전과 다르게, 한국 정부는 이들에게 천막을 쳐주며 환영했다. 슈펠트는 천막 앞에 미국 국기를 꽂고 'Yankee Doodle' 곡조를 들으며, 조선이 불평등 조약인 한미 수호 조약에 서명했다는 소식을 전했다. 그리고는 "마치 콜럼버스가 달걀을 똑바로 세웠던 것만큼이나 쉬운 일이었다"라고 이를 자랑스러워했다.[189] 슈펠트는 1866년 당시 무력시위를 하던 제너럴셔먼호가 불태워지자, 이듬해에 조사 명령을 받고 미국의 아시아 함대 사령관으로 출정했던 인물이다. 그는 무력이 아닌 외교를 통해 개항을 유도해야 한다는 입장을 미국 정부에 지속적으로 피력했다.

본래 미국은 국력을 많이 상실한 한국을 상대로 빗장을 여는 데 성공한 일본을 통해 조약 체결을 하고자 계획했다. 한반도에 대한 일본의 정치적 영향력은 급상승 중이었다. 하지만 이를 재빠르게 눈치챈 중국 청 정부의 리훙장이 먼저 나서서 슈펠트와 접촉했다. 결국 슈펠트는 계획을 바꾸어 베이징의 미국 공사관과 중국 정부를 통해 미국과 한국이 통상 조약을 체결하도록 추진했다. 제너럴셔먼호 사건 당시 중국 개척 선교사로 푸저우에 머물렀던 매클레이는 홍콩으로 돌아온 슈펠트로부터 한국의 상황을 직접 전해 들었다. 그리고 한미 수호 조약에 마침표를 찍었다는 소식을 16년 만에 요코하마에서 들었다. 그에게 이 소식은 오랫동안 기다려 온 "신의 나팔 소리"로 들렸다. 매클레이는 슈펠트와 자국 정부의 외교적 노력과 성과를 높이 평가하며 이렇게 썼다.

> "한국은 자의적이고 독립적으로 이를 이룸으로써 문명국가와 노선을 함께 하게 되었고, 미국은 이 훌륭한 장군이 15년에 걸쳐 이룬 빛나는 노력의 결정으로 조약을 체결하게 되었다. 미국은 민간 정부의 권위를 인정하고 국제법의 요구를 엄격히 준수하면서 미국 시민들이 한국에 거주하며 한국 국민들과 우호적이고 자유로운 교류를 할 수 있는 권리를 가질 수 있도록 해주었다. … 한국을 복음화하는 데 즉각 나서라는 나팔 소리와 같았다."("A Fortnight in Seoul, Korea, in 1884", *Gospel in All Lands*, 1896년 8월 호, 354)

이중 식민지 존Zone에 놓이다

매클레이가 새로운 선교지로 한국을 주목하기 시작한 것은 훨씬 전인 1848년이다.[190] 중국 선교가 막 시작되던 때였다. 푸저우 거리에서 우연히 한국인 선원들을 보게 되었는데, 배가 난파되는 바람에 위험에 처했다가 중국인 선원에게 구조된 이들이었다. 스치듯 지나간 짧은 조우였지만 이들은 깊은 인상을 남겼다. 이때부터 매클레이는 한국에 대한 소식을 주의 깊게 들었다. 그리고는 한미 수호 조약이 체결된 지 2년이 지난 1884년 여름, 드디어 선교사로서 처음으로 한국을 공식 방문해 고종으로부터 선교 윤허를 받아내는 데 성공했다. 그에게는 36년간 열망해왔던 꿈을 이룬 쾌거였다.

근대 개혁을 꿈꾼 한국의 젊은 정치인들이 교량 역할을 했다. 한미 수호 조약이 체결된 후 서구 문명과 영어를 배울 목적으로 일본을 찾은 한국인들이 있었다. 한국 정부가 일본과 체결한 제물포 조약의 약정을 이행하기 위해 일본 수신사로 보낸 이들이었다. 민영익, 김옥균, 서광범, 홍영식, 서재필, 박영효 등 14명이 참여했다. 매클레이는 한국 방문 이전 일본에서 이들을 먼저 만났다. 기독교로 개종한 한 일본인의 부탁을 받고 그의 재혼한 부인 새라Sara Ann Barr가 이들에게 영어를 가르쳤는데, 책임자였던 김옥균이 직접 찾아와 감사 인사를 전해 인연을 맺게 되었다.

매클레이는 도쿄 아오야마에 캠퍼스를 마련해 새롭게 개교하게 될 영화 학교Ei-wa Kokko, Anglo-Japanese College에 한국 유학생 7명을 입학시켰다.[191] 일부는 요코하마에 있을 때부터 새라에게 영어를 배운 이들이었고, 나머지는 새로 합류한 이들이었다. 당시 매클레이 부부는 종합 고등 교육 기관으로 설립될 아오야마 캠퍼스에 대한 구체적인 구상을 논의하던 차였다. 이들의 계획은 근대 개혁을 꿈꾼 한국의 젊은 정치인들에게 새로운 비전으로 다가왔을 것이다. 실제로 김옥균은 훗날 갑신정변(1884년 12월) 실패 후 일본으로 망명한 중에도 비밀리에 매클레이를 다시 찾아 한국의 근대화를 위해 적극 나서줄 것을 간절히 요청했다. 또 다른 망명객으로 떠돌던 박영효도 일본에서 한국 입국을 준비하던 감리교 여선교사 메리 스크랜턴Mary F. Scranton의 어학 선생이 되어 그의 한글 공부를 도왔다.

김옥균과 박영효 등 일본식 근대 개혁을 추구한 젊은 개화파 지식인들은 일본에서 서구 문명의 전도사 역할을 수행하고 있던 미국 선교사들에게 상당한 호감을 가졌다. 메리 스크랜턴이 "모든 미국인들이 괜찮은 사람들일 것이라고 상상"하는 한국 지식인들을 크게 염려할 정도였다.[192] 물론 이들이 기독교 선교사들에게 호의를 가졌던 것은 종교적 관심 때문이 아니었다. 일본을 방문한 한국의 젊은 지식인들은 서구 문명을 적극 수용하여 짧은 시간 안에 눈부신 근대 국가로 성장한 일본에 놀라움을 감추지 못했다. 이는 일본의 근대화에 가장 큰 영향력을 끼치고 있던 미국에 대한 막연한 기대와 동경으로 이어졌다.

매클레이가 한국 정부에 제안한 기독교 선교도 종교적 포교 활동을 요구한 것이 아니었다. 오히려 종교와 크게 관련이 없어 보이는 '교육과 의료'에 대한 제안이었다. 이는 매우 적절한 전략이었다. 100년 앞서 시작된 가톨릭 선교가 보여주었듯이, 한국에서 종교 문제는 매우 예민한 정치적 이슈로 다루어지곤 했다. 하지만 서양식 교육과 의료의 보급은 한국이 근대 국가로 나아가는 데 가장 필요한 요소들이었다. 전통 강호들과 신생 강국의 틈바구니에서 전례 없는 혼란을 겪던 상황에서 서구의 근대 학문을 전해주겠다는 기독교 선교사들이야말로 가장 반가운 손님이 아닐 수 없었다. 이웃 국가들과의 경쟁에서 뒤처진 한국 정부로서는 마다할 이유가 없는 제안이었다. 때마침 근대개혁을 추구한 김옥균과 윤치호가 국왕의 신임을 얻고 있었고, 실제로 이들이 결정적인 도움을 주었다.

'교육과 의료'에 대한 제안이 매클레이의 독창적 작품은 아니다. 개신교 선교사들과 일본 기독교인들의 의견이 한데 모아진 전략이었다.[193] 한국 정부가 기독교 선교를 허가하기 이전부터 일본에서는 한국 선교를 일본인들이 주도해야 한다는 의견이 힘을 얻고 있었다. 일본 기독교인들은 한국 선교의 문이 열리면 반드시 일본인이 앞장서서 한국을 복음화해야 한다고 열의를 불태웠다. 이들에게 '복음화'는 곧 '문명화'를 의미했다. 미국과 영국으로부터 온 선교사들에게 빚을 갚아야 한다는 논리였다. 개신교 선교사들도 일본 기독교인들의 강력한 의지에 힘을 실어주는 분위기였다. 개신교 선교사들뿐만 아니라 일본 기독교인들에게도 한국 선교의 문이 열리는 것은 매우 중요한 의미를 가졌다. 이제 일본도 서구 문명국가들과 어깨를 나란히 할 만큼 역량을 갖추었다는 것을 증명해 보일 수 있는 기회가 왔다고 생각했다. 한국으로 떠나는 개척 선교사들의 환송 파티 장면을 상세히 소개한 매클레이의 기록이다.

"일본인 츠다 센은 연설을 마치면서 한국으로 가는 선교사들에게 일본어로 번역한 산상수훈과 한국의 정치 인사들에게 보내는 소개장을 전달했다. 이 일은 일본인들의 마음을 감동시켰다. 그들은 이제 겨우 초기 단계에 있는 일본이 기독교 국가들과 나란히 협력하면서 위대한 선교 운동에 참여하고 있는 것을 경이로워했다. 극동에서 한국뿐만 아니라 서쪽으로 모든 아시아를 거쳐 예루살렘까지 복음을 전하여 기독교의 지구 순회를 완성하게 되리라는 것에 크게 감동하는 분위기였다."(Gospel in All Lands, 1897년 3월 호, 501)

자신들이야말로 인류 구원을 위해 선택받은 '제2의 이스라엘'이라고 믿었던 미국 개신교인들의 애국주의 신앙관을 일본 기독교인들이 그대로 모방해 자신들의 국가관으로 발전시켰다.[194] 서구 문명국가들이 시작한 인류 구원 사역을 완성해야 하는 책임과 사명이 일본에 있다는 것이다. 이를 성취하기 위해 일본 기독교인들은 교파의 장벽을 넘어 함께 연합해야 하며, 한국을 문명국가로 이끌기 위해 근대 개혁을 시도하는 일본 정부의 노력에도 적극 협력해야 한다는 결론에 이른다. 한마디로 성서에 담긴 고대 유대인들의 정복주의 세계관과 19세기 서구 열강들의 제국주의 선교 방식의 결합은 아시아의 제국으로 비상을 꿈꾼 일본에서 기독교인들에게 그대로 계승되었다. 대부분의 일본 기독교인들이 한국에 대한 자국 정부의 식민화 정책에 어

허리 춤에 권총을 찬 여선교사

면 문제의식도 갖지 못했던 이유가 바로 여기에 있었다.

서구 선교사들과 일본 기독교인들 사이에는 한 가지 공감대가 형성되어 있었다. 서구 문명을 적극 수용하여 문명사회를 빠르게 성취한 일본이 부패하고 분열적인 한국의 야만적 문화를 종식시키고 근대 국가로 이끌어야 할 사명이 있다는 공통된 믿음이었다. 이러한 논리는 서구 문명의 발전을 기독교의 성취로 받아들였던 이들에게는 당연한 것이었다. 일본이 점차 한국과 아시아를 넘어 세계 정복을 꿈꾸게 된 데에는 이러한 분위기가 적지 않게 작용했다. 한국 선교를 위해 파견된 선교사들의 생각도 별반 다르지 않았다. 한국 선교의 길을 낸 매클레이가 한미 수호 조약을 성사시킨 슈펠트 제독을 언급하며 쓴 회상 기록이다.

"당시 한국의 상황은 가장 통탄할만한 상태였다. 전 역사를 통해서 이 나라는 평화의 번영을 길게 누려본 적이 거의 없었다. 심한 반목으로 인한 내부의 투쟁, 비밀 음모, 귀족 계급과 정치인들 내의 격렬한 논쟁, 수도에서의 유혈 폭동, 지방에서의 백성 탄압, 그리고 한국 정치에 대한 타국들의 간섭 등은 산업을 약화시키고, 기업을 침체시켰으며, 발전을 마비시켰고, 교육의 영역 및 목표를 협소하게 했고, 노동의 가치를 낮게 평가했고, 무역을 저해했으며, 백성들의 사기를 완전히 저하시켰다. 종교적 상황도 마찬가지로 만족할만한 것이 못 되었다. … 이 나라는 문명과 발전의 근원을 소모해 버린 채 운명의 위기를 맞고 있었다. 때때로 시대는 헛되이 위급한 상황에 대처할 지도자를 요구한다. 그러나 섭리의 때가 되면 하나님은 반드시 그의 뜻을 이룰 적당한 대리인을 찾아내시는 법이다. 미국의 슈펠트 제독

은…."(*Gospel in All Lands*, 1896년 8월 호, 357)

당시 한국은 거듭되는 개항 외압에 체력을 많이 소진한 상태에서 변화를 열망하는 내부적 요구에 직면했다. 변화에 대한 대중들의 갈망은 임계점에 도달했다. 그러나 한국 정부는 한반도에 대한 주도권을 먼저 확보해 새로운 돌파구를 마련하고자 경쟁에 돌입한 주변국들에 둘러싸인 채, 전통 질서의 균열에도 새로운 변화 요구에도 적절히 대응하지 못했다. 전통 맹주로 오랫동안 군림해온 중국의 정치적 영향력에서 여전히 헤어나지 못하는 수구파와 신흥 근대 국가로 떠오른 일본을 롤 모델로 삼아 변화와 개혁을 추구한 개화파의 갈등이 불안정한 정치 환경을 더욱 악화시켰다. 일본에 머물며 위태위태한 한국을 바라보던 서구 선교사들과 일본 기독교인들은 한국이 스스로 통치할 능력을 상실했다고 판단했다. 따라서 미국의 개입은 필연적이었으며 이는 한국을 도우려는 '신의 섭리'에 따른 것이라고 이해했다.

물론 모든 선교사들이 다 같은 생각을 한 것은 아니다. 일본에 머물며 노심초사 한국 입국만을 기다린 메리 스크랜턴은, 환경이 잘 갖추어진 일본보다 오히려 위험하다고 전해지는 한국에 마음이 먼저 가 있었다. 그는 "여기 환경은 아주 좋습니다. 선교사들이 더 이상 할 수 없을 정도로 잘 해주며 일본 생활도 아주 유쾌합니다. 그러나 나는 어서 가서 내 백성 가운데 살기를 원합니다."(*Annual Report*, 1885)라고 선교부에 보고했다. 그는 안전을 보장할 수 없는 한국의 불안한 치안과 미래에 대하여 모르지 않았지만 크게 개의치 않았다. 하지만 그도 다른 대부분의 선교사들처럼 서구의 근대 문물을 일찍부터 받아들인 일본이 조선의 문명화에 도움이 될 것이라는 기대와 생각을 당연하게 받아들였다.

국가적 위기에서 등판한 여성 교육

일본이 메이지 유신을 통해 정부 주도의 근대화에 성공했다면, 반식민지가 된 중국은 지식인이 주도한 혁명을 통해 근대 국가를 실현했다. 하지만 한국은 일본의 제국주의적 침탈로 정부가 무력화되면서 개신교 영향을 받은 진보 지식인들이 대중 운동을 주도해 근대 사회로 진입했다. 정부의 공백이 대중 운동의 공간을 만들어낸 셈이 되었다. 이는 이후 시민 사회의 발달로 이어진다. 역사의 아이러니가 아닐 수 없다. 이에 따라 근대 여성관도 다르게 기능할 수밖에 없었다.

초기에는 일본이나 중국과 마찬가지로, 한국에서도 외세의 개항 압력과 유교적 봉건 질서에 대한 내부적 개혁 요구 속에서 젠더 문제가 처음 제기되었다. 한미 수호 조약이 체결되고 1885년, 개신교 선교사들이 정식으로 한국에 입국했을 때 이미 한국 정부는 근대 개혁의 한 부분으로 유교적 가부장제에 대한 변화를 강하게 요구받고 있었다. 한편에서는 봉건적 신분 질서에 반발하여 성과 계급의 차별이 없는 평등 사회를 외친 동학 농민 운동의 '아래로부터의 개혁'이 일어났다. 이는 대동평화 사상에 기초한 것이었다. 다른 한편으로는 정부 주도의 일본식 근대화를 추구했던 개화파 지식인들의 '위로부터의 개혁'이 시도되었다. 이들을 통해 성차별적 제도에 대한 개혁과 여성 교육의 필요성이 처음 제기되었다. 하지만 정부의 외세 의존적 태도와 변화를 거부하는 보수의 벽에 부딪쳐 그 어느 것도 성공하지 못했다. 이들이 제시한 개혁안이 부분적으로나마 성취된 것은 1894년 갑오개혁을 통해서다. 그러나 여기에도 여성 교육을 위한 공간은 없었다. 개혁의 효과가 여성 교육에 대한 사회적 관심을 불러일으켰지만, 여전히 정부는 여성 교육을 위해 구체적인 그 어떤 것도 실행하지 못했다.

여성 교육을 현실화한 것은 여성 교육 기관을 처음 세운 개신교 선교사들이었고, 젠더 이슈를 공론화하고 여성 교육을 근대 계몽 운동의 중심에 세운 것은 개신교 선교사들에게 영향을 받은 진보 성향의 남성 지식인들이었다. 선교사들이 풀어놓은 대중 교육, 특히 여성들을 위한 교육은 기울어가는 국운으로부터 벗어날 수 있는 유일한 탈출구로 보였다. 물론 메이지 정부 초기, "서양 따라잡기"의 과정에서 기독교가 인기를 누렸던 일본과는 성격이 전혀 달랐다. 한국에서 개척자로 활동한 선교사들도 일본의 경험을 통해 자신들의 선교 목적이 단순히 서구 문화를 소개하는 데 있지 않음을 분명히 자각하고 있었다. 어머니 메리 스크랜턴과 함께 개척 선교사로 내한하여 의료 활동을 펼쳤던 윌리엄 스크랜턴 William B. Scranton의 보고다.

"우리의 기쁨은 오로지 한국인을 보다 나은 한국인으로 만드는 것에 있다. 우리는 한국인이 한국적인 것에 대하여 자부심을 갖게 되기를 소망한다. 그리고 더 나아가 그리스도와 그리스도의 가르침을 통하여 온전한 한국인이 되기를 소망한다."(Gospel in All Lands, 1888년 8월 호, 47)

'더 나은 한국인'을 목적으로 삼은 선교사들의 교육 활동은 근대 국가를 지향한 한국 지식인들의 요구에도 부합했다. 이로 인해 정부가 개혁을 주도하지 못한 한국에서는 기독교를 통해 근대 문물을 접한 진보 지식인들이 대중 계몽 운동의 형태로 개혁을 주도하게 되었다. 자연스럽게 기독교의 영향력은 근대 사회로 가는 길목에서 상당히 중요한 요소로 작용할 수밖에 없었다.

진보 성향의 남성 지식인들이 여성 교육을 사회적 이슈로 공론화하기 시작한 것은 갑신정변 실패로 미국으로 망명했던 서재필이 돌아오면서다. 1896년 『독립신문』을 발행하고, 이를 통해 여성 교육의 필요성을 강하게 설파했다. 이 시기는 첫 여성 선교사로 내한한 메리 스크랜턴이 이화 학당을 설립하고 여성 교육을 시작한 지 10년이 흐른 시간이었다. 하지만 일본과 중국에서와 마찬가지로 메리 스크랜턴을 비롯한 미국 선교사들이 한국에서 여성 교육을 시작한 우선적 목적은 선교사 길모어 G. W. Gilmore가 증언하듯이 한국 여성들을 "모범적 주부로 만드는 동시에 그들의 친척과 동료들에게 기독교의 선교사가 되도록 인도하기 위함"이었다.

1938년, 미국 감리교 여성 해외 선교회가 한국 여성들을 위한 선교 반세기 역사를 정리하며 발행한 『빛의 오십년사 Fifty Years of Light』는 여성 교육의 궁극적 목적이 어디에 있었는지 분명히 밝혀준다. "선교회 여성들이 지난 50년간 해온 일은 한국 여성들을 좀 더 품위 있는 부인과 좀 더 수준 높은 어머니로 나아가도록 도운 것"이며 "가장 중요한 것은 기독교 가정을 세우는 일"이었다고 기록하고 있다. '이교도'로 사는 여성들을 먼저 기독교로 개종하게 하여 참된 기독교 가정을 이루게 하는 것,

그리고 이들을 교육하여 자신들의 가족을 신앙적으로 도덕적으로 잘 양육할 수 있도록 돕는 것, 이것이 미국 개신교가 여성 선교를 시작한 이유이며 여성 교육의 가장 중요한 목적이었다. 한마디로 선교사들의 여성 교육은 근대 교육을 통한 여성들의 자기 계발에 있었다기보다는 기독교 가정을 이루고 기독교적 여성관을 심고자 한 종교적 동기로 시작된 것이었다.

그럼에도 불구하고, 한국 여성들이 기독교를 전파하는 종교적 여성으로만 성장한 것은 아니다. 학교 교사로, 기숙 학교에서 학생들을 돌보는 사감으로, 의료 활동을 돕는 의사로, 간호사로, 간호 조력자로 활약할 수 있는 교육을 제공받았다.[195] 무엇보다 개신교 선교사들은 학생들에게, 여성들을 가정에 격리시켜 무지와 문맹 속에 살도록 한 유교적 가부장제의 관습에서 벗어날 것을 요구했다. 이러한 여성 교육의 토대가 한국에서 근대 초기 여성 리더십의 근간이 되었음은 물론이다.

박에스더, 하란사, 이경숙, 여메레 등이 대표적인 인물들이다. 박에스더는 여성 의료 선교사로 입국한 로제타 홀Dr. Rosetta S. Hall을 만나 미국에서 유학한 후 서양 의학을 공부한 한국인 첫 의사가 되었고, 메리 스크랜턴의 양녀가 된 이경숙은 이화 학당의 첫 한국인 교사가 되었다. 하란사는 가정부인으로서 스스로 이화 학당을 찾아 문을 두드린 인물이다. 오래 버티지 못할 것을 염려해 입학을 거절하자, 들고 있던 호롱불을 끄고 "우리가 캄캄하기를 이 등불 꺼진 것과 같으니 우리에게 학문의 밝은 빛을 비춰줄 수 없겠습니까?"라고 메리 스크랜턴을 직접 설득한 일화는 유명하다. 그는 이화 학당을 졸업하고 미국 유학까지 마친 후 다시 돌아와 모교에서 학생들을 가르쳤다. 특히 항일 운동에도 깊이 관여했다. 1919년, 미국 유학 중에 만난 의왕(의친왕)을 망명시켜 파리강화회의의 밀사로 파견하는 일을 비밀리에 추진하다 베이징에서 의문사 했다. 밀정에 의한 독살로 추정되었지만 끝내 진실은 밝혀지지 않았다. 여메례는 감리교가 첫 여성 병원으로 세운 보구여관에서 수간호사로 활동했다. 훗날에는 영왕(영친왕)의 모친인 엄비의 요청과 메리 스크랜턴의 추천으로 서울과 평양을 오가며 진명 여학교를 설립(1906)하여 왕실이 후원하는 근대 여성 교육 기관으로 발전시켰다.

이를 지켜본 남성 지식인들은 근대 학문을 통해 봉건적 가부장제를 마감하고 강력한 근대 국가로 나아가는 데 여성 교육이 얼마나 필요한지 확신하게 되었다. 이러한 확신은 한반도에서 일어난 청일 전쟁을 통해 근대화에 성공한 일본의 달라진 위상을 목격하면서 더욱 확고해졌다.

물론 한국도 처음부터 기독교 선교사들에게 호의적이었던 것은 아니다. 서구인에 대한 경계심과 의구심은 불안한 시국과 맞물려 쉽게 가라앉지 않았고, 남녀유별을 유독 강조하며 여성을 집 밖으로 내보내지 않는 오랜 관습으로 인해 초기 선교사들은 학생 모집에 큰 어려움을 겪을 수밖에 없었다. 결국 이들의 첫 학생들은 중국과 마찬가지로 고아 소녀나 가난한 소외 계층의 여성들이 주를 이루었다.

그러나 이러한 분위기는 1894년 청일 전쟁을 겪으면서 서서히 바뀌게 된다. 중국과 일본을 압도하는 서구의 힘과 이들의 보호를 받는 교회와 교인들을 보면서 기독교는 '위험한 종교'가 아닌 '힘을 가진 종교'라는 인식이 싹트게 되었다. 또한 서구의 근대 문물을 적극 흡수하여 신생 강국으로 급부상한 일본을 보면서 근대 교육의 필요성을 절감하게 된 부분도 크게 작용했다. 그리고 무엇보다 10여 년간 지속한 선교사들의 교육 활동이 대중 교육, 특히 여성들을 계몽하는 데 크게 도움이 될 뿐만 아니라 근대 사회로 나아가는 필수 코스임을 확신케 해주었다.

종교적 목적이 우선이었던 선교사들과 달리, 한국의 개혁 지식인들은 여성 교육을 강력한 주권 국가를 세우는 데 필수적인 요소로 인식했다.[196] 이들에게 교육은 대중들을 주권 국가의 근대 시민으로 계몽할 수 있는 가장 효과적인 수단이었다. 한국의 개혁세력들은, 나라가 주권상실의 위기에 처하게 된 것은 교육의 부재에서 온 무지가 근본원인이라고 믿었다. 특히 인구의 절반을 차지하며 가정에서 자녀들의 양육을 책임져야 하는 여성들의 교육 부재는 가장 우선적으로 해결해야 할 요인이었다.[197]

결국 청일 전쟁 이후, 일제에 의한 정부의 무력화로 정부가 변화를 이끌어갈 정치적 동력까지 완전히 상실하게 되자, 교육을 통한 대중 계몽 운동이 근대 사회로 나아갈 수 있는 유일한 창구로 떠올랐다. 이에 한국의 개혁 세력들은 선교 초기부터 여성을 포함한 대중들의 근대 교육에 기여한 개신교 선교사들과 기독교 학교에 관심을 돌리기 시작했다. 서구의 정치적 승리에 힘입어 전쟁 중에도 일제의 영향을 크게 받지 않았던 기독교는 대중 계몽 운동을 지속하여 주권 회복을 이룰 수 있는 유일한 공간으로 인식 되었다. 일제에 의한 한

식민퇴폐문화로 조선에 유곽을 세워 공창제를 이식한 일본(1904)

국 정부의 정치적 동력 상실이 개신교의 영향을 받은 개혁 성향의 남성 지식인들을 근대 개혁의 중심 세력으로 만들어 놓은 셈이다.

나라를 구하는 '민족의 어머니'

1905년 을사늑약과 1910년 한일 강제 병합으로 한국이 일제의 식민 통치 시대로 들어서면서 여성에 대한 기대와 역할도 달라졌다. 자녀를 교육하는 어머니로서뿐만 아니라 나라의 독립을 위해 헌신할 인재를 양성하는 교사로서의 역할로 확대되었다. 『가정잡지』4호(1906년 9월 호)에 실린 글이다.

> "자녀를 교육하는 것이 여인의 관계가 남자의 관계보다 더 크니 남자는 매양 생업에 종사함으로 그 자녀를 접할 때가 얼마 되지 못하고 여인은 자녀를 자기 몸으로 낳고 그 젖을 먹이며 자기 품과 손으로 기르며… 그 어머니의 거동과 언어가 좋으면 그 자녀들도 좋은 사람들이 될 것이요… 그 어머니가 학식이 있고 거동이 점잖고 언어가 바르고 의사가 슬기로우면 그 아래서 자라는 자녀들이 본받아 좋은 사람들이 될지라… 이렇게 차차하면 온 나라에 모두 좋은 사람이 생겨 그 나라가 잘 열릴지니 이럼으로 여자가 시집을 가매 가히 나라사람을 가르친다 함이라."(주시경, '일즉이 혼인하는 폐', 3-4)

모성적 책임감을 가지고 나라의 교육을 담당하는 '민족의 어머니'가 이상적 근대 여성관으로 자리 잡기 시작했다. 이러한 한국의 민족주의적 근대 여성관은 일본이나 중국에서와 마찬가지로 유교의 전통적 모성 이데올로기에 뿌리를 두었다. 차이가 있다면, 일본은 국가가 교육을 감당한 반면, 식민 정부의 통치 아래 있던 한국은 교육받은 여성들이 가정과 학교에서 민족 교육을 감당해야 했다. 이러한 차이는 일본에서 통용된 '양처현모'가 한국에서는 '현모양처'로 정착한 것에서도 드러난다. '천황'과 제국에 충성할 '신민'을 생산하는 것이 여성의 주된 역할이었던 일본에서는 자녀 교육을 위한 모성보다는 여성성이 강조되었지만,[198] 민족 독립을 위해 헌신할 인재 양성이 여성들에게 맡겨졌던 한국에서는 여성성보다는 자녀 교육을 위한 모성이 우선적인 가치로 요구되었다.[199]

한국에서 민족주의와 기독교의 융화는 한국 여성들에 대한 선교사들의 태도에도 변화를 가져왔다. 선교 초기에 선교사들이 '이교적'이고 '야만적'인 한국의 악습으로 꼽은 것은 여성들이 가정에 격리되어 침묵 속에 살아가고 있다는 것과 "이름 없는 존재"로 살고 있다는 것이었다. 따라서 여성이 개종을 하면, 세례식을 베풀고 성서에 등장하는 인물이나 미국 여성의 이름을 따 새로운 이름을 세례명으로 주었다. 이러한 예식은 한국 여성들에게 종교적 구원뿐만 아니라 오랜 억압과 무지로부터 자유를 얻은 "조선 여성의 해방"의 경험과 상징으로 이해되곤 했다.[200]

그러나 시간이 흐르면서 선교사들은 "아무런 연관도 없는 낯선 이름"보다는 한국 여성들의 "사랑스러운" 본래 이름을 찾아주는 흐름으로 바뀌기 시작했다. '복음'을 전하겠다는 불타는 사명감으로 찾아온 선교사들은 탐험과 탐구의 눈으로만 잠깐 훑고 지나간 여행가들과는 조금 달랐다. 짧지 않은 시간을 함께 생활하면서 동양을 단순히 문명화되지 않은 야만의 땅으로만 여겼던 생각도, 아시아 여성들을 가장 불행한 삶을 살아가는 사람들로만 바라보았던 시각도 조금씩 바뀌어갔다. 서울에 거주하며 남편의 선교 활동을 도운 한 선교사 부인의 보고다.

"한국의 소녀들이 결혼하기 전까지 지니고 있는 이름들은 매우 인상적이다. 예를 들면, 새 아기라는 뜻의 간난이, 상냥하다는 뜻의 순이, 반석이라는 뜻의 보이, 예쁘다는 뜻의 이쁜이, 축복이라는 뜻의 복덩이… 우리는 한국의 모든 소녀들이 집 안에서 불리는 사랑스러운 이름들을 가지고 있다는 것을 알게 되어 기쁘다. … 처음에 교인이 된 여성들은 세례를 받을 때 외국 이름이 주어졌지만, 지금 우리의 선교는 아무런 연관도 없는 낯선 이름보다는 그들에게 친숙하고 의미도 있는 이름들을 그대로 인정하는 것을 더 선호한다."[201]

처음에 선교사들은 한국 여성들이 이름 없이 사는 줄로 오해했다. 세례 예식을 행할 때 새로 태어났다는 의미로 새 이름을 준 이유다. 결혼하여 성인이 되면, 이름을 함부로 부르지 않는 한국의 독특한 예법을 미처 알지 못해 생겨난 일시적인 현상이었다. 한국의 예법으로는 성인이 된 여성의 이름을 함부로 부르는 것이 오히려 예의에 크게 어긋나는 일이었다. 성인으로 존중하지 않고 미성년

변화를 맞이한 한국 여성들의 풍속도

자로 취급한다는 의미로 받아들여졌기 때문이다. 가족과 문중이 우선시 되었던 유교 문화에서는 개개인이 독립적 주체로 인식되기보다는 혈연 공동체의 관계 속에서 존재가 규정되었다. 남성들의 경우도 크게 다르지 않았다. 개인이 아닌 가부장으로서 이름이 의미를 가졌고, 그나마도 양반 계층에서는 오늘날 닉네임에 해당하는 호를 지어 이름을 대신했다. 개인의 선택을 그 어떤 것보다 중요한 가치로 알고 자란 서양 선교사들에게는 쉽게 이해하기 어려운 문화였다. 하지만 차츰 시간이 지나면서 한국의 독특한 예절 문화를 알게 되었고, 그 이후부터 선교사들은 낯선 서양 이름을 새로 지어주기보다는 부모가 만들어 준 이름을 되찾아주는 방식을 선택했다.

이러한 변화는 여성교육의 내용에서도 발견된다. 한국사회가 일제 식민시대로 접어들면서 여성교육이 그 어느 때보다 중요해지자, 여성들에게 종교교육만이 아니라 고등교육을 강화했다. 민족의 미래를 위해 봉사할 수 있는 인재를 양성하고 이에 공헌할 수 있도록 돕기 위해서였다.[202] 메리 스크랜턴의 뒤를 이어 이화 학당 당장이 된 프레이Lulu E. Frey는 1909년, 학생들과 동료들의 반대를 무릅쓰고 교리 중심의 종교교육에서 벗어나 높은 수준의 고등 학문을 도입했다. 한국 여성들을 위한 고등 교육이 민족의 미래를 위해서 반드시 필요하다고 보았기 때문이다. 이는 여성들이 가정에서의 자녀 양육뿐만 아니라 국가의 생존과 안녕에 봉사할 수 있는 인재를 길러내는 일에 적극 헌신해야 한다는 한국 사회의 요구를 그대로 반영한 것이었다. 프레이의 보고다.

"민족의 미래가 여성에게 달려있다는 것이 사실이라면, 이들이 교육의 혜택을 충분히 누리도록 하는 일에 더 많은 시간과 돈을 써야 한다는 것은 확실하다."[203] (*Korean Mission Field* 1910년 7월호, 179)

종교 교육과 민족 교육을 구분하는 것은 한국인들을 사로잡은 독립에 대한 민족적 열망 때문에 거의 불가능했다. 이것이 가능하게 된 것은 1920년대에 일본 식민 정부가 사립학교령을 반포하여 한국의 교육을 제국주의적 통치 체제 아래 둔 이후였다. 민족의 암흑기였던 1910년 이후부터 1919년까지는 일제의 무력 통치로 인해 한국인들의 젠더 담론이 더 이상 표출되지 못했다. 대부분의 잡지와 신문들이 폐간되거나 식민 정부의 검열을 받았다.

개신교 선교사들은 교육을 통한 복음화와 문명화를 꿈꾸었지만, 이들의 선교 활동은 나라의 독립을 추구하는 한국의 민족주의와 민족 운동의 역량을 키우는 토대로 제공되었다. 식민 통치 아래서 고통받았던 한국인들에게 개인의 구원은 민족의 해방과 분리될 수 없는 개념이었다. 개신교 선교를 국가의 근대화에 활용한 일본이나 기독교를 제국주의 종교로 배척한 중국과 달리, 외세의 식민 지배에 저항하며 민족 독립을 꿈꾼 한국은 대중들의 사회적 역량을 키워 준 기독교를 디딤돌로 삼아 근대 사회로 진입했다. 기독교는 특히 오랜 세월을 가정에만 갇혀 사회로부터 고립된 채 지냈던 여성들에게 힘을 도모할 수 있는 사회적 기회와 채널이 되었다.

보이지 않는 손

한국의 여성들도 마냥 손 놓고 있지 않았다. 시대의 요구에 적극 대응하며 새롭게 주어진 기회를 여성들의 사회적 역량과 국가 공동체의 미래를 준비하는 데 최대한 활용했다. 일제 강점기에 전국 조직망을 갖춰 활동한 '송죽형제회(일명 송죽회)'가 단적인 예다.

송죽회의 탄생과 활동은 수면 아래서 움직여졌기에 증언으로만 전해진다. 밤 12시 모두가 깊이 잠든 시각, 평양 숭의 여학교 기숙사 지하실에 마련된 비밀 장소로 소녀들이 한 명 한 명 모여들기 시작했다. 이들은 태극기를 펼쳐놓고 뜨거운 눈물로 조용히 기도하더니 자신들의 결의를 맹세하는 뜻으로 각자 품고 온 자기 사진을 준비된 명부에 차례로 붙이기 시작했다. 그 밑에는 이름 대신 평소에 쓰지 않는 암호를 적어 넣었다. 입회식이 끝나고 드디어 첫 회의가 시작되었다. 처음부터 이 모임을 기획하고 깊이 관여했던 인물 중 하나인 황애덕의 증언이다.

"우리로서 가장 중요하게 생각한 것이 군자금을 모아야 된다는 견해에서 우선 우리는 각자 회비를 거출할 것과 또는 각자 자기의 모든 지혜와 수단 방법을 생각해서 자유로이 모금할 것을 결의하고, 또 그다음으로는 동지들이 13도 각처로 흩어져서 각각 그곳에서 활동하여 다수 동지를 얻도록 할 것이다. 이렇게 해서 우리 동지들은 한일합병 10년 되는 1919년 3월 1일 독립만세운동에 각처에서 선도자가 되었던 것이다. 이로 인하여 우리 동지들은 전국 도처에서 체포되어 악랄한 일제 총칼 밑에 순국한 사람, 감옥생활에서 꽃다운 청춘을 희생한 사람, 해외 각처로 망명한 동지 이루 다 헤아릴 수 없었다."('황무지를 헤치며', 『신여원』, 1972년 5월)

송죽회는 1919년 3월 1일, 전국으로 연결된 네트워크를 가동하며 보이지 않게 만세 운동을 이끌었던 여성 비밀 결사 단체였다. 한일 강제 병합에 분노를 삼키며, 평양 숭의 여학교 졸업생들과 재학생들이 함께 모여 조직했다. 숭의 여학교는 1905년부터 감리교와 장로교가 연합으로 운영한 학교다. 이화 학당을 졸업하고 교사로 돌아온 황애덕, 선배인 김경희, 졸업생으로 가정부인이 된 안정석이 먼저 뜻을 모으고 이효덕, 박현숙 등 비밀리에 후배들을 모아 1913년, 첫 모임을 가졌다. 송죽회는 졸업생들이 중심이 된 '송' 회원과 나이 어린 재학생들의 '죽' 회원으로 나누어 점 조직으로 활동했다. 발각되었을 때 희생을 줄이기 위한 나름의 조처였다. 이들은 여자상회라는 소비 단체를 조직한다는 명분을 내세워 뜨개질, 자수, 삯바느질, 심지어는 시장에 나가 떡장수를 하기도 했는데, 이는 회비를 모아 가장 급선무였던 독립운동 군자금을 마련하기 위함이었다. 이들의 뜻을 헤아린 여유 있는 가정에서는 물건을 사준다는 명목으로 큰돈을 만들어 힘을 보탰다.

1916년부터는 졸업생들이 고향으로 내려가거나 전국 각지의 지방 학교 교사로 흩어져 본격적으로 전국 조직망을 구축했다. 우선 총명하고 애국적 신념이 강하며 어떤 상황에서도 비밀을 지켜낼 수 있는 학생들을 선별했다. 그리고 다양한 명분으로 정기적인 모임을 꾸리고 민족의식을 공유하는 방식으로 조직을 키워나갔다. 박현숙은 전주 기전 여학교로 내려가 임영신 등을 중심으로 전주 조직을 만들었다. 같은 방식으로 평양은 황신덕, 황주는 채광덕, 목포는 최자혜, 사리원은 박경애, 강서는 이마대, 부산과 제주는 서매물, 해주는 정애경 등이 맡았다. 해외로 유학을 떠나는 회원들 또한 해외에서 동지들을 규합해 나갔다. 목숨을 내놓고 해야 하는 일이었지만 회원들은 오히려 늘어나 군자금으로 보내지는 회비도 증가했다는 것이 이들의 증언이다.

비밀리에 10여 년 가까이 활동해 온 송죽회가 빛을 발한 것은 1919년이다. 김경희에 이어 2대 회장으로 활동한 황애덕은 그해 2월 동경에 있었다. 동경 유학생으로 정신 여학교 졸업생인 김마리아를 만나 동지가 되었고, 그와 함께 2·8 독립 선언에 참여했다가 연행되기도 했다. 다행히 바로 풀려난 황애덕은 극비리에 국내와 연락이 되자, 일본 여인으로 변복하고 조선으로 잠입했다. 3·1 운동 거사를 준비하는 동시에 파리강화회의에 여성 대표를 파견하는 일을 추진하며 그 경비를 마련하기 위함이었다. 제1차 세계대전의 종결과 함께 미국 윌슨 대통령의 민족 자결주의 선언이 새로운 희망의 불씨가 되고 있었다. 국내에서는 이화 학당의 교사로 황애덕을 가르쳤던 하란사가 '이문회' 등 학생 조직을 꾸려 활동하는 동시에 고종 황제와 연결되어 파리강화회의 밀사 파견과

시청광장을 가득 메운 3·1운동(1919)

의왕 망명을 돕고 있었다. 3·1 운동 당시 서울에서는 이화 학당의 박인덕, 신준려, 김독실 등 한국인 교사들과 하복순, 신진심, 윤성덕, 김함라, 유관순 등 학생들이 만세 운동을 주도했다. 이후 이들은 각자 고향으로 돌아가 지방에서 만세 시위를 주도했다. 유관순도 그중 한 사람이었다. 전국에 포진한 송죽회 회원들 또한 각 지역마다 연락을 취하며 거사 준비에 적극 참여했다.

3·1 만세 시위가 일본에 의해 무력으로 진압되면서 송죽회의 타격도 엄청났다. 전국의 회원들이 대거 체포되어 고초를 당했고, 변장을 하고 비밀리에 거사 자금을 마련하고 다니던 황애덕도 결국 구속되었다. 그러나 이들의 역량은 평양과 서울에서 교회 여성들로 조직된 애국 부인회의 탄생으로 이어졌다. 평양에서는 의료 선교사인 로제타 홀Rosetta S. Hall을 도와 기홀병원(홀 기념 병원)에서 전도 부인으로 일한 황애덕의 어머니 홍유례, 윤심덕의 어머니, 평양 남산현교회 전도 부인 김세지 등이 애국 부인회를 발족했다. 젊은 교사들과 학생들이 학교를 중심으로 활동하는 동안, 교회에서는 전도 부인들이 주축이 되어 모임을 주도했다. 가정부인들을 모아 기도회를 조직하고 서로 연락을 주고받으며 정보를 공유했다. 수를 놓고 뜨개질을 하여 유학생들에게 장학금을 보내거나 비밀리에 독립운동가들을 지원했다. 이렇듯 일제의 철통 감시를 받으면서도 3·1 운동이 전국에서 동시다발적으로 일어날 수 있었던 것은 '민족의 어머니'가 되기를 자처한 여성들의 보이지 않는 손들이 끊임없이 움직였기에 가능했다.

몇 년 전 신경숙 작가의 『엄마를 부탁해』가 미국판으로 출간되면서 세간의 주목을 받은 적이 있다. 표절 논란이 있기 전이다. 세계로 나아가는 문턱을 유난히도 높게 경험해왔던 한국 문학을 생각할 때 참으로 축하할 일이었다. 국내 언론들은 한국의 '엄마 이야기'가 인류의 보편성과 맞닿아 있다며, '한류'에 이은 문화 콘텐츠의 글로벌화가 시작되었다고 앞을 다투어 핑크빛 전망을 내놓았다. 물론 국내 분위기와는 달리 우려의 목소리도 함께 전해졌다. 미국의 한 영문학 교수가 이 작품에 대하여 "문학계의 큰 독자층인 여성들에게 큰 인기는 끌겠지만 반도시적, 반현대적, 반여성주의적 메시지가 담긴 싸구려 소설"이라고 혹평했다는 기사를 읽었다. 한 작품에 대한 다양한 평가는 지극히 자연스러운 일이다. 그러나 놓치지 말아야 할 질문도 항상 존재하기 마련이다. 많은 이들의 공감을 불러일으키는 어머니에 대한 섬세한 통찰 속에서 발견되는 "반여성주의적 메시지"란 도대체 무엇일까?

"엄마"라는 이름만큼 세대와 공간, 성의 차이를 넘어 사람들에게 공감과 감동을 불러일으키는 단어도 없을 것이다. 그럼에도 불구하고 어머니에 대한 회상이 자칫 모성 예찬으로 이어져 가부장적 이데올로기의 향수를 불러오지 않을까 미리 경계하는 시각도 없지 않은 듯하다. 최근까지도 근대 페미니즘의 역사를 가부장제에 대한 저항 담론으로 인식해왔던 서구의 논의를 고려할 때, 이러한 우려는 어쩌면 자연스러운 것인지도 모른다.

다만 주디스 버틀러Judith Butler는 가부장제에 대한 서구적 견해가 다양한 양태의 억압을 경험하는 비서구 세계 여성들의 역사적 주체성을 설명하는 보편 원리가 되어서는 안 된다고 지적한다. 서구적 경험에 근거하여 여성과 가부장제를 설명하고 보편적 개념으로 이론화하는 것은 비서구 문화를 또다시 식민화하는 것이기 때문이다. 실제로 서구 여성들과 달리, 아시아 여성들은 남성 중심의 가부장적 사회 질서뿐만 아니라 근대 사회로 진입하는 과정에서 서구 제국주의에서 비롯된 다양한 양태의 식민주의적 문화를 경험해왔다. 한국도 예외는 아니다. 19세기 말과 20세기 초의 한국은 일제 강점기라는 혹독한 시간을 헤쳐 나오며 미국이 주도한 개신교 선교의 영향을 가장 강하게 받았던 나라 중 하나였다. 한마디로 이중적 식민화를 경험했다는 의미다. 이 과정에서 '민족의 어머니'로 표상되었던 '모성'은 대중적 지지 기반을 확보하고 공격의 빌미를 최소화하여 연대의 전선을 넓히는 데 가장 효과적인 전략이 되었음을 부인할 수 없다.

닫는 말

'나 홀로' 역사는 없다

역사는 기록으로 말하고 기억으로 의미를 얻는다. 기록과 기억의 장치를 통해 지나간 시간들을 현재로 소환하고 되살려낸다. 그래서 역사는 부활의 연속이며, 역사에서 부활은 산자의 기억을 통해 이루어진다. 부활이라는 단어가 생물학적 개념보다는 역사적 개념으로 통용되는 이유다. "얼마나 많이 알고 있느냐"보다 "지금 누가 읽느냐"가 더 중요한 문제로 떠오르는 이유이기도 하다. 역사는 소환하는 사람이 주인이고 읽는 사람이 주인공이다. 누가 무엇을 소환하느냐에 따라 역사는 다른 얼굴들을 보여준다. 역사에는 과거만 있는 것이 아니라 현재와 미래도 함께 담겨 있다. '오래된 미래'라고나 할까.

최근 기독교를 안타깝게 바라보는 시선들이 적지 않음을 알고 있다. 역사는 근본을 살피는 학문이다. 뿌리가 살아있고 튼튼하면 무성했던 잎들이 모두 땅에 떨어지고 탐스럽던 열매가 눈앞에서 사라져도 겨울이 지나면 다시 싹을 틔운다. 다채로운 시선으로 묻혀 진 역사를 새롭게 소환할 미래 주인공들을 오늘도 여전히 기다리는 이유다.

이 책은 2012년부터 2013년 초반까지 월간 〈기독교사상〉에 12회에 걸쳐 연재한 원고를 기초로 하고 있다. 마지막 추가된 '4부 동아시아 편'은 박사학위논문과 이후에 쓴 연구논문들 중 일부를 풀어낸 글이다. 이 책에서는 동아시아 여성운동의 서막까지만 다룬다. 우리 역사의 본론이 될 후속 부분은 좀 더 정교한 시선이 필요해 별도의 책으로 계획하고 있다.

기독교 2000년 역사를 책 한권에 오롯이 담아낸다는 것은 어려운 일이다. 아니 거의 불가능에 가까운 일인지도 모른다. 이 책은 불가능에 도전한 책이 아니다. 마치 정상에 서 있는 듯 모든 것이 명쾌하고 한 눈에 들어오는 그런 새로운 차원의 책도 아니다. 다른 시선으로 세상을 보고 새로운 길과 새로운 풍경을 기대하며 이제 막 산을 오르려는 이들 손에 쥐어주고 싶은 작은 지도쯤 생각하며 쓴 책이다. 지금 막다른 길목에서 다른 길을 찾고자 하는 이들이 있다면, 좋은 선물이 될 것이다. 하지만 책 한권으로 모든 것을 얻고자 기대한다면, 실망스러울 수도 있다.

이러한 시도도 강의실에서 만난 학생들이 없었다면 욕심내기 어려웠을 것이다. 때로는 흥미롭고 때로는 바짝 긴장시키는 질문들로 한 번 더 확인하고 한 번 더 고민하게 만든 학생들이 이 책의 공동저자다.

연구자에게 학생은 영감의 원천이며 또 다른 스승이다. 2010년 박사학위를 마치고 가을학기에 처음 감리교신학대학교에서 "교회사 속의 여성들"이라는 타이틀의 강의를 맡았다. 2년마다 개설될 신설과목이었다. 세련된 타이틀은 아니었지만 미국 유학 중에 지속적으로 관심을 갖고 공부해온 주제였고 필요한 강의라는 생각에 선뜻 수락을 했다. 하지만 첫 걸음부터 벽에 부딪쳤다. 수업에 사용할 적절한 교재가 보이지 않았다. 학부 학생들을 위한 수업에 영문 자료를 많이 활용하기도 어려웠다. 그나마 다행히 고대역사를 전공한 연구자들이 고대 문헌들을 일부 번역하여 소개한 『여성과 초대 기독교』(2002)가 있어 시작은 할 수 있었다. 이 책은 지금도 연구자들에게 고마움을 전하고 싶을 만큼 주옥같다. 미국에서 모은 자료들에 의존하면서 한 학기를 어렵게 마쳤다. 학생들은 자료부재의 어려움을 아는지 모르는지 아랑곳하지 않고 처음 듣는다는 듯 눈을 반짝이며 흥미를 가지고 잘 따라와 주었다. 월간 〈기독교사상〉에 연재할 수 있었던 것도 함께 수업에 참여한 학생들의 배움에 대한 열정과 진지한 질문들이 있었기에 가능했다.

이화여대에서 개설한 "이단의 역사" 수업의 학생들도 이 책의 주요 공동저자다. 도시 곳곳에서 어렵지 않게 부딪히는 유사종교랄지 사이비종교랄지 이름 붙이기도 애매한 이들과의 불편한 대면이 동기가 되어 수강한 학생들이 적지 않았다. 하지만 이는 한국이라는 토양에서 발생된 독특한 현상으로써 근대 초기까지 기독교 전 역사에 걸쳐 일어난 이단논쟁과는 구분되어야 함을 알고 나서는 "무엇이 이단이냐"보다 "누가 이단을 말하느냐"에 더 큰 관심을 가졌다. '정통'이라는 이름에 쫓겨 외면당했던 '교회 밖의 기독교'를 역사의 법정에 다시 소환하여 학생들과 함께 새롭게 들여다볼 수 있었던 시간이었다.

기독교 전 역사에서 여성의 역사와 이단논쟁의 역사는 분리가 불가능할 만큼 그 역사적 궤를 같이 한다는 것을 확인한 학생들은 놀라움을 금치 못했다. 특히 기독교 초기에 이단으로 정죄된 영지주의에 대한 논의와 토론은 묻혀 진 역사에 대한 궁금증에 불을 붙였다. 텍스트를 처음 받아 읽은 〈막달라 마리아 복음〉은 백미 중의 백미였다. 강의에서 충분히 풀어내지 못했거나 명쾌한 설명이 더 필요한 지점들을 찾아내 수업이 끝난 이후에도 질문을 이어갔다. 특별할 것도 없는 대답에 눈물을 보이는 학생까지 있었다. '정통'이 만들어낸 폭력적 프레임이 과거만이 아니라 현재를 살아가는 오늘 우리들까지 강하게 짓눌러 왔음을 확인하는 순간이었다. 교회와 사회의 온도차가 너무나 커 경계에 서서 어쩔 줄 몰라하는 학생들의 실존적 고민이 깊이 다가왔다.

역사 수업에서 가르치지 않는 여성들의 역사를 알고자 하는 수요는 대학에서 만난 학생들로 그치지 않는다. 기독교 여성운동을 하는 활동가는 물론이고, 교회의 다수를 차지하는 여성들, 이들과 늘 마주하는 남성 목회자들도 큰 관심을 보이기는 마찬가지다. 어쩌다 마주하는 짧은 강의가 아쉬웠는지 시간을 가지고 차분히 읽을 수 있는 책을 추천해달라는 요구도 적지 않았다. 특히 최근 젠더에 대한 논의가 한국사회의 또 다른 논란과 논쟁을 불러일으키고 심지어는 혐오의 언어가 난무하고 여기저기 감춰진 일상 속의 폭력이 하나 둘 드러나는 상황에서도 마치 중세를 살 듯 여전히 '침묵의 성'을 지키고 있는 유일한 곳이 교회이기에, 이를 안타깝게 바라보며 답답한 심정을 토로하는 이들이 많았다. 아는 것보다 알아가야 할 것이 더 많은 상황에서 '무모한 도전'임을 알면서도 이 책을 내게 된 이유다.

"하나만 아는 것은 하나도 모르는 것과 같다." 강의실에서 만나는 학생들에게 늘 강조하는 말이다. 누군가 만들어 놓은 단일한 프레임과 협소한 시각에 갇히지 않기를 바라는 간절한 마음에서다. 누군가 씌워놓은 색안경을 벗고 스스로 시야를 넓혀 세상을 널리 보기를 바라는 마음 간절하다. 이에 도움을 줄 책이 필요해 다양한 시선을 만날 수 있는 역사책을 구상하게 되었다. 강의를 처음 시작한 순간부터 학생들에게 다 암기하지도 못할 수많은 사실들과 지식들을 안겨주고 싶은 생각은 추호도 없었다. 그저 환히 웃는 얼굴의 작은 보조개만큼이라도 깊이를 더해주고 싶었을 뿐이다. 그 조차도 욕심임을 깨닫는 데는 그리 오래 걸리지 않았다. 역사를 공부하면 할수록 어떤 자신감보다는 그 무게감이 커져 더욱 신중하게 되는 이유인 것 같기도 하다. 늘 스스로에게 말하곤 한다. '공감 없는 지식은 사람을 오만하게 만들 뿐이다.'

『대지』의 저자 펄벅의 가치를 뒤늦게 알아보고 사랑해마지 않았던 중국의 문학가 안치민이 『펄벅을 좋아하나요?』라는 작품을 세상에 내놓으면서 남긴 말이다.

> "그가 내게 가르쳐준 가장 커다란 교훈은 사물이나 우주에 존재하는 감정에 대한 유일한 관점이란 존재하지 않으며 진실을 이해하는 방식은 다양하다는 것이었다."

주

1. 이 작품은 2006년 영화로도 만들어졌다.
2. 일레인 페이절스(하연희 옮김), 『숨겨진 복음서 영지주의』(루비박스, 2008), 23-37쪽.
3. 스티븐 횔러(이재길 옮김), 『이것이 영지주의다: 기독교가 숨긴 얼굴, 영지주의의 세계와 역사』(샨티, 2006), 18-19쪽.
4. 일레인 페이절스, 『숨겨진 복음서 영지주의』, 20쪽.
5. 카렌 암스트롱(오강남 감수/ 정준형 옮김), 『신을 위한 변론: 우리가 잃어버린 종교의 참의미를 찾아서』(웅진지식하우스, 2010), 108쪽.
6. 김호동, 『동방기독교와 동서문명』(까치, 2009), 15-36쪽.
7. Rebecca Lyman, *Early Christian Traditions*(Cambridge and Boston, Mass.: Cowley Publications, 1999), 37-53쪽.
8. 스티븐 횔러, 『이것이 영지주의다』, 20쪽.
9. Rebecca Lyman, *Early Christian Traditions*, 54-61.
10. 송혜경, 『영지주의: 그 민낯과의 만남』(한님성서연구소, 2014), 101-104쪽.
11. R. M. Wilson/ G. W. MacRae (eds.), "The Gospel according to Mary," *The Coptic Gnostic Library* Vol. 3(Leiden, 2000), 456-471.
12. 송혜경, 『영지주의자들의 성서』(한님성서연구소, 2014), 314쪽.
13. 장 이브 를루, 『막달라 마리아 복음서』(루비박스, 2006), 17-20쪽.
14. 예수께서 누군가를 지극히 아낄 때 자신과 동일시하는 표현을 쓰곤 했음을 성서에서 확인할 수 있다. 대표적으로 〈마태복음〉 25장에도 등장한다. "형제자매 가운데 지극히 보잘 것 없는 사람 하나에게 한 것이 곧 내게 한 것이라."(40절)
15. 박원일, 『마가복음 정치적으로 읽기』(한국기독교연구소, 2016), 68-69쪽.
16. 차용구, 『중세유럽 여성의 발견: 이브의 딸 성녀가 되다』(한길사, 2011), 47-48쪽.
17. Mary T. Malone, *Women and Christianity: The First Thousand Years* (Orbis Books, 2001), 128-133.
18. 김호동, 『동방기독교와 동서문명』(까치, 2009), 89-154쪽.
19. 안셀름 그륀(윤선아 옮김), 『내 마음의 거울 마리아』(분도출판사, 2011), 55-66쪽.
20. Margaret R. Miles, *The Word Made Flesh: A History of Christian Thought* (Malden: Blackwell, 2005), 154-158.
21. 안셀름 그륀, 『내 마음의 거울 마리아』, 76-79쪽.
22. 안셀름 그륀, 『내 마음의 거울 마리아』, 109-121쪽.
23. 틸만 뢰리히(서유리 옮김), 『카라바조의 비밀』(레드박스, 2011), 630쪽.
24. 틸만 뢰리히, 『카라바조의 비밀』, 729-732쪽.

25. 서원모·방성규·이정숙·서현선 편역, 『여성과 초대 기독교』(크리스챤다이제스트, 2002), 39-57쪽.
26. Elisabeth S. Fiorenza, *In Memory of Her: A Feminist Theological Reconstruction of Christian Origins*(Crossroad, 1998), 300-301.
27. Margaret R. Miles, *The Word Made Flesh: A History of Christian Thought*(Blackwell, 2005), 18-22.
28. Herbert Musurillo, Trans., *The Acts of the Christian Martyrs*(Oxford University Press, 1972), 282-293.
29. Peter Brown, *The Body and Society: Men, Women, and Sexual Renunciation in Early Christianity* (Columbia University Press, 1988), 73-82.
30. Rosemary Rader, "Account of Her Martyrdom," *A Lost Tradition*, ed., Patricia Wilson-Kastner (University Press of America, 1981), 1-3.
31. Peter Brown, *The Body and Society*, 156-159.
32. Simon Price, *Rituals and Power: The Imperial Cult in Asia Minor*(Cambridge University Press, 1984), 248.
33. Denial N. Schowalter, "Churches in Context: The Jesus Movement in the Roman World," *The Oxford History of the Biblical World*, ed., Michael D. Coogan(Oxford University Press, 1998), 517.
34. Susan Brooks Thistlethwaite, "You may enjoy the spoil of your enemies: Rape as a Biblical Metaphor for War." *Semeia 61: Women, War, and Metaphor*. Ed. Claudia V. Camp and Carole R. Fontaine,(The Society of Biblical Literature, 1993), 72.
35. Margaret R. Miles, *The Word Made Flesh: A History of Christian Thought*, 22-47.
36. Rebecca Lyman, *Early Christian Traditions*, 62-85.
37. 『여성과 초대 기독교』, 196-208쪽.
38. 『여성과 초대 기독교』, 192-193쪽.
39. Susanna Elm, *'Virgins of God': The Making of Asceticism in Late Antiquity*(New York: Oxford University Press, 1996), 25-59.
40. 『여성과 초대 기독교』, 224-228쪽.
41. 『여성과 초대 기독교』, 115-127쪽.
42. 『여성과 초대 기독교』, 253-282쪽.
43. Susanna Elm, *'Virgins of God'*, 82-83.
44. Susanna Elm, *'Virgins of God'*, 86-88.

45. Augustine of Hippo, *City of God*(Book 19); Gregory of Nyssa, *Homilies on Ecclesiastes* (IV).
46. 『여성과 초대 기독교』, 209-211쪽.
47. Margaret R. Miles, *The Word Made Flesh*, 154쪽.
48. 『여성과 초대 기독교』, 212-216쪽.
49. 거다 러너(김인성 옮김), 『역사 속의 페미니스트: 중세에서 1870년까지』(평민사, 2007), 42쪽.
50. Margaret R. Miles, *The Word Made Flesh*, 111-112.
51. Cyril Mango, ed., *The Oxford History of Byzantium* (Oxford University Press, 2002), 1-3.
52. Margaret R. Miles, *The Word Made Flesh*, 124-126.
53. Peter Sarris, "The Eastern Empire from Constantine to Heraclius(306-641)," *The Oxford History of Byzantium*, 42-51.
54. Patricia Karlin-Hayter, "Iconoclasm," *The Oxford History of Byzantium*, 153-162.
55. Margaret R. Miles, *The Word Made Flesh*, 120.
56. Margaret R. Miles, *The Word Made Flesh*, 122-123.
57. Scivias는 라틴어 Scitio vias domini의 줄임말로 "주의 길을 알라"는 뜻이다.
58. 거다 러너, 『역사 속의 페미니스트』, 85쪽.
59. 이케가미 순이치(김성기 옮김), 『마녀와 성녀』(창해, 2005), 85-86쪽.
60. 정미현, 『또 하나의 여성신학 이야기』(한들출판사, 2007), 28-29쪽.
61. Margaret R. Miles, *The Word Made Flesh*, 189-190.
62. 거다 러너, 『역사 속의 페미니스트』, 94-95쪽.
63. 숀 맥도나휴(황종렬 옮김), 『땅의 신학: 새로운 신학에의 부름』(분도출판사, 1993), 226쪽.
64. 정미현, 『또 하나의 여성신학 이야기』, 34-35쪽.
65. Julian of Norwich, "Revelations of Divine Love," in Karen Armstrong, *Visions of God: four medieval mystics and their writings* (New York: Bantam Books, 1994), 213.
66. Margaret R. Miles, *The Word Made Flesh*, 133.
67. Ross Shepard Kraemer, *Her Share of the Blessings: Women's Religions Among Pagans, Jews, and Chrisitians in the Greco-Roman World*(New York: Oxford University Press, 1992), 50-70.
68. 거다 러너(김인성 옮김), 『역사 속의 페미니스트: 중세에서 1870년까지』(평민사, 2007), 180쪽.
69. Michael P. Carroll, *The Cult of the Virgin Mary: Psychological Origins*(New Jersey, Princeton University Press, 1992), 10-16.
70. Margaret R. Miles, *The Word Made Flesh*, 132.
71. Margaret Miles, *The Word Made Flesh*, 154.

72. Margaret Miles, *The Word Made Flesh*, 158.
73. 차용구, 『중세 유럽 여성의 발견』, 94-95.
74. Margaret Miles, *The Word Made Flesh*, 174.
75. Margaret Miles, *The Word Made Flesh*, 218.
76. 차용구, 『중세 유럽 여성의 발견』, 91-125쪽.
77. 차용구, 『중세 유럽 여성의 발견』, 112쪽.
78. 양태자, 『중세의 잔혹사 마녀사냥: 신의 심판인가 광기의 학살인가? 마녀사냥의 허구와 진실』(이랑, 2015), 70쪽.
79. 제프리 버튼 러셀(김은주 옮김), 『마녀의 문화사』(르네상스, 2012), 140-142쪽.
80. 아스타 샤이프(이미선 옮김), 『불순종의 아이들』(솔, 2011).
81. 키르시 스티예르나(박경수, 김영란 옮김), 『여성과 종교개혁』(대한기독교서회, 2013), 105-106쪽.
82. 정미현, 『또 하나의 여성신학 이야기』, 173-174쪽.
83. 정미현, 『또 하나의 여성신학 이야기』, 165쪽.
84. 키르시 스티예르나, 『여성과 종교개혁』, 218-263쪽.
85. 키르시 스티예르나, 『여성과 종교개혁』, 266-267쪽.
86. Charmarie Jenkins Blaisdell, "Religion, Gender, and Class: Nuns and Authority in Early Modern France," *Changing Identities in Early Modern France*, ed., Michael Wolfe,(Durham, NC: Duke University Press, 1999), 154.
87. 키르시 스티예르나, 『여성과 종교개혁』, 287쪽.
88. 정미현, 『또 하나의 여성신학 이야기』, 161쪽.
89. 키르시 스티예르나, 『여성과 종교개혁』, 286쪽.
90. 오랫동안 '반종교개혁'으로 불렸다. 지금은 프로테스탄트 종교개혁과 구분하여 '가톨릭 종교개혁'으로 불린다.
91. Margaret Miles, *The Word Made Flesh*, 332-333.
92. 제프리 버튼 러셀, 『마녀의 문화사』, 124쪽.
93. Margaret Miles, *The Word Made Flesh*, 296.
94. 제프리 버튼 러셀, 『마녀의 문화사』, 120쪽.
95. Margaret Miles, *The Word Made Flesh*, 298.
96. 크리스틴 드 피장(최애리 옮김), 『여성들의 도시』(아카넷, 2012), 54-57쪽.
97. 거다 러너, 『역사 속의 페미니스트』, 210쪽.
98. 차용구, 『중세유럽 여성의 발견』, 177-188쪽.

99. 한스 큉(이종한·오선자 옮김), 『그리스도교 여성사』(분도출판사, 2011), 74-79쪽.
100. 크리스틴 드 피장, 『여성들의 도시』, 449-450쪽.
101. 크리스틴 드 피장, 『여성들의 도시』, 120쪽.
102. 키르시 스티예르나, 『여성과 종교개혁』, 267-268쪽.
103. 정미현, 『또 하나의 여성신학 이야기』, 175-176쪽.
104. 정미현, 『또 하나의 여성신학 이야기』, 178쪽.
105. 거다 러너, 『역사 속의 페미니스트』, 189쪽.
106. 거다 러너, 『역사 속의 페미니스트』, 198쪽.
107. Margaret R. Miles, *The Word Made Flesh*, 325.
108. 박찬종, 『새로운 공동체를 향한 운동: 공산주의 선언』, (아이세움, 2009), 53쪽.
109. 한정숙, "메리 울스턴크래프트, 「여성의 권리 옹호」: 근대 페미니즘의 출발." 『여성주의 고전을 읽는다: 계몽주의에서 포스트모더니즘까지, 두 세기의 사상적 여정』(한길사, 2012), 51쪽.
110. 메리 울스턴크래프트 (손영미 옮김), 『여성의 권리 옹호』(한길사, 2008), 29쪽.
111. 메리 울스턴크래프트, 『여성의 권리 옹호』, 238쪽.
112. 메리 울스턴크래프트, 『여성의 권리 옹호』, 150쪽.
113. 한정숙, "메리 울스턴크래프트, 「여성의 권리 옹호」: 근대 페미니즘의 출발." 64-65쪽.
114. Janet Todd, *Mary Wollstonecraft: A Revolutionary Life*(New York: Columbia University Press, 2000), 5.
115. 메리 울스턴크래프트, 『여성의 권리 옹호』, 166-178쪽.
116. 장 자크 루소, 『에밀』, 328쪽. 여기서는 메리 울스턴크래프트가 『여성의 권리 옹호』(손영미 옮김)에서 인용한 루소의 글을 그대로 옮긴다.
117. 장 자크 루소, 『에밀』, 358쪽.
118. 메리 울스턴크래프트, 『여성의 권리 옹호』, 105-106쪽
119. 메리 울스턴크래프트, 『여성의 권리 옹호』, 145쪽
120. "On Visiting the Sick," III. 7, 8. *The Bicentennial Edition of the Works of John Wesley*, vol. iii, 396
121. *The Bicentennial Edition of the Works of John Wesley*, vol. xxi, 301
122. Rebecca L. Harmon, *Susanna: Mother of the Wesleys* (Nashville: Abingdon Press, 1986), 56
123. Rebecca L. Harmon, *Susanna: Mother of the Wesleys*, 160
124. 오광석, "존 웨슬리와 초기 감리교 여성설교직의 발전," 〈신학사상〉(2011. 봄)
125. Lestlie F. Church, *The Early Methodist People*(London: Epworth Press, 1948), 13
126. 한정숙, "사회주의 혁명에서 여성해방을 꿈꾸다: 알렉산드라 콜론타이, 『여성문제의 사회적

기초」 외, "『여성주의 고전을 읽는다』, 231−232쪽.
127. 배은경, "여성과 여성성에 대한 실존주의적 성찰: 시몬 드 보부아르, 『제2의 성』," 『여성주의 고전을 읽는다』, 283−286쪽.
128. 1740년대 1차 각성 운동이 시작되었고, 2차 각성운동은 1820−30년대 미국을 휩쓸기 시작했다. 특히 2차 각성운동은 미국의 영토 확장으로 인한 인구증가와 밀접히 연관되어 있다.
129. Susan Hill Lindley, *"You Have Stept Out of Your Place": A History of Women and Religion in America*(Louisville: Westminster John Knox Press, 1996), 39−41.
130. Margaret Miles, *The Word Made Flesh*, 369−370.
131. 1740년대 1차 대각성 운동을 이끈 인물 중 한 사람이다. 대표적인 칼뱅주의자로 "성난 신의 손안에 있는 죄인"(Sinners in the Hands of an Angry God)가 가장 유명한 설교로 꼽힌다. 청교도 신학의 정수를 담은 교과서로 평가받는다.
132. 모리모토 안리(강혜정 옮김), 『반지성주의: 미국이 낳은 열병의 정체』(세종서적, 2017), 198−199쪽.
133. Susan Hill Lindley, *"You Have Stept Out of Your Place"*, 118−120.
134. Susan Hill Lindley, *"You Have Stept Out of Your Place"*, 122−124.
135. Susan Hill Lindley, *"You Have Stept Out of Your Place"*, 142.
136. 거다 러너, 『역사 속의 페미니스트』, 238쪽.
137. 한정숙, "냉전기 미국의 중산층 여성주의: 베티 프리단, 『여성성 신화』," 『여성주의 고전을 읽는다』, 326쪽.
138. 박정희, 『닥터 로제타 홀』(다산호당, 2015), 110−116쪽.
139. Susan Hill Lindley, *"You Have Stept Out of Your Place"*, 128−134.
140. Francis Willard, *"Do Everything" Reform: The Oratory of Francis E. Willard*, ed., Richard W. Leeman. (Westport: Greenwood Press, 1992), 159.
141. 거다 러너, 『역사 속의 페미니스트』, 158쪽.
142. Sojourner Truth, *Narrative of Sojourner Truth, a Northern Slave* (Boston: Printed for the Author, 1850), 60−70.
143. Elizabeth Cady Stanton, Susan B. Anthony, Matilda Joslyn Gage, *History of Woman Suffrage*, 6vol. (New York: Fowler & Wells, 1881−1922), Vol. 2, 193−194.
144. 1860년 8월 13일 해리엇 제이콥스에게 보낸 편지.
145. Sara Mills, *Discourse of Difference: An Analysis of Women's Travel Writing and Colonialism*(New York: Routledge, 1991), 2−3.
146. Susan Bassnett, "Travel Writing and Gender," Peter Hulme and Tim Youngs, eds., *The*

Cambridge Companion to Travel Writing(New York: Cambridge University Press, 2002), 226-234.
147. 이 책은 1991년 한국어로 번역되었다. Edward W. Said(박홍규 옮김), 『오리엔탈리즘』(교보문고, 1991).
148. 이블린 케이(류제선 옮김), 『이사벨라 버드』(바움, 2008), 383쪽.
149. 이블린 케이, 『이사벨라 버드』, 377쪽.
150. 이블린 케이, 『이사벨라 버드』, 371-372쪽.
151. 하희정, "곽퓨이란의 아시아 근대 여성해방담론 다시 읽기," 『21세기 세계 여성신학의 동향』, 한국여성신학회 엮음(동연, 2014), 29-35쪽.
152. M. W. 노블 편, 『승리의 생활』(Seoul: The Christian Literature Society, 1927), 40.
153. Keith E. Melder, *Beginning of Sisterhood: The American Woman's Rights Movement, 1800-1850* (New York: Schocken Books, 1977), 15.
154. Kwok Pui-lan, *Postcolonial Imagination and Feminist Theology* (Louisville: Westminster John Knox Press, 2005), 49.
155. Gayatri Chakravorty Spivok, *"Can the Subaltern Speak?" Marxism and the Interpretation of Culture,* ed. Cary Nelson and Lawrence Grossberg(Urbana: University of Illinois Press, 1988), 296-297.
156. '진지구축'이라는 개념은 나치즘에 저항한 이탈리아 정치철학자 안토니오 그람시(Antonio Gramsci)가 국가권력과 시민사회 간의 헤게모니 싸움을 전쟁터의 진지전(War of Position)으로 설명한 데서 비롯되었다.
157. Moses C. White, "Early History of the China Mission of MEC," *Gospel in All Lands*(1897년 5월호), 224.
158. Dana L. Robert, *"The Crisis of Missions"*: Premillennial Mission Theory and the Origins of Independent Evangelical Missions," in Earthen Vessels: Foreign Missions, 1880-1980, eds. Joel A. Carpenter and Wilbert R. Shenk(Grand Rapids: William B. Eerdmans Publishing Company, 2001), 29.
159. Betty A. Deberg, *Ungodly Women: Gender and the First Wave of American Fundamentalism* (Minneapolis: Fortress Press, 1990), 17-21.
160. Peggy Pascoe, *Relations of Rescue: The Search for Female Moral Authority in the American West,* 1874-1939(New York: Oxford University Press, 1990), 192-207.
161. Brian Stanley, ed., *Christian Missions and the Enlightenment*(Grand Rapids: William B. Eerdmans Publishing Company, 2001).

162. Gael Graham, *Gender, Culture, and Christianity: American Protestant Mission Schools in China, 1880-1930*(New York: Peter Lang, 1995), 20; Fan Hong, *Footbinding, Feminism and Freedom: The Liberation of Women's Bodies in Modern China*(London: Frank Cass, 1997), 54.
163. Tseng Pao-Swen, "In China," in *Woman and the Way: Christ and the World's Womanhood* (New York: Friendship Press, 1938), 31.
164. Kwok Pui-lan, "Unbinding Our Feet: Saving Brown Women and Feminist Religious Discourse," Laura E. Donaldson and Kwok Pui-lan, eds., *Postcolonialism, Feminism, and Religious Discourse*(New York: Routledge, 2002), 74.
165. Joan Judge, "Talent, Virtue, and the Nation: Chinese Nationalism and Female Subjectivities in the Early Twentieth Century," *American Historical Association*, No. 106. 3 (2001).
166. "Imperial Edicts of 1907," *Chinese Recorder* (Jan. 1908)
167. Mary K. M. Chung, 95-96.
168. Weikun Cheng, "Creating a New Nation, Creating New Women: Women's Journalism and the Building of Nationalist Womanhood during the 1911 Revolution," in *Chinese Nationalism in Perspective: Historical and Recent Cases* (Westport: Greenwood Press, 2001), 26.
169. "Nationalism of a Chinese Christian," *Chinese Recorder* (Mar. 1909), 150-151.
170. Brian Stanley, "Church, State, and the Hierarchy of "Civilization": The Making of the "Missions and Government" Report at the World Mission Conference, Edinburgh 1910," in *The Imperial Horizons of British Protestant Missions*, 1880-1914(Grand Rapids: Williams B. Eerdmans Publishing Co., 2003), 69.
171. '블루스타킹'(Bluestocking)은 영국에서 살롱을 출입하는 교육받은 여성들을 경멸하며 부르던 이름이었다. '조신'하고 '정숙'한 여성과는 거리가 멀다는 뜻이 숨겨져 있었다.
172. 하희정, "감리교와 동아시아의 만남," 『한국선교의 개척자: 가우처, 매클레이, 아펜젤러』(한들출판사, 2015), 371-373쪽.
173. G. F. Verbeck, "History of Protestant Missions in Japan," *Gospel in All Lands* (1884년 6월호), 270.
174. 하희정, "감리교와 동아시아의 만남", 377-378쪽.
175. 시스템은 프랑스 등 유럽의 학제를 따랐으나 커리큘럼이나 페다고지 등 실제적인 것은 미국의 교육내용을 주로 따랐다.
176. 하희정, "감리교와 동아시아의 만남", 382-384쪽.
177. 존 가우처는 감리교 목사이며 매클레이와 디킨스대학 동문이었다. 백만장자의 딸을 아내로 맞아 큰 재산을 얻게 되자, 국내외에 대학을 설립하는 일에 적극 나섰다. 볼티모어에 가우처 대

학을 설립하고 아시아 선교에도 관심을 두어 인도, 중국, 일본, 한국 등지에 초등학교부터 대학 수준에 이르는 다양한 교육기관을 설립했다.
178. Margaret E. Burton, *The Education of Women in Japan*(New York: Fleming H. Revell Company, 1914), 47.
179. Byron K. Marshall, *Learning To Be Modern: Japanese Political Discourse on Education*(Westview Press, 1994), 47-48.
180. 1950년 페리스 여학원으로 개칭되었으며 오늘날 페리스여학원대학으로 발전했다.
181. William Theodore De Bary, ed., *Sources of East Asian Tradition Vol. 2: The Modern Period*(New York: Columbia University Press, 2008), 46.
182. Vera Mackie, *Creating Socialist Women in Japan: Gender, Labour and Activism, 1900-1937* (Cambridge: Cambridge University Press, 1997), 2-21.
183. Mori Arinori, translated in Margit Nagy, ""How Shall We Live": Social Change, the Family Institution and Feminism in Prewar Japan," unpublished doctoral dissertation, University of Washington, 1981, 17.
184. Sharon H. Nolte and Sally A. Hastings, "The Meiji State's Policy Toward Women, 1890-1910," in *Recreating Japanese Women, 1600-1945*, ed., Gail Lee Bernstein(Berkeley: University of California Press, 1991), 155.
185. Caroline A. MacNair, "Tokyo Women Sharing the War Burden," *Woman's Work for Woman* (Sep. 1904), 200.
186. 미국에서 금주 캠페인으로 시작해 국제조직으로 발전한 여성절제운동은 일본에서 기독교부인교풍회라는 이름으로 정착했다. Rumi Yasutake, "Transnational Women's Activism : The Woman's Christian Temperance Union in Japan and the United States," *in Women and Twentieth-Century Protestantism*, eds., M. L. Bendroth and V. L. Brereton,(Urbana: University of Illinois Press, 2002, 93-112.
187. Hisako Kinukawa, *Women and Jesus in Mark: a Japanese Feminist Perspective*(New York: Orbis Books, 1994), 1-29.
188. 판카지 미슈라(이재만 역), 『제국의 폐허에서: 저항과 재건의 아시아 근대사』(책과 함께, 2013), 185쪽.
189. Admiral Shufeldt, *Korean Repository*(1892년 2월호).
190. 하희정, "감리교와 동아시아의 만남", 405-406쪽.
191. 영화 학교는 이후 영화 학원(Ei-wa Gakuin)을 거쳐 1894년 아오야마 학원(Aoyama Gakuin, 청산학원)으로 정착했다.

192. Mary F. Scranton's Letter to Dr. J. M. Reid(1885년 5월 25일)
193. "Japan in Korea," *Gospel in All Lands* (1883년 12월호), 303.
194. 하희정, "감리교와 동아시아의 만남", 414쪽.
195. Louise Rothweiler, "What Shall We Teach in Our Girls' Schools?" *The Korean Repository* (Mar. 1892), 89.
196. 〈독립신문〉 1896년 5월 12일
197. 〈독립신문〉 1896년 9월 5일
198. Sharon H. Nolte and Sally Ann Hastings, "The Meiji State's Policy Toward Women, 1890-1910", 152.
199. 물론 민족의 미래를 위한 교육의 담당자로서의 새로운 역할이 인재양성이나 가정교육에만 제한되었던 것은 아니었다. 1908년 여성들이 집필진으로 참여하여 발행한 여성교육 잡지 〈녀자지남〉은 남녀동등권리의 차원에서 교육자로서의 여성의 역할을 강조하기도 했다. 이는 "민족의 어머니"라는 민족주의 젠더 이데올로기 안에도 다양한 관점이 있었다는 사실을 말해준다.
200. 김세지, "나의 과거생활," 『승리의 생활』, 노블부인 편 (조선예수교서회, 1927), 40.
201. "Customs and Names in Korea," *Woman's Work for Woman*(1895. 8), 217-218.
202. Seo Hyun-Sun, "Christianity, the Korean Women's Movement and the Issue of Education," *Ewha Journal of Feminist Theology*, Vol. 2 (1997), 66-70.
203. L. E. Frey, "Higher Education for Women in Korea," *The Korean Mission Field* (Jul. 1910), 179.

참고
문헌

강선미, 『한국의 근대 초기 페미니즘 연구』(푸른사상, 2005)
강호동, 『동방기독교와 동서문명』(까치, 2009)
거다 러너 (김인성 옮김), 『역사 속의 페미니스트: 중세에서 1870년까지』(평민사, 2007)
김시덕, 『동아시아, 해양과 대륙이 맞서다: 임진왜란부터 태평양전쟁까지 동아시아 오백년사』(메디치, 2015)
남성현 옮김, 『사막 교부들의 금언집』(두란노아카데미, 2015)
량치차오 (최형욱 엮고 옮김), 『량치차오, 조선의 망국을 기록하다』(글항아리, 2014)
루쉰 (이욱연 옮김), 『아Q정전』(문학동네, 2011)
리오 담로시 (이용철 옮김), 『루소: 인간 불평등의 발견자』(교양인, 2011)
막스 갈로 (이재형 옮김), 『네로의 비밀』(예담, 2007)
막스 갈로 (이재형 옮김), 『콘스탄티누스의 선택』(예담, 2008)
매티 윌콕스 노블 (강선미 · 이양준 옮김), 『노블일지, 1892–1934』(이마고, 2010)
메리 울스턴크래프트 (손영미 옮김), 『여성의 권리 옹호』(한길사, 2008)
모리모토 안리 (강혜정 옮김), 『반지성주의: 미국이 낳은 열병의 정체』(세종서적, 2017)
박정세, 『기독교 미술의 원형과 토착화: 카타콤 벽화에서 비잔틴 건축까지』(서울: 연세대학교 출판부, 2008)
박정희, 『닥터 로제타 홀』(다산초당, 2015)
박지향, 『일그러진 근대』(푸른역사, 2007)
박찬종, 『새로운 공동체를 향한 운동: 공산주의 선언』(아이세움, 2009)
박흥식, 『미완의 개혁가, 마르틴 루터』(21세기북스, 2017)
베른트 뢰크 (최용찬 옮김), 『살인자, 화가, 그리고 후원자: 르네쌍스 명화에 숨겨진 살인사건』(창비, 2011)
서원모 · 방성규 · 이정숙 · 서현선 편역, 『여성과 초대 기독교』(크리스챤 다이제스트, 2002)
손은실 · 박형국 옮김, 『신학대전: 자연과 은총에 관한 주요 문제들』(두란노아카데미, 2015)
슈테판 폴라첵 (주랑 옮김), 『불꽃과 색채: 빈센트 반 고흐 평전』(이상북스, 2013)
스테파노 추피 (하지은 · 최병진 옮김), 『르네상스 미술: 신과 인간』(마로니에북스, 2011)
스티븐 그린블랫 (이혜원 옮김), 『1417년, 근대의 탄생: 르네상스와 한 책 사냥꾼 이야기』(까치, 2013)
아스타 샤이프 (이미선 옮김), 『불순종의 아이들』(솔, 2011)
아일린 파워 (이종인 옮김), 『중세의 여인들』(즐거운상상, 2010)
안셀름 그륀 저/ 윤선아 역, 『내 마음의 거울 마리아』(서울: 분도출판사, 2011)
안치 민 (정윤희 옮김), 『펄벅을 좋아하나요?』(밀리언하우스, 2011)

야스카와 주노스케 (이향철 옮김), 『후쿠자와 유키치의 아시아 침략사상을 묻는다』(역사비평사, 2011)
양태자, 『중세의 잔혹사 마녀사냥: 신의 심판인가 광기의 학살인가? 마녀사냥의 허구와 진실』(이랑, 2015)
엘리자베트 바댕테르 (심성은 옮김), 『만들어진 모성』(동녘, 2009)
엘리지베스 언더우드 (변창욱 옮김), 『한국의 선교역사, 1884-1934』(케노시스, 2013)
오광석, "존 웨슬리와 초기 감리교 여성설교직의 발전," 〈신학사상〉(2011. 봄)
올라우다 아퀴아노(윤철희 옮김), 『에퀴아노의 흥미로운 이야기』(해례원, 2013)
요한 하위징아 (이종인 옮김), 『에라스무스: 광기에 맞선 인문주의자』(연암서가, 2013)
유대영, 『미국종교사』(청년사, 2007)
유대영, 『초기 미국선교사 연구, 1884-1910』(한국기독교역사연구소, 2001)
이노우에 고이치, 『살아남은 로마, 비잔틴제국』(서울: 다른세상, 2010)
이덕주·김병태·조선혜·하희정, 『한국 선교의 개척자: 가우처, 매클레이, 아펜젤러』(한들출판사, 2015).
이블린 케이 (류제선 옮김), 『이사벨라 버드』(비움, 2008)
이사벨라 버드 비숍 (김태성·박종숙 옮김), 『양자강을 가로질러 중국을 보다: 백 년 전 중국의 문명과 문화』(효형출판, 2005)
이사벨라 버드 비숍 (신복룡 역주), 『조선과 그 이웃나라들』(집문당, 2006)
이신철 편저, 『동아시아 근대 역사학과 한국의 역사인식』(선인, 2013)
이정미, 『존 웨슬리와 감리교 전통의 여성들』(한국학술정보, 2010)
이케가미 순이치 (김성기 옮김), 『마녀와 성녀』(창해, 2005)
임우경, 『근대 중국의 민족서사와 젠더』(창비, 2014)
장 자크 루소 (이환 옮김), 『에밀: 인간혁명의 진원지가 된 교육서』(돋을새김, 2015)
정미현, 『또 하나의 여성신학 이야기』(한들출판사, 2007)
제임스 레스턴 (서미석 옮김), 『루터의 밧모섬: 바르트부르크 성에서 보낸 침묵과 격동의 1년』(이른비, 2016)
제프리 버튼 러셀 (김은주 옮김), 『마녀의 문화사』(르네상스, 2001)
조경달 (최덕수 옮김), 『근대 조선과 일본: 조선의 개항부터 대한제국의 멸망까지』(열린책들, 2015)
존 스튜어트 밀 (서병훈 옮김), 『자유론』(책세상, 2015)
존 줄리어스 노리치, 『비잔티움 연대기 1-6』(서울: 바다출판사, 2007)

주디스 버틀러 (조현준 옮김), 『젠더 트러블: 페미니즘과 정체성의 전복』(문학동네, 2012)
주디스 헤린, 『비잔티움: 어느 중세 제국의 경이로운 이야기』(파주: 글항아리, 2007)
차용구, 『중세유럽 여성의 발견: 이브의 딸 성녀가 되다』(한길사, 2011)
최하영, 「유목민에게 나타난 천년의 교회 역사: 중앙아시아 네스토리안 교회 중심」(한국학술정보 [주], 2007)
캐서린 안(김성웅 옮김), 『조선의 어둠을 밝힌 여성들』(포이에마, 2012)
크리스토퍼 브룩 (이한우 옮김), 『수도원의 탄생: 유럽을 만든 은둔자들』(청년사, 2006)
크리스티안 펠트만 (이종한 옮김), 『빙엔의 힐데가르트: 수녀요 천재』(분도출판사, 2017)
크리스틴 드 피장 (최애리 옮김), 『여성들의 도시』(아카넷, 2012)
키르시 스티예르나 (박경수·김영란 옮김), 『여성과 종교개혁』(대한기독교서회, 2013)
틸만 뢰리히, 『카라바조의 비밀』(파주: 레드박스, 2011)
판카지 미슈라(이재만 역), 『제국의 폐허에서: 저항과 재건의 아시아 근대사』(책과 함께, 2013)
프란시스 윌슨·윈스롭 (홍석연 옮김), 『성녀 막달라 마리아』(문지사, 2006)
필리프 반덴베그크 (최상안 옮김), 『네로: 광기와 고독의 황제』(한길사, 2003)
한국여성신학회 엮음, 『21세기 세계 여성신학의 동향』(동연, 2014)
한상일, 『이토 히로부미와 대한제국』(까치, 2015)
한스 큉 (이종한·오선자 옮김), 『그리스도교 여성사』(분도출판사, 2011)
한정숙 외 엮음, 『여성주의 고전을 읽는다: 계몽주의에서 포스트모더니즘까지, 두 세기의 사상적 여정』(한길사, 2012)
해리엇 제이콥스, 『린다 브렌트 이야기: 어느 흑인 노예소녀의 자서전』(2011)
호르스트 푸어만 (차용구 옮김), 『교황의 역사: 베드로부터 베네딕토 16세까지』(길, 2013)
힐데가르트 폰 빙엔 (이나경 옮김), 『세계와 인간: 하느님의 말씀을 담은 책』(올댓컨텐츠, 2011)

Aston, Nigel, *Religion and Revolution in France, 1780-1804*(Washington DC.: The Catholic University of America Press, 2000)
Barnes, Timothy D., *Constantine and Eusebius*(Cambridge, Mass.: Harvard University Press, 1981)
Bays, Daniel H. and Grant Wacker, eds., *The Foreign Missionary Enterprise at Home: Explorations in North American Cultural History*(Tuscaloosa and London: The University of Alabama Press, 2003)
Bernstein, Gail Lee. ed., *Recreating Japanese Women, 1600-1945*(Berkeley: University of California Press, 1991)

Bird, Isabella, Unbeaten *Tracks in Japan: The Firsthand Experiences of a British Woman in Outback Japan in 1878*(Mihara: Japan & Stuff, 2006)

Brown, Perter, *Poverty and Leadership in the Late Roman Empire*(Hanover and London: University Press of New England, 2002)

Brown, Peter, *Late Antiquity*(Cambridge, Mass.: Harvard University Press, 1998).

Brown, Peter, *The Body and Society: Men, Women, and Sexual Renunciation in Early Christianity*(New York: Columbia University Press, 1988)

Brown, Peter, *The Body and Society: Men, Women, and Sexual Renunciation in Early Christianity*(New York: Columbia University Press, 1988)

Burton, Margaret E., *The Education of Women in Japan*(New York: Fleming H. Revell Company, 1914)

Cameron, Averil, *Christianity and the Rhetoric of Empire: The Development of Christian Discourse* (Berkeley: University California Press, 1994)

Camp, Claudia V. and Carole R. Fontaine, eds., *Semeia 61: Women, War, and Metaphor*(The Society of Biblical Literature, 1993)

Carpenter, Joel A., and Wilbert R. Shenk, eds, *Earthen Vessels: Foreign Missions, 1880-1980*(Grand Rapids: William B. Eerdmans Publishing Company, 2001)

Carroll, Michael P. The *Cult of the Virgin Mary: Psychological Origins*(New Jersey: Princeton University Press, 1986)

Christine de Pizan, Earl Jeffrey Richard(tr.), *The Book of the City of Ladies*(New York: Persea Books, 1982)

Church, Leslie F., *The Early Methodist People*(London: Epworth Press, 1948)

Clark, Elizabeth A. and Herbert Richardson, eds., *Women and Religion: The Original Sourcebook of Women in Christian Thought*, New Revision(New York: HarperSanFrancisco, 1996)

Clark, Elizabeth A., *Reading Renunciation: Asceticism and Scripture in Early Christianity*(New Jersey: Princeton University Press, 1999)

Clark, Elizabeth A., *ST. Augustine on Marriage and Sexuality*(Washington DC: The Catholic

University of America Press, 1996)

Clark, Elizabeth A., *Women in the Early Church*(Wilmington, Delaware: Michael Glazier Inc, 1983)

Colish, Marcia L., *Medieval Foundations of the Western Intellectual Tradition, 400-1400*(New Haven and London: Yale University Press, 2002)

Coogan, Michael D., ed., *The Oxford History of the Biblical World*(New York: Oxford University Press, 1998)

Donaldson, Laura E., and Kwok Pui-lan, eds., *Postcolonialism, Feminism, and Religious Discourse* (New York: Routledge, 2002)

Donovan, Mary Ann, *One Right Reading?: A Guide to Irenaeus*(Collegeville, Minnesota: The Litergical Press, 1997)

Dyson, R. W., ed., and trans., *Augustine: The City of God Against the Pagans*(New York: Cambridge University Press, 1998)

Ehrman, Bart D., *Lost Scriptures: Books that Did Not Make It into the New Testament*(New York: Oxford University Press, 2003)

Elm, Susanna, *'Virgins of God': The Making of Asceticism in Late Antiquity*(New York: Oxford University Press, 1996)

Fan Hong, *Footbinding, Feminism and Freedom: The Liberation of Women's Bodies in Modern China*(London: Frank Cass, 1997)

Fiorenza, Elisabeth Schüssler, *In Memory of Her: A Feminist Theological Reconstruction of Christian Origins*(New York: Crossroad, 1998)

Francis Willard, *"Do Everything" Reform: The Oratory of Francis E. Willard*, ed., Richard W. Leeman. (Westport: Greenwood Press, 1992)

Garnsey, Peter and Caronline Humfress, *The Evolution of the Late Antique World*(Cambridge: Orchard Academic, 2001)

Garnsey, Peter, *Ideas of Slavery from Aristotle to Augustine*(New York: Cambridge University Press, 1999)

George Wei, C. X., eds., *Chinese Nationalism in Perspective: Historical and Recent Cases*(Westport: Greenwood Press, 2001)York: Routledge, 2002)

Graham, Gael, *Gender, Culture, and Christianity: American Protestant Mission Schools in China, 1880-1930*(New York: Peter Lang, 1995)

Gregory Brad S., *Salvation at Stake: Christian Martyrdom in Early Modern Europe*(Cambridge, Mass.: Harvard University Press, 1999)

Hall, Stuart George, ed., *Gregory of Nyssa, Homilies on Ecclesiastes: An English Version with Supporting Studies*(Walter de Gruyter. Berlin. New York: Walter de Gruyter & Co., 1993)

Harmon, Rebecca L., *Susanna: Mother of the Wesleys*(Nashville: Abingdon Press, 1968)

Hildegard of Bingen, *Secrets of God: Writings of Hildegard of Bingen*, slected and translated by Sabina Flanagan(Boston: Shambhala, 1996)

Hill, Patricia R., *The World Their Household: The American Woman's Foreign Mission Movement and Cultural Transformation, 1870-1920*(Ann Arbor: The University of Michigan Press, 1985)

Howard-Johnson, James and Paul Antony Hayward, eds., *The Cult of Saints in Late Antiquity and the Early Middle Ages: Essays on the Contribution of Peter Brown*(New York: Oxford University Press, 2002)

Hulme, Peter and Tim Youngs, eds., *The Cambridge Companion to Travel Writing*(New York: Cambridge University Press, 2002)

Hyun, Theresa, *Writing Women in Korea: Translation and Feminism in the Colonial Period* (Honolulu: University Hawaii Press, 2004)

Jean-Jacques Rousseau, *Emile: Or On Education,* translated by Allan Bloom,(New York: Basic Books, 1979)

Joshel, Sandra R. and Sheila Murnaghan, eds., *Women and Slaves in Greco-Roman Culture: Differential Equations*(London and New York: Routledge, 1998)

Kamen, Henry, *The Spanish Inquisition: A Historical Revision*(New Haven and London: Yale University Press, 1997)

Kent, John, *Wesley and the Wesleyans: Religion in Eighteenth-Century Britain*(New York: Cambridge University Press, 2002)

Kim, Elaine H. and Chungmoo Choi, eds., *Dangerous Women: Gender & Korean Nationalism* (New York and London: Routledge, 1998)

Kinukawa, Hisako, *Women and Jesus in Mark: a Japanese Feminist Perspective*(New York: Orbis Books, 1994)

Kraemer, Ross Shepard, *Her Share of the Blessing: Women's Religions Among Pagans, Jews, and Christians in the Greco-Roman World* (NewYork and Oxford: Oxford University Press, 1992)

Lambert, Malcolm, *Medieval Heresy: Popular Movements from the Gregorian Reform to the Reformation* (Oxford UK and Cambridge USA: Blackwell, 1992).

Le Saint, William P., trans., *Tertullian: Treatises on Marriage and Remarriage* (New York: Newman Press, 1978)

Levack, Brian P., *The Witch-Hunt in Early Modern Europe, Second Edition,*(New York: Longman Group, 1995)

Lindley, Susan Hill, *"You Have Stept Out of Your Place": A History of Women and Religion in America* (Louisville: Westminster John Knox Press, 1996)

Lowy, Dina, The Japanese *"New Woman": Images of Gender and Modernity*(New Brunswick, New Jersey, and London: Rutgers University Press, 2007)

Lyman, Rebecca, *Early Christian Traditions*(Cambridge and Boston, Mass.: Cowley Publications, 1999)

Mack, Burton L., *The Lost Gospel: The Book of Q Christian Origins*(New York: HarperSanFrancisco, 1993)

Mackie, Vera, *Creating Socialist Women in Japan, Gender, Labour and Activism, 1900-1937* (Cambridge: Cambridge University Press, 1997)

Malone, Mary T., *Women and Christianity: The First Thousand Years*(New York: Orbis Books, 2001)

Mango, Cyril, ed., *The Oxford History of Byzantium*(Oxford and New York: Oxford University Press, 2002)

Marsden, George M., ed., *Evangelicalism and Modern America*(Grand Rapids: William B. Eerdmans Publishing Company, 1986)

Marsden, George M., *Fundamentalism and American Culture, New Edition,*(Oxford and New York: Oxford University Press, 2006)

Marshall, Byron K., *Learning To Be Modern: Japanese Political Discourse on Education*(Westview Press, 1994)

Meyendorff, John, *Imperial Unity and Christian Divisions*(New York: St Vladimir's Seminary Press, 1989)

Miles, Margaret R., *The Word Made Flesh: A History of Christian Thought*(Blackwell Publishing, 2005)

Mills, Sara, *Discourse of Difference: An Analysis of Women's Travel Writing and Colonialism*(New York: Routledge, 1991)

Mullins, Mark R. ed., *Handbook of Christianity in Japan*(Leiden and Boston, Mass: Brill, 2003)

Musurillo, Herbert, trans., *The Acts of the Christian Martyrs*(Oxford: Oxford University Press, 1972)

Newman, Barbara, ed., *Voice of the Living Light: Hildegard of Bingen and Her World*(Berkeley: University of California Press, 1998)

Newman, Barbara, *Sister of Wisdom: St. Hildegard's Theology of the Feminine*(Berkeley, University of

California Press, 1987)

Nirenberg, David, *Communities of Violence: Persecution of Minorities in the Middle Ages*(New Jersey: Princeton University Press, 1996)

Oberhelman, Steven M., *Rhetoric and Homiletics in Fourth-Century Christian Literature: Prose Rhythm, Oratorical Style, Preaching in the Works of Ambrose, Jerome, and Augustine*(Atlanta: Scholars Press, 1991)

Pascoe, Peggy, *Relations of Rescue: The Search for Female Moral Authority in the American West, 1874-1939*(New York: Oxford University Press, 1990)

Per van der Veer, *Conversion to Modernities: Globalization of Christianity*(New York and London: Routledge, 1996)

Petersen, Joan M., trans., and ed., *Handmaids of the Lord: Contemporary Descriptions of Feminine Asceticism in the First Six Christian Centuries*(Kalamazoo, Michigan: Cistercian Publications Ins., 1996)

Petrement, Simone, *A Separate God: The Origins and Teachings of Gnosticism*(New York: HarperSanFrancisco, 1990)

Porter, Andrew, *The Imperial Horizons of British Protestant Missions, 1880-1914*(Grand Rapids: Williams B. Eerdmans Publishing Co., 2003)

Price, Simon, *Rituals and Power: The Imperial Cult in Asia Minor*(New York: Cambridge University Press, 1984)

Pui-lan, Kwok. *Postcolonial Imagination and Feminist Theology*(Louisville: Westminster John Knox Press, 2005)

Robert, Dana L., ed., *Converting Colonialism: Visions and Realities in Mission History, 1706-1914* (Grand Rapids, Michigan: William B. Eerdmans Publishing Company, 2008)

Robinson, James M., ed., *The Nag Hammadi Library in English*(San Francisco: Harper & Row Publishers, 1988)

Sato, Barbara, *The New Japanese Woman: Modernity, Media, and Women in Interwar Japan*(Durham and London: Duke University Press, 2003)

Seat, Karen K., *"Providence Has Freed Our Hands": Women's Missions and the American Encounter with Japan*(New York: Syracuse University Press, 2008)

Shenk, Wilbert R., ed., *North American Foreign Missions, 1810-1914*(Grand Rapids, Michigan: William B. Eerdmans Publishing Company, 2004)

Shin, Gi-Wook and Michael Robinson, eds., *Colonial Modernity in Korea*(Cambridge and London: Harvard University Press, 1999)

Stanley, Brian, ed., *Christian Missions and the Enlightenment*(Grand Rapids: William B. Eerdmans Publishing Company, 2001)

Stevenson, J., *A New Eusebius: Documents illustrating the history of the Church to AD 337*, New Edition(London: University Press, Cambridge, 1987)

Studer, Basil, *Trinity and Incarnation: The Faith of the Early Church*(Collegeville, Minnesota: The Liturgical Press, 1993)

Williamson, G. A., trans., *Eusebius: The History of the Church*(New York: Penguin Classics, 1989)

Wilson, R. M. and G. W. MacRae, eds., "The Gospel according to Mary," *The Coptic Gnostic Library Vol. 3*(Leiden, 2000)

Wilson-Kastner, Patricia, G. Ronald Kastner, Ann Millin, Rosemary Rader, Jeremiah Reedy, *A Lost Tradition: Women Writers of the Early Church*(Lanham, New York, London: University Press of America, 1981)

Wimbush, Vincent L. ed., *Ascetic Behavior in Greco-Roman Antiquity: A Sourcebook*(Minneapolis: Fortress Press, 1990)

Wolfe, Michael, ed., *Changing Identities in Early Modern France*(Durham, NC: Duke University Press, 1999)

Yssabella Waters, *Visiting Nursing in the United States*(New York: Charities Publication Committee, 1909)

역사에서 사라진 그녀들

초판 1쇄 발행 2019년 1월 31일

지은이 하희정
펴낸이 이재원

펴낸곳 선율
출판등록 2015년 2월 9일 제 2015-000003호
주소 경기도 구리시 동구릉로 148번길 15
전자우편 1005melody@naver.com
전화 070-4799-3024   팩스 0303-3442-3024
인쇄 · 제본 성광인쇄

ⓒ 하희정

ISBN 979-11-88887-05-7   03230

값 17,000원

· 잘못된 책은 바꿔드립니다.
· 이 책 내용의 전부 또는 일부를 재사용하려면 반드시 저작권자와 선율 양측의
  동의를 받아야 합니다.
· 이 도서는 한국출판문화산업진흥원의 출판콘텐츠 창작 자금 지원 사업의 일환으로
  국민체육진흥기금을 지원받아 제작되었습니다.